专题史研究文库

诸子学纂要

蒋伯潜 著

长江出版传媒｜崇文书局

图书在版编目（CIP）数据

诸子学纂要 / 蒋伯潜著 . -- 武汉 ：崇文书局，
2024. 10. -- （专题史研究文库）. -- ISBN 978-7-5403-
7747-2

Ⅰ．B220.5

中国国家版本馆 CIP 数据核字第 2024E0F348 号

丛书策划　郑小华
项目统筹　何　丹
责任编辑　叶　芳　何　丹
封面设计　甘淑媛
责任校对　董　颖
责任印制　李佳超

诸子学纂要
ZHUZIXUE ZUANYAO

出版发行　长江出版传媒｜崇 文 书 局

地　　址　武汉市雄楚大街 268 号 C 座 11 层

电　　话　(027)87679712　邮政编码　430070

印　　刷　湖北新华印务有限公司

开　　本　880 mm×1230 mm　　1/32

印　　张　7.75

字　　数　208 千

版　　次　2024 年 10 月第 1 版

印　　次　2024 年 10 月第 1 次印刷

定　　价　58.00 元

目　　录

绪论一　何为"诸子学"

　　我国学术史上的黄金时代，是在周秦之际；因为东周后半期——春秋末年和战国，诸子百家风起云涌，立说授徒，各成派别。当时的学风，诚如《庄子·天下》篇所说，"天下多得一察焉以自好"，"天下之人各为其所欲焉以自为方"；而其议论，又如《荀子·非十二子》篇所说，各能"持之有故，言之成理"的。夏曾佑曾言："中国自古及今，至美之文章，至精之政论，至深之哲理，并在其中。百世之后，研究终不能尽。"我们虽未能研究其底蕴，但也不能不明了其大概。本书所述，就是这诸子之学底大概而已。

　　西汉末，刘歆继其父向，领校秘府之书，总群书而奏《七略》。《七略》是一篇分类的总书目，它把各种书籍分做六大类（《辑略》是总论，故仅六类）。其中叙录诸子百家的一类，叫做《诸子略》。今《七略》本书已亡。班固底《汉书·艺文志》是以《七略》为蓝本的，所录之书，亡失的固多，存在的也还不少。这些书，大都称为"某子"，如《老子》《庄子》《孟子》《荀子》《墨子》之类。此后，王俭底《七志》中有《诸子志》，《隋书·经籍志》中有"子部"。这一类书，遂在"经""史"之外，特别成一部门。因为它们大都叫做"某子"，而且不只一人，不只一派，所以有"诸子"之名。这名称，可以说是出于《汉书·艺文志》的。

　　那末，这些书为什么叫做"某子"呢？严可均《书管子后》曾说："先秦诸子，皆门弟子或宾客或子孙撰定，不必手著。"孙星衍

《晏子春秋序》也说："凡称子书，多非自著。"按，诸子之书，如《孟子》，是门弟子记录孟子底言论，其体裁系仿《论语》，在诸子中为特例（《孟子》一书，《汉志》列入《诸子略》儒家）。其他诸子，类皆为一篇篇的议论文，不是语录式的，但都是后人撰辑成书，然后题"某子"之名的。

更进一层，我们还要追问：后学撰辑其先师或前辈底著作，为什么大都称"某子"呢？这和当时通行的称谓有关。汪中《述学·释夫子》说：

> 古者孤卿大夫皆称子。子者，五等之爵也。……《春秋传》："列国之卿，当小国之君。"小国之君，则子、男也。子、男同等（五等之爵，公一位，侯一位，伯一位，子、男同一位，见《孟子》），而不可以并称，故著子去男，从其尊者。王朝，则刘子、单子是也；列国，则高子、国子是也。……称子而不成词，则曰"夫子"。夫者，人所指名也。……以夫配子，所谓取足以成词尔。凡为大夫，自嫡以下皆称之曰"夫子"。孟献子，穆伯之孙；穆伯之二子亲为其诸父，而曰"夫子"。崔成、崔疆称其父亦曰"夫子"。故知为大夫者例称"夫子"，不以亲别也。孔子为鲁司寇，其门人称之曰"子"，曰"夫子"。后人沿袭，以为师长之通称，而莫有原其始者。

按，《论语》是孔子底弟子记录的，称孔子但曰"子"，惟对人则曰"夫子"，曰"孔子"（此例，《论语》前十篇分别得很明白，后十篇常自乱其例）。《左传·昭公七年》说："孟僖子召其大夫曰：'我若获没，必属（同"嘱"）说与何忌于夫子。'"这"夫子"是指孔子说的。《疏》曰："身为大夫，乃称夫子。此时仲尼未仕，不得称为夫子。以未仕之时，为仕后之语，是丘明意尊之而失实。"可见孔子底门弟子所以称他为"子"，为"夫子"，是因为他曾仕鲁为司寇了。孔子开私人聚徒讲学之风，所以称师为"子"，是从孔子起的。诸子之中，如管子、晏子为齐桓公、景公之相，故后人述其学说，皆题曰"子"。孟子曾为卿于齐，墨子曾为宋大夫，故弟子辑其遗书，亦题曰"子"。其后遂成通例。这一类书所以特名为"子"，便是因此。

《汉志》根据《七略》，把书籍分做六类：一、六艺；二、诸子；三、诗赋；四、兵书；五、术数；六、方技。诸子和诗赋底不同，可以一望而知。诸子和兵书、术数、方技底不同，因为前者是关于哲理或政治的理论，可以说是"道"；后三者是关于军事或各种技术的策略或理法，可以说是"术"；也还易区别。六艺就是后来四部中的"经"。"经"和"子"底不同，究竟怎么样呢？《孟子》是仿《论语》的；何以《汉志》把《论语》列入《六艺略》，《孟子》列入《诸子略》呢？六艺就是六经。六经中没有《乐经》，所以只有《诗》《书》《礼》《易》《春秋》五部正式的经。如《春秋》类底《公羊传》《穀梁传》《左传》，严格言之，是"传"非"经"；如《礼》类底《礼记》，《乐》类底《乐记》，是"记"非"经"。《论语》也只是附于"经"的，本身也不是正式的"经"。五经，《诗》是最早的诗集，《书》是古代底史料，《礼》是古代冠、婚、丧、祭、朝、聘、乡、射八种礼仪底记录，《易》是专论六十四卦的，《春秋》是极简单的编年史。五经中之《春秋》，自经孔子修改之后，乃有所谓"微言大义"存乎其中。但其内容，仍是春秋时代底事实。孔子曾说："我欲托之空言，不如见之行事之深切著明也。"（见《汉志》引）借往事以寓大义微言，便是孔子作《春秋》底宗旨。此外，如《诗》辑诗歌，《书》辑史料，《礼》记礼仪，

《易》论卦爻，各有其内容；而诸经所含的哲理，各寓于其中。至于诸子，则各就所见，奋笔抒写，把作者底主张直接发挥出来。这就是"经"和"子"底不同。《孟子》一书，就其体裁论，和《论语》一样，和其他诸子不同。《论语》既可附于"经"，则《孟子》自然也可作为"经"底附属。但其直接发挥己见，则又和五经不同，而类似诸子，故也可以列入诸子。《论语》所以入《六艺略》，而不入《诸子略》，一方面固然因为独尊孔子之故，一方面也因为它所记录的孔子底话，差不多都是片言单语，而且有许多是记孔子底事实和生活状态的，不但和其他诸子完全不同，即较之《孟子》，也有区别之故。

评述诸子派别的文章，以《庄子·天下》篇为最早。它首论"邹鲁之士"，这是指孔子、孟子的。此后，平列六派：一是墨翟、禽滑釐；二是宋钘、尹文；三是彭蒙、田骈、慎到；四是关尹、老聃；五是庄周；六是惠施。墨翟、禽滑釐是墨家。宋钘，即《孟子》底宋牼，《庄子》或作宋钘，或作宋荣子。《汉志·诸子略》小说家有《宋子》，自注说："孙卿道宋子，其言黄老意。"而《天下》篇说他主张非攻寝兵，《孟子》记其闻秦、楚构兵，将往说秦、楚之王而罢之，则又近于墨家了。《尹文子》，《汉志》列于名家。刘歆以为"其学本于黄老"（洪迈《容斋续笔》引《七略》）。据《庄子》，则亦近于墨家。彭蒙，未详。《汉志》道家有《田子》，法家有《慎子》。而司马迁及杨倞（见《荀子·解蔽》篇注）又都说"慎到学黄老之术"。据《庄子》，则皆近于道家。《关尹子》《老子》《庄子》，《汉志》都列入道家。惠施，《汉志》列入名家。所以《天下》篇所评述的，如以后来家数底名称分别，不外儒、道、墨、法、名五家，不过没有把它们底家名标举出来。

其次，《荀子》有《非十二子》篇。它所评述的，凡六组：一、它嚣、魏牟；二、陈仲、史鳅；三、墨翟、宋钘；四、田骈、慎到；五、惠施、邓析；六、子思、孟轲。它嚣，未详。魏牟即魏公子牟，见《汉书·古今人表》，《汉志》列其书于道家。陈仲即《孟子》底陈仲子，史鳅即《论语》底史鱼。陈仲底苦行，史鳅底尸谏，颇有墨家底精神；而陈仲之上不臣于天子，下不友于诸侯（见《战国策·赵策》，作於陵仲子），则又似道家。邓析，《汉志》入名家。子思，即孔子之孙孔伋，与孟子同为儒家（《韩诗外传》录此篇，无子思、孟轲）。故《荀子》所非，也不外儒、道、墨、法、名五家，也没有标举各家底名称。

司马迁《太史公自序》（《太史公》为《史记》底原名）中，曾引他父亲司马谈《论六家要旨》的一段话。六家：一、阴阳；二、儒；三、墨；四、法；五、名；六、道德。于《庄子》《荀子》所论五家之外，增一阴阳家，而且这六派各予以一名称。大概家数底分别，是汉人底说法；各家底名称，也是西汉时才有的（《孟子》虽有"墨者夷之"底记载，但不云墨家）。司马迁《报任安书》自言"文史星历，近于卜祝之间"。他又曾为武帝定"太初历"，可见星历是他们父子底专长。《汉志》阴阳家第一部书是《宋司星子韦》，自注谓"景公之史"。他们父子世为太史令，所以和阴阳家底关系是很密切的。增入阴阳一家，或即因此。

班固根据刘歆《七略》而作的《汉志》，又于六家之外，增入纵横、杂、农、小说四家，共有十家。他叙此十家，都说"某家者流"。"流"，就是"派"。他又以小说家为"小道"，故曰："诸子十家，其可观者九家而已。"所以又有"九流"之称。十家各有可以代表的人物或书籍。如儒家可以孔子、孟子、荀子为代表，道家可以老子、庄子为代表，法家可以商鞅、韩非为代表，名家可以惠施、公孙龙为代表，墨家可以墨子为代表，纵横家可以苏秦、张仪为代表，杂家可以《吕氏春秋》《淮南子》为代表（二书本集门客所作而成，非吕不韦、刘安自著）。此外，阴阳、农、小说三家，书都亡佚；较特出的，如阴阳家之邹衍，农家之许行，小说家之宋钘，不但无著作流传下来，事实言论也仅散见于他书。且阴阳为春秋以前之旧学，而且是"术"非"道"；纵横，不过是当时政客们底二种策略，不足兴于学术之林；杂家之书，杂录诸家之言，并没有中心思想，而且专门方能名家，"杂家"之名根本不能成立。所以十家之中，司马谈所增的阴阳一家，刘歆所增的纵横、杂、农、小说四家，都不能和儒、道、墨、法、名五家平列的。

更就儒、道、墨、法、名五家言之。法家，可以说是儒、道二家合流的变相。韩非、李斯都是法家，都是儒家荀子底弟子。荀子主张以礼矫正人之恶性。其弟子乃更进一步而用法。礼和法，同是维持社会秩序的，不过一治未然之先，一禁已然之后而已。由崇礼而至用法，可以说是很自然的趋势。法家所谓"术"，就是《汉志》评道家所谓"君人南面之术"。道家能秉要执本，故能执此术以驭臣民。法家一方面用法，一方面也用术。故法家之学，一方面又出于道家。《史记》把道家底老、庄和法家底申、韩合做一传，而且说"申、韩皆原于道德之意"，就是因此。今存《韩非子》中，尚有《解老》《喻老》之篇，可见他底有得于《老子》了。至于"名学"，本是各学派都要用到的辩论术。故儒家，则孔子主正名，孟子称好辩，《荀子》中且特列《正名》一篇；《墨子》中有"三表"之法，《大取》《小取》二篇更专论名学；道家老子谨主无名，而《庄子》底《齐物论》乃以大辩说明辩之无用。惠施、公孙龙等所以独称名家者，因其专以辩论著名而已。所以这五家中，能卓然自立的，只有儒、道、墨三家。虽然孔子问礼于老子，且有"老子其犹龙乎"之叹（见《史记·孔子世家》及《老庄申韩列传》）；墨子，鲁人（据孙诒让考定），曾受儒者之术，学孔子之业（见《淮南子·要略》），但其学说根本不同，自不能与法家和儒家底关系同日而语。故诸子十家之中，儒、道、墨三家是第一等，法、名二家是第二等，其余五家是第三等。所以本书中儒家所占篇幅最多，道、墨二家次之，法、名二家又次之，其余五家最少。

绪论二　诸子何以勃兴于周秦之际

诸子之学，勃兴于春秋末，战国初；至西汉中世，乃渐衰歇。为什么那时候有这种诸子勃兴的现象呢？胡适《中国哲学史大纲》曾说，老子、孔子以前的时代（胡氏谓之"诗人时代"，因为他是以《诗经》证明那时代底情形的），政治黑暗，战争连年，社会纷乱，贫富不均，民生困苦，"有了这种形势，自然会生出种种思想的反动"。但是这种形势，在我国历史上是数见不鲜的。何以别个时代不曾发生周秦之际那般蓬勃的学术？所以诸子之学独勃兴于周秦之际，必有其特殊的时代背景。冯友兰《中国哲学史》所说，已胜于胡氏底普泛了。兹更就冯氏之说，参以己见，说明诸子学底时代背景，借以见其所以勃兴于此时之故。

从春秋末年到战国末年，是我国历史上一个划时代的剧变时期。政治、社会、经济、教育各方面，都有剧烈的变动。这种变动，一直经过秦代到西汉初世方才静止。这种剧变，三国、南北朝、五代十国时都不曾再现。兹分述其概况如下。

一、政治方面

秦以前，是封建制度时代；秦以后，是郡县制度时代。这是稍具历史常识者所共知的事实。我国上古唐虞以前，国家尚未形成，君权尚未确立，各部落各有他们底酋长。后来各部落底酋长中，有势力较强大、才智较特出的，渐渐成为许多酋长底领导者。相传黄帝和蚩尤底涿鹿之战，推想起来，就是争夺领导权的战争。由部落酋长制度逐渐演进，乃有所谓封建制度。各部落成了许多诸侯国，各酋长成了许多诸侯，酋长们底领导者成了诸侯底共主，就是所谓"天子"了。《孟子·万章》篇说舜、禹、启之所以得为天子，由于诸侯朝觐者不之尧、舜之子与益，而之舜、禹、启。这就是说，那时做诸侯领导者的天子，须得诸侯底拥戴。孟子此言，或由于推想而得，但这种推想，按之那时代底情势，是合于事实的。又如虞之后为陈，夏之后为杞，商之后为宋，直到春秋之世，国尚存在。禹以禅让得天下，虞之后裔得为诸侯，犹合情理；商、周以征诛得天下，而夏、商之后裔仍不失为诸侯者，不是夏、商之亡仅仅失去他们领导者底地位，而不失去他们诸侯底地位吗？所以三代时的易姓改代，不过把领导诸侯的共主换了一家而已。春秋时齐、晋、秦、楚底争霸，争为盟主，是在争实际的领导权，而东周仍拥天子之虚名，做那时名义上的共主。因为这些"以力假仁"的霸主，其目的只在争领导者底地位，而不在奄有中国，故有"兴灭国、继绝世"、保存弱小诸国底举动。封建制度得以维持现状。

　　但《左传》已有"汉阳诸姬，楚实尽之"底话，则春秋之初，楚国已开兼并弱小诸国之风了。此种风气愈演愈烈，降至战国，除东周及宋、卫等小国外，已仅存七雄。可见夷封建为郡县，并不始于秦始皇；春秋初世，封建制度已开始崩溃；七雄之所以成为大国，或由兼并，或由篡夺，或由瓜分，都是摧毁旧有的诸侯国的。及秦始皇统一六国，封建残余乃一扫而尽。秦亡时，六国之后纷纷复国。那时，名义上的共主是楚义帝，事实上的领导者是项羽，春秋时的老戏几乎重演。刘邦称帝，裂土以封异姓之功臣、同姓之子弟。他是在模仿商汤、周武。不知汤、武因前代之旧制，是自然的；刘邦时，则封建制度已曾消灭于秦，不啻重起炉灶，复燃死灰了。何况他底分封功臣，原是不得已而为之的呢！故异姓侯王，不久仍被他消灭。及景帝平七国后，同姓侯王亦徒拥虚名，所谓封建、郡县混合的"郡国制"，事实上已成为完全的郡县制了。赵翼《二十二史札记》论封建改为郡县，以为是由于"天意"。实则所谓"天意"，就是非人力所能挽回的自然趋势。从唐、虞、三代以来，由上古部落酋长蜕化而成的，沿袭已二千余年的封建制度，由崩溃而消灭，不能不说是政治方面的剧烈变动吧！

二、社会方面

唐尧、虞舜传贤不传子，夏禹传子不传贤，故一般人以为君位世袭之制起于夏。但古来传说，天皇、地皇、人皇等治世各一万数千年，显然是子孙承袭的年数；神农的八世孙榆罔，和黄帝战于阪泉，尤为君位世袭之证。尧、舜所禅让的，也只是酋长诸侯领导者底地位，故丹朱仍封于丹，商均仍封于商。天子、诸侯是世袭的，卿大夫也是世袭的。因此，那时的政治，是贵族底政治。不但汤、武皆以诸侯为天子，就是发于畎亩之中，自耕稼陶渔以至为帝的舜，其先人也是贵族，本人且为帝尧之婿。三代时以平民致身卿相的也极少。故武丁相傅说，文王聘太公，都须托之梦见。因为那时贵贱底阶级分得很严，平民是不能参与政治的。《尚书·尧典》说："克明俊德，以亲九族；九族既睦，平章百姓；百姓昭明，协和万邦，黎民于变时雍。"九族、百姓、黎民，显然分作三等。《左传·昭公七年》说："人有十等。……故王臣公，公臣大夫，大夫臣士，士臣皂，皂臣舆，舆臣隶，隶臣僚，僚臣仆，仆臣台，马有圉，牛有牧，以待百事。"这虽然是指职位而言的，而且阶级未必分得那么细，但是皂、隶、舆、台之子孙，决不能为王公士大夫。《礼记》说"礼不下庶人，刑不上大夫"，也可以见贵贱阶级显然的区别。

降至春秋之世，一方面则贵族陵夷，故《诗·邶风》有为黎侯而赋的《式微》，《左传·昭公三年》也有"栾、郤、胥、原、狐、续、庆、伯降为皂隶"底话；一方面则平民骤贵，如饭牛的庶人宁戚仕于齐，食牛的亡国大夫百里奚显于秦，战国时，如范雎、苏秦、孙膑、白起等以布衣致将相者尤多，及刘邦，乃以匹夫一跃而为天子，开古来未有之创局，而其功臣也大多为亡命无赖之徒。于是随封建制度而存在的贵族阶级，也随封建制度而崩溃，古代底社会组织，乃根本动摇。这也是一种剧烈的变动。

三、经济方面

我国上古，由渔猎进为畜牧，更进为耕稼，大概禹平水土，弃教稼穑以后，已成为一纯粹的农业社会了。当时的商业，还只在"以其所有，易其所无""日中为市"底状态中。虽然为实物交换底媒介的货币，发明得颇早，虽然唐虞时已有"懋迁有无"的商人行为，但尚于农隙时为之，是副业，不是正业。商业底发达，大概在春秋之世，发达最早的是郑国，因为它适处东西南北交通底冲要。《左传·昭公七年》记晋韩宣子有玉环，其一在郑商人之手，宣子向郑君要商人的玉环；子产拒绝他，说郑自先君桓公与商人世有盟誓，"毋强贾，毋丐夺"，故不肯背盟以夺商人之环。这种盟约，想是因提倡商业而订的，也是郑国商业发达最早的原因之一。而且从此可以反映出那时他国贵族对于商人常有强买丐夺的事情。弦高以一牛贩，居然能却秦救国，郑国可谓已食优待商人之报。春秋末，端木子贡以货殖亿则屡中，竟结驷连骑，与诸侯抗礼；吕不韦以大贾居奇，竟致身卿相，掌秦国底大权：可见那时商人底地位已是增高，商业之发达也可想而知了。《汉书·货殖传》说："士庶人莫不离制而弃本，稼穑之民少，商旅之民多，谷不足而货有余。"是西汉之世，商业几已驾农业而上之。经商较务农易于致富，所以战国时"商人致富者累巨万"（见《汉书·食货志》）。《诗经》所咏，已有穿着葛屦履霜的没落的公子，穿着熊罴之裘的舟人之子。可见贵族式微，庶人暴富底现象，早已有之。

到了西汉，乃有"富者土木被锦绣，犬马余粱肉"和"其为编户齐民，同列而以财力相君，虽为仆虏，犹无愠色"底畸形的现象。秦始皇以专制枭雄，而为巴寡妇清特筑怀清台，也不过因她拥有巨资而已。所以贵族阶级崩溃消灭以后，代之而兴者是富人阶级。《左传·昭公七年》芈尹无宇说："封略之内，何非君土？食土之毛，谁非君臣？"这几句话，在封建时代，不但有政治的意义，而且有经济的意义。因为受封的诸侯或卿大大，不但为其封域内政治的君主，且兼为其地主。庶人不能私有土地，只为其政治的经济的主人作农奴，平时竭力耕种，战时拼命斗争而已。王船山曾说："有世禄者有世田，即其所世营之业也。……世居其土，世勤其畴，世修其陂池，世治其助耕之氓。"所谓助耕之氓，就是充农奴的庶人。此种政治的经济的制度，随封建而崩溃而消灭，于是庶人之富者，乃得出其资财购买土地，代贵族为地主。所以商业底发达，商人底致富，富人底拥有特殊势力，成为地主，都是经济方面底剧烈变动。

四、教育方面

我国古代既为贵族政治，庶人既不能参政，自然无求知识底必要，而且没有受教育的权利。受教育，只是贵族子弟底特权，所以那时的知识分子也只限于贵族。贵族底子弟，因世官之故，皆置身于政治舞台，不但因轻视庶人，不屑施以教育，且亦无暇及此。所以即使庶人中有志求些学识的，也因无人施教，没有受教育的机会。而且那时纸笔墨都未发明，以刀刻漆书代笔墨，以竹简木牍代纸，不但成书难，得书亦难，藏书亦难。庶人无由得书，且亦自以为无此需要，故书籍惟官府中有之。韩宣子为晋国之卿，聘鲁时观书于太史，然后得见《易象》与《鲁春秋》；季札为吴国公子，聘鲁时观乐于太师，然后得闻《诗》之风雅（均见《左传》）。贵族如此，庶人可知。孔子是好学之士，费尽了九牛二虎之力，方得远适东周，向柱下史老子设法，观守藏室之书（见《史记》）。好学者如此，平人可知。

　　书籍既藏于官府，知识分子既尽为贵族做官的，庶人如要得些儿知识，只好"以吏为师"。所以"学古入官""宦御事师"等话，确是那时代底事实。《说文解字》说："仕，学也。"训"仕"为"学"，便是因此。孔氏在宋为贵族，在鲁为平民。孔子生而好学，幸得遍览东周之书，于是学问大进。他又抱着"有教无类"底宗旨，"自行束脩以上，未尝无诲"，大收弟子，且因不得实行其道，终身尽瘁于教育事业；弟子既多，历时又久，教育乃得普及。他底弟子，有以货殖致富的端木子贡，有陋巷箪瓢的颜渊，捉襟见肘、纳履踵决的原思，有贵族子弟的孟武伯、孟懿子，有野人驵盗出身的仲子路、颛孙子张、颜涿聚，所以东郭子惠有"夫子之门何其杂也"之叹。孔子开私人讲学之风，为我国第一个教育家；古代为贵族专有的教育，也从他始普及于大众。这是教育方面底剧烈变动。

　　上述四方面的剧变，是周秦之际底特殊情形，为后来三国、南

13

北朝、五代十国时所无。加以政治黑暗，战争连年，社会纷乱，贫富不均，民生困苦，而且适值各国分立，思想言论绝对自由，于是才智之士志在救世救民，主张改革制度，而其所见又各不同，乃立说著书，互相辩难，聚徒讲学，各树风格了。师弟传受，或一脉相承，或枝派旁衍；门户各别，或入主出奴，或旗鼓相当；遂成十家九流蜂起一时的景象，在学术史上放一异彩。

绪论三　诸子与"王官"之关系

　　宋儒论学，认为孔孟远承尧、舜、禹、汤、文、武底心传，成所谓"道统"。汉人称道家之学曰"黄老"，以为老子远绍黄帝；《淮南子》说墨子"背周道而用夏正"，似乎渊源夏禹；农家者流，为神农之言，似乎渊源神农。按《韩非子·显学》篇说："孔墨俱道尧舜，而取舍各不同，尧舜不复生，将谁使定儒墨之诚乎？"孔子道尧舜，取其禅让合乎自己"天下为公"底理想；墨子道尧舜，取其茅茨土阶合乎自己节用底主张：都以自己底主观为尺度，去衡量古人，加以取舍的。他们为什么要招出古人来呢？《淮南子·修务》篇说："世俗之人，多贵古而贱今，故学者言治，必托之于黄帝、神农而后能入说。"他们立说著书，旨在改革制度；他们托之古人，意在便于入说：前者是目的，后者不过是手段。这就是所谓"托古改制"。并非诸子之学都从黄帝、神农、尧、舜、禹等古人传下来的。

　　《汉书·艺文志》叙诸子之学底渊源，以为皆出于王官。它说："儒家者流，盖出于司徒之官。""道家者流，盖出于史官。""阴阳家者流，盖出于羲和之官。""法家者流，盖出于理官。""名家者流，盖出于礼官。""墨家者流，盖出于清庙之守。""纵横家者流，盖出于行人之官。""杂家者流，盖出于议官。""农家者流，盖出于农稷之官。""小说家者流，盖出于稗官。"《汉志》根据《七略》。刘、班虽分别说明某家出于某官，但加一"盖"字。盖者，疑而未定之辞。曰"盖出"，已自言其为揣测之辞，非肯定之说了。而章炳麟《诸子学略说》笃信《汉志》，以为不可移易；胡适《诸子不出于王官论》又完全驳斥《汉志》，以为一无是处；柳诒徵《论近人讲诸子学者之失》则又中章斥胡。这二派各趋极端，莫衷一是。平心论之，以王官为诸子之学底滥觞，不能说它毫无理由；但《汉志》于诸子十家，必各指一官以实之，则牵强附会之病，势所难免。我们论学，不应该武断，也不应该盲从；不应该先入为主，也不应该故意立异。

《汉志》说某家出于某官，以墨家一条为最详。它说：

> 墨家者流，盖出于清庙之守。茅屋采椽，是以贵俭；养三老五更，是以兼爱；选士大射，是以尚贤；宗祀严父，是以右鬼；顺四时而行，是以非命；以孝视（同"示"）天下，是以尚同。

按，"茅屋采椽"和贵俭，还可以说是相近的。"养三老五更"，虽然可以与墨子底"爱人之父若其父"曲解牵合，但墨子旨在兼天下之人而爱之，终和养老之旨根本不同。"选士大射"，更非清庙之守所职掌了。祀父虽也是相信有鬼，但墨子明鬼底宗旨，在说明鬼神之能祸福人，和以追远为旨的祭祀亡父亦不相涉。至于"顺四时而行"，正是相信有命论者底作品，适与非命相反了。墨子底尚同，不但须上同于天子，而且须上同于天，上同于兼爱的天志，与"以孝示天下"有什么关系？故《汉志》此条，可以说是一无可据的。

章氏说："墨家先有史佚，为成王师；其后墨翟亦受学于史角。"按，《汉志》列史佚于墨家，墨子学于史角，见《吕氏春秋·当染》篇。《吕氏春秋》谓鲁侯请郊庙之礼于天子，桓王使史角往，其后在于鲁，墨子学焉。柳氏亦据以证墨家之出于清庙之守。如因墨子学于史角之后，而史角又懂得郊庙之礼，遂谓墨家出于清庙之守，证据已嫌薄弱；而且史佚、史角，明明都是史官，那末，何不径说墨家出于史官呢？老子为东周柱下史，孔子尝问礼于老子，何不说儒家出于史官呢？《淮南子》尝说墨子受儒者之术，学孔子之术，何不说墨家出于儒家呢？孔子曾为司寇，何不更进一层，说墨家出于司寇之官呢？诸子十家，原为刘歆所分，分得是否妥当，且不管他，但总是他研究后归纳而得的分类，不是先有此家数，然后各家有著名的学者的。怎么一官一派，源流如此分明呢？《汉志》于各家必指实一官，以为其所自出，说到小说家，便漫言出于"稗官"。颜师古注："稗官，小官。"可见古无此官。他以小说家为小道，所以随便说它出于小官。这真是不能自圆其说，致有此"遁辞"了。其余各条，虽都近似，终觉勉强附合，似是而非。迹其病根，总在穿凿。

胡氏《诸子不出于王官论》说："古代之王官，定无学术可言。"又说："诸子自老聃、孔丘至于韩非，皆忧世之乱，而思有以拯救之，故其学皆应时而兴，与王官无涉。"又说："刘歆以前之论周末诸子学派者，如《庄子·天下》篇、《荀子·非十二子》、司马谈《论六家要旨》、《淮南子·要略》，皆无出于王官之说。"按，《荀子·非十二子》旨在抨击十二子，司马谈旨在论六家优劣，不在探讨十二子六家底渊源，故没有诸子出于王官之说；但反过来说，也没有说诸子不出于王官。《天下》篇开首便说："古之所谓道术者，果恶乎在？曰无乎不在。"又说："百官以此相齿。"明明说古之道术虽无乎不在，也有在百官的了。下文分论各派，都说："古之道术有在于是者，某某闻其风而说之。"明明说诸子闻风兴起。总论中又以"搢绅先生"与"邹鲁之士"并提，"邹鲁之士"

指孔孟，"搢绅先生"即指百官。则诸子学底滥觞，即是百官以此相齿之古之道术，说得非常明白。《淮南子·要略》论儒者之学，则曰"修成康之道，论周公之训"；述管子之书，则曰"广文武之业"；是以周代之贤明的君相为诸子滥觞所自了。这并非如柏拉图底理想，说凡是君相，个个都是哲学家；这是说古代贤明的君相底政策制度，即是学说之见于实施者，遗之后世，即为学术底资料，予学者以研讨底对象。上节已说过，古代书籍都在官府，教育并未普及（胡氏说："古代书册司于官府，故教育之权柄于王官，非仕无所受业，非吏无所得师，此或实有事，亦未可知。"是胡氏对此，已不否认），除贵族子弟外，不易得到丰富的学术资料。贵族子弟中，又有几个能承受整理，能发挥光大？我们固然不能武断地说，古代绝对不会有在野的平民的学者，但是在竹简木牍，漆书刀刻，而且私人讲学之风未开之世，要立说著书，流传民间，遗存后世，又谈何容易？所以诸子之学底滥觞，只有存于王官的书籍学术。

胡氏《中国哲学史大纲》有言："大凡一种学说，决不是劈空从天上掉下来的。"如王官绝无学术，孔、老以前绝无学术，则诸子之学前无所承，恰是劈空从天上掉下来的了。胡氏又说："若谓九流皆出于王官，则成周小吏之圣知，定远过于孔丘、墨翟。"这是胡氏底误会。我们说诸子之学滥觞于王官，是因王官保存着许多学术底资料，不是说成周王官之小吏个个都是学者，九流底开祖都是王官小吏底徒子徒孙。譬如水，王官只是山中储积的水量，初为涓涓之流，出山以后，方为溪涧，为江河，为海洋，成为巨澜，而有十家九流之蔚然大观。决不能说王官之学可以包括后来的诸子之学，而且必定胜过他们。即如《汉志》所举各官，司徒所掌有历代底教育制度，羲和之官所掌有历代相传的历法，清庙之守所掌有祀典等，理官礼官所掌有法典礼制等，……这便是所谓"百官以此相齿",便是学者研究的资料。诸子都旨在改制以救世,则于古代、现代制度、政策底利弊,当然须彻底明了,方能揆之当时底实情,定出扶弊救偏的政策来。如完全向壁虚造,毫无凭藉参考的资料,而奋其臆说,又怎能"持之有故,言之成理"呢?《汉志》牵强傅会,病在穿凿;胡氏一笔抹杀,却又病在武断了。

诸子之学滥觞于王官;王官之中,尤以史官为古代学术之府。《庄子·天下》篇又说:"其明而在数度者,旧法世传之史,尚多有之。"这是承上文,说古之道术,其明在数度者,史官世世相传,尚多保存至今。所谓"明在数度",即指道术之已形成典章制度者而言,是史料,亦是学术底资料。"史"字篆文作𡔲,《说文解字》以"从又持中"释之。下半个ㄋ,即"右"字,代表右手;上半个屮,却并非"中"字,只是一枝笔。"聿"字也是右手执笔,不过"史"字底笔尖向上,"聿"字底笔尖向下而已。右手持笔,可以代表书写底动作;引申之,或为能书写的人,或为司书写的官。李耳为周柱下史。"柱下史"是在朝廷上位居柱下,职司记录的官,正和现在会议席上司记录的人员一样。《礼记·玉藻》说:"右史记言,左史记事。"《汉志》说:"左史记言,右史记事。"左右、言事,适得其反。而且言和事分别记录,左史、右史的职务分得那么仔细,似乎也和情理不合。但朝廷重大的政令、文告、议论,由位居柱下之史官记录,则是合于情理的。司记录的史官,保存所记录的文书,又是当然的事。西汉时,朝廷郡国底重要文件,还由太史令保存(见于《太史公自序》)。则史官除司记录外,一方面还有保存重要档案的职责。这些档案,保存遗留下来,便成了史料,成了官书。如《尚书》《礼经》,其性质与此最近。《春秋》则为史官所录的大事记。《诗》由辑轩使者采集,交太师合乐的,既经政府收集整理,则亦成为官书底一种。《易》之卦爻辞,不作于文王,即成于周公，是周代钦定御纂之书。所以五经都由史官保存，以垂永久。这样一来，史官又等于现在的国立图书馆馆长了。所以老子是柱下史，又称之为"守藏室史"，或"征藏史"。《庄子·天运》篇记孔子欲适周观书，子路言周守藏室史聃可与谋，是其明证。《左传》言晋韩宣子聘鲁，观书于鲁太史，始见《易象》与《鲁春秋》，也是一个证据。

古代"政""教"不分，教育之"教"和宗教之"教"也不分。我国本无所谓宗教，而崇拜祖先神祇之风则很盛。《左传》有"国之大事在祀与戎"底话。故明堂大祭为政教之要事（详见阮元《明堂论》）；郊社禘尝为政教之根本。（《论语》："或问禘之说。子曰：'知其说者之于天下也，其如示诸斯乎！'指其掌。"《礼记·中庸》："郊社之礼，所以祀上帝也；宗庙之礼，所以祀乎其先也。明乎郊社之礼，禘尝之义，治国其如示诸掌乎。"）古书中巫史祝史连称者，屡见不鲜；司马迁亦言文史星历在卜祝之间；《左传》载晋史苏、史墨都善于占卜，又言史华为卫侯掌祭，史嚣为虢公享神：可见史官底职务，还有掌鬼神祭祀一项。《周官》虽是战国时学者之书（见《经学纂要》），其曰"太史掌祭祀，小史辨昭穆"，也必有所根据。征之他国古代，如埃及之祭司、印度之婆罗门、欧洲十五世纪以前之教会，都掌宗教、政治、学术之权。我国古代底史官，大约也有和他们相类的地位。

我国史官之设置，似乎很早。《世本》言黄帝时史皇作图，仓颉、沮诵造字，虽未必可信，而夏末有太史修古，商末有内史尹挚，保存典籍于亡国之际（见于《吕氏春秋·先识》），则可信为事实。降至周，则史佚为四辅之一，史克作《鲁颂》，内史敬服和内史过善相人，内史苌弘深明乐理，左史倚相能读《三坟》《五典》《八索》《九丘》；余如晋之董狐，齐之太史、南史，均以直笔著名，更是人才辈出了。古代史官和其他的王官一样，是世袭的。晋之籍谈，其先世为周史，世守典籍，子孙遂为籍氏。直到西汉，世官之制已不存在，而司马氏父子尚相承为太史令，是史官世袭之制，至西汉尚存了。

史官掌记录，掌保存典籍，握政教之枢纽，设置既早，人才特多，而且世袭之制行之最久，其为古代学术之府，是自然的结果。故龚自珍《古史钩沉论》二说："周之世官史为大。史之外，无有语言焉；史之外，无有文字焉；史之外，无有人伦品目焉。"又说："六经者，周史之大宗也。""诸子者，周史之支孽小宗也。"按，"六经皆史"之说，明末李贽之《焚书》中已言之。章学诚及章炳麟更张其说。然以六经皆为史官所掌，视为官书，则可；以六经为古代之史料，则可；径以六经为古史，则不可。说六经是史官所保存的重要典籍，古之道术有在于是者，则可（《天下》篇述道术未分裂时，亦说到六经）；说十家九流，都从六经出来，则又不可。总之，王官是诸子之学底滥觞，史官尤为王官典籍学术底渊薮，龚氏之说并非夸大之辞。诸子十家，也不仅道家因其开祖老子曾身为史官，墨家因其开祖墨子曾学于史角之后，为与史官有关。

无论什么事物，其发生和发展，必有"因"和"缘"。"因"，是发生这事物的本身底种子；"缘"，是发生或发展这事物底环境。例如植物，埋种在地下的种子是发生这株植物的"因"，土壤、水分、肥料、阳光……都是使这株植物发芽成长的"缘"。前一章所述，周秦之际底政治、社会、经济、教育各方面的剧变，以及当时黑暗的政治、纷乱的社会、连绵的战争、凋敝的民生，都只是诸子学勃兴的"缘"。我国自古至周，逐渐发达的文化，以及由史官保存遗留下来的书籍，方是诸子学发生的"因"。我们固然不能断言老、孔以前已有成系统的学术思想，已有专门名家的学者，但决不能一笔抹杀，说老、孔以前没有学术思想，没有书籍，没有文化。倘使真的一无所有，则泥土中并无种籽，虽有良好的充分的土壤、水分、肥料、阳光……如何能发芽、抽茎，长出一株植物来，而且使它开绚烂之花，结繁硕之果呢？有了种籽，有了适宜于种籽发生发展的环境，还得有下种耘植的农夫或园丁。使诸子学勃兴的农夫或园丁，便是孔子。所以孔子在我国学术史上，是有他继往开来的地位的。秦汉以来，又已二千余年，文化、学术蕴积更丰，又有由国外输入的文化、学术，增加了不少生活力；而清末至今底剧变，更甚于周秦之际。孙中山先生也把承先启后底任务完成了，如果我们不自甘暴弃，则今后学术思想之勃兴，自当更盛于周秦诸子！

绪论四　前人评各家长短

一、儒家

《说文解字》说："儒，柔也，术士之称。"是"儒"字有二种意义：其一，即有道术之士。《汉书·司马相如传》颜师古注说："凡有道术者皆为儒。"就用《说文解字》底后一义。可见"儒"即今语所谓"学者"，是极普泛的一种名称。《论语》，孔子对子夏说："汝为君子儒，毋为小人儒。"可见那时只称有知识材艺者为"儒"，其中有君子，也有小人。"儒家"之名，似以见于司马谈《论六家要旨》中者为最早。汉代人称孔子之徒及其后学为儒家，则孔子自为儒家之开祖。《周官·太宰》："儒，以道得民。"注说："儒，有六艺以教人者。"又《大司徒》注说："师儒，乡里教人以道艺者。"则"儒"不但须有知识材艺，而且须以知识材艺教人；即不但须为学者，而且须为教育家。孔子开私人讲学之风，其弟子如子夏亦曾设教于西河，故称之为"儒家"。扬雄《法言》所说"通天地人曰儒"，还是"有道术"底意思，至如王充《论衡》所说"能说一经者为儒"，则是指经生而言，是汉朝人底说法了。

《庄子·天下》篇评述诸子，把儒家列入总论中。它说："古之人其备乎！……其明而在数度者，旧法世传之史，尚多有之。其在《诗》《书》《礼》《乐》者，邹鲁之士、搢绅先生，多能明之。""搢绅"，插笏于绅。"搢绅先生"，指官。学术在官，故搢绅先生多能明之。孔子,鲁人;孟子,邹人。"邹鲁之士",指孔子、孟子及其后学。孔子以《诗》《书》《礼》《乐》教人,孟子承其余风,故邹鲁之士亦多能明之。此下说:"《诗》以道志,《书》以道事,《礼》以道行,《乐》以道和,《易》以道阴阳,《春秋》以道名分。"六经为王官职掌之旧典,儒家教人之要籍,故于此述及之。下文又说:"其数散于天下,而设于中国者,百家之学时或称而道之。""后世之学者,不幸不见天地之纯,古人之大体,道术将为天下裂。"散于天下、设于中国之"数",即上文世传之史的旧法,也即是"明而在数度者",指典章制度而言。能把典章制度、《诗》、《书》、《礼》、《乐》作有系统的彻底的研究,方可以"见天地之纯,古人之大体";即对于宇宙论和历代学术思想,能融会贯通,有正确的见解;也即《法言》所谓"通天地人"。其不能淹通,而"各得一察",各尊所闻,各树一帜者,便分为许多家,故曰"道术将为天下裂"。道术既裂,乃有墨翟、禽滑釐、宋钘、尹文、彭蒙、田骈、慎到、关尹、老聃、庄周、惠施等各派底杰出人才。所以《庄子》认为儒家是承王官之学,开诸子之先的。

《淮南子·要略》本是一篇自序,末段曾说到诸子之学之兴起。它述儒家说:"孔子修成康之道,述周公之训,以教七十子,使服其衣冠,修其篇籍,故儒者之学生焉。""衣冠",指儒衣儒冠,所谓"章甫之冠,缝掖之衣"。"篇籍",指六经。孔子以六经教人,和别家巨子只以他们一家之言教人者不同。这是孔子底特点,也就是《庄子·天下》篇把儒家列入总论,以"邹鲁之士"与"搢绅先生"并列,不与其他诸子作平行的评述底原因。这一段,只说儒者之学所由生,没有批评儒家底长短。

司马谈乃评论六家底长短。其论儒家,一则曰:"儒家博而寡要,劳而少功,是以其事难尽从。然其序君臣父子之礼,列夫妇长幼之别，不可失也。"二则曰："夫儒者以六艺（汉代称六经为六艺）为法，六艺经传以万数，累世不能通其学，当年（丁年也，即壮年）不能究其礼，故曰博而寡要，劳而少功。若夫列君臣父子之礼，序夫妇长幼之别，虽百家不能易也。"后一段话，是解释前一段的。这二段，都先说儒家之长，后说儒家之短。但他所评论的儒家短处，是西汉传经之儒、章句训诂之儒底短处，不是孔孟底短处。儒家固然重"礼"，孔孟固然都主明人伦，但这不过是施政设教的方略之一，不能包括儒家底学说，而且不是孔孟学说底中心。汉儒传经，其渊源都出于荀子（见汪中《述学·荀子通论》）；荀子对于教育、政治，特别推崇"礼"。以此为儒家之长，或者也是汉代学者们底见解。

《汉志》说："儒家者流，盖出于司徒之官，助人君明阴阳教化者也。"司徒掌教育（"舜使契为司徒，敬敷五教"，见《尚书·尧典》）。儒家以教人得名，故以为出于司徒之官。这一句述儒家底来源。古代政教不分，君师亦不分，故"作之君，作之师"常连着说。及孔子开私人讲学之风，君师始分职，政教始异途。故说儒者助人君明教化，是不错的。但又加入"阴阳"二字，则孔子未尝以《易》理教人，子贡且说天道不可得而闻，何以说"明阴阳"呢？这大概是西汉末，儒家与方士混合之后底说法。又说："游文于六艺之中，留意于仁义之际，祖述尧舜，宪章文武（用《中庸》语），宗师仲尼，以重其言，于道最为高。孔子曰：'如有所誉，其有所试。'（见《论语》）唐虞之隆，殷周之盛，仲尼之业，已试之效者也。"此段论儒家之长。"祖述尧舜，宪章文武"，《中庸》是说孔子的，其目的乃在"以重其言"。此即《淮南子》"托之黄帝、神农而后能入说"之意，但又加"宗师仲尼"一句于其中，则似所说为孔子以后的儒家，而非孔子了。而且说孔子之道，即取唐虞殷周已试行见效的政策，则可；说唐虞之隆，殷周之盛，即仲尼之业已试之效者，则先后未免倒置。《汉志》又说："然惑者既失精微，而辟（同'僻'）者又随时抑扬，违离道本，苟以哗众取宠。后进从之，是以五经乖失，儒学浸衰。此辟儒之患。"此段所论，是儒家末流之弊，有"惑者"和"辟者"二种。"惑者"，指秦延君等章句鄙儒，但知碎义逃难，失其微言大义；"辟者"，指公孙弘等曲学阿世的利禄之徒，其影响更甚于"惑者"，故又重言以明之曰"此辟儒之患"。它所说的，只是汉儒之短，只能说是儒家底流弊，不能说是儒家之学本身底短处。

两汉以后，儒家思想笼罩我国已数千年。尊孔尊经，更是历代帝王一贯的政策。所以孔子已被崇为超人的至圣，任何人不敢冒"非圣无法"底大不韪去下批评了。民国以来，尤其是民八"五四"以来，学者一反从前的态度，以攻击孔子为能，如吴虞，便以"专打孔家店"自命。于是凡孔子之说，尚合于现代潮流的，则以为自道家剽窃而来；其针对当时事实而发之言，则斥为拥护封建、拥护专制。甚且摘他书中寓言为实事，大肆嘲讪（如取《庄子·盗跖》篇、《墨子》"非儒""公孟"诸篇所说孔子故事）。而为孔子辩护者，则亦以谩骂出之。双方徒为意气之争，都没有搔着痒处。我以为要评论孔孟，评论儒家，至少得就孔孟之书、儒家之学，下一番研究工夫，懂得大概，又须屏除意气与成见，知其时代与背景，平心静气地分别他们底学说，把真正的长短找出来。否则，无论其为推崇，为攻讦，都一无是处！

二、道家

《国语·吴语》韦昭注："道，术也。""道"和"术"，本皆指道路而言。故《说文解字》说："一达谓之道。""术，邑中道也。"
道术为人所共由之路，故示以此名。《天下》篇论诸子，以为皆原
于古之道术。则所谓道家，殆犹"儒"之以术士得名。但司马谈论
六家，本名之曰"道德"；《汉志》始名之曰"道家"。《老子》书
"言道德之意"，又有《道德经》之名。以"道德"名家，似乎因
此。"道"者，天地自然之道。"德"者，有得于道之谓。是"道"
为自然法则。吾人观察自然法则，有得于心，以为人事底准则，乃
谓之"道德"。道家崇法自然，故名之曰"道德家"，而又简称为
"道家"耳。

《天下》篇所评述，如老聃、关尹、庄周，皆道家；如田骈、
慎到，则在道家、法家之间，且各就其人立论，似非总论道家者。
司马谈在六家中独推崇道家，故仅述其所长，而不议其所短。
他说：

> 道家使人精神专一，动合无形，赡足万物。其为术也，因
> 阴阳之大顺，采儒墨之善，撮名法之要；与时迁移，应物变
> 化，立俗施事，无所不宜；指约而易操，事少而功多。儒者则
> 不然，以为"人主，天下之仪表也；主倡而臣和，主先而臣
> 随"。如此，则主劳而臣逸。至于大道之要，去健羡，绌聪明，
> 释此而任术。夫神太用，则竭；形太劳，则敝；形神骚动，欲
> 与天地长久，非所闻也。

下文又加以申说：

> 道家无为，又曰无不为；其实易行，其辞难知。其实以虚
> 无为本，以因循为用，无成势，无常形，故能究万物之情；不

为物先，不为物后，故能为万物主。有法无法，因时为业；有度无度，因物与合。故曰：圣人不朽，时变是守。虚者，事之常也；因者，君之纲也。群臣并至，使各自明也。其实中其声者，谓之端；实不中其声者，谓之窾。窾言不听，奸乃不生，贤不肖自分，黑白乃形，在所欲用耳，何事不成？乃合大道，混混冥冥；光耀天下，复反无名。凡人所生者神也，所托者形也。神太用则竭，形太劳则敝，形神离则死。死者不可复生，离者不可复反，故圣人重之。由是观之，神者，生之本也；形者，生之具也。不先定其神，而曰我有以治天下，何哉？

他颇能把道家要旨叙说出来。《太史公自序》称其"习道论于黄子"。黄子即《儒林传》之黄生，好黄老之术。谈盖深有得于道家之学者。汉初君相，如文帝、曹参，均以道家之学为治。文帝底窦后亦好黄老，景帝时为太后。推崇道家，也是那时的风尚。

《汉志》说：

道家者流，盖出于史官，历记成败存亡祸福古今之道，然后知秉要执本，清虚以自守，卑弱以自持，此君人南面之术也。合于尧之克攘（《尚书·尧典》称尧"允恭克让"。攘、让古通），《易》之嗛嗛（嗛、谦古通。《谦卦》"谦谦君子，卑以自牧"），一谦而四益（《谦卦·象辞》"天道亏盈而益谦，地道变盈而流谦，鬼神害盈而福谦，人道恶盈而好谦"），此其所长也。及放者为之，则欲绝去礼学，兼弃仁义，曰"独任清虚，可以为治"。

这一段话，前半论道家之长，后半论道家之短。他以道家底"秉要

28

执本，清虚以自守，卑弱以自持"，为"君人南面之术"。司马谈也以"去健羡，绌聪明，释此而任术"，为"大道之要"。所任之"术"，亦即"君人南面之术"。其术维何？即司马谈所说"以虚无为本，以因循为用"。因为"虚"是道之常，"因"是君之纲；所秉之"要"，所执之"本"，即在乎此。"无成势，无常形"，是谓"虚无"；虚则明，则"能究万物之情"，故又谓之"清虚"。"不为物先，不为物后"，"因时为业"，"因物与合"，是谓"因循"，故"能为万物主"。能知"清虚"之本、"因循"之要，而秉之、执之，则群臣并至而各自明，贤不肖自分，黑白自形，可以"无为"而"无不为"。任此"君人南面之术"，则主逸而臣劳，适与儒家相反。为人君者，不必自命为"精明强干"，故"绌聪明"而"去健羡"。此即老子所谓"知其雄，守其雌""知其白，守其黑"，也就是《汉志》所谓"卑弱以自持"。这真是道家之长。道家认为"独任清虚，可以为治"，正是因此。其短在于"绝去礼学，兼弃仁义"。按，道家既以清虚为本，因循为用，纯任自然，故以仁义及礼为自命为圣人者所造作，不合于自然之道，而绝之弃之。《汉志》独尊儒家，故以儒家之道为尺度去衡量道家，以为是它之短了。我以为执政者一味以"精明强干"自诩，竭力提倡"精明强干"，提倡"有为"，其流弊必致以扰民者为能员；何况所谓礼与仁义等美名，徒为"实不中其声"的"谳言"者所假借以为文饰呢？故道家之"去健羡""绌聪明"，不能说它毫无理由。至于弃绝仁义，亦是有所激而发，不过近于因噎废食而已。

三、墨家

墨翟为墨家底开祖，"墨家"似即因墨子得名。但因墨子首创此学派，谓之"墨学"则可；谓之"墨家"，谓之"墨者"，则儒家可称"孔家""孔者"，道家可称"李家""李者"或"庄家""庄者"了！《天下》篇论墨翟、禽滑釐"以绳墨自矫"。他们"以自苦为极"，有恪守绳墨的精神，因此，名其学曰"墨学"，称其人为"墨者"，故有"墨家"之称。否则，其余九家底名称，都是有所取义的，都不用它们开祖底姓，何以墨家独异呢？（详见下文）墨子名翟，说他不是中国人，疑心他是印度黑人，则又是望文生训，信口开河了。

司马谈论墨家说："墨者俭而难遵，是以其事不可遍循。然其强本节用，不可废也。"又说："墨者亦尚尧舜道，言其德行曰：堂高三尺，土阶三等，茅茨不翦，采椽不刮，食土簋，啜土铏，粝粱之食，藜藿之羹，夏日葛衣，冬日鹿裘；其送死，桐棺三寸，举音不尽其哀，教丧礼，必以此为万民之率。使天下法若此，则尊卑无别也。夫世异时移，事业不必同，故曰俭而难遵。要曰强本节用，则人给家足之道也。此墨子之所长，虽百家不能废也。"他以为墨家之短，在"俭而难遵"；其长，在"强本节用"。《墨子》有《节用》《节葬》诸篇，确是主张"俭"的，但"俭"并不是墨子学说底中心。且正因主"节用"，故尚"俭"。则墨家之短，即是墨家之长了。墨子底中心观念是"兼爱"，根本主张是"实用"，而其精神则在"以自苦为极"（详见下文）。而且"自苦"不但须尚俭，并且须尚勤。所谓"腓无胈，胫无毛"……便非"俭"字所能包括。反过来说，其节用节葬也不仅是因为尚俭；因为丧葬之费，墨子都认为是不切实用的，都应该节省。《非乐》篇不但反对音乐，并及于一切美术，亦是如此。司马谈只提出"尚俭"一点来批评，可谓没有得到要领。"其事不可遍循"，确是墨学之短，但其所以不可遍循之故，不仅在尚俭，尤在其教丧礼使尊卑无别。《天下》篇认为如此自苦，非一般人所能堪，其见解实在司马谈之上。墨家衰歇甚早。《史记》对于墨子，仅在《孟子荀卿传》末附记寥寥数语。似乎司马氏父子都不曾注意这位别创一派的学者。

《汉志》评墨家之言，前已引之。现在再把全文重录于此：

> 墨家者流，盖出于清庙之守。茅屋采椽，是以贵俭；养三老五更，是以兼爱；选士大射，是以上贤；宗祀严父，是以右鬼；顺四时而行，是以非命；以孝视天下，是以上同：此其所长也。及蔽者为之，见俭之利，因以非礼，推兼爱之意，而不知别亲疏。

前半论墨家之长，列举兼爱、上贤、右鬼、非命、上同各项，不仅贵俭一端，似较司马谈所论为广，但亦未能挈领提纲。至其牵强傅会，则上文已详辨之。后半论墨家之短。所谓"非礼"，当指反对儒家之礼而言。墨子反对儒家之礼，是因为"其礼烦扰而不悦，厚葬糜财而病民，久服丧生而害事"，并非单因贵俭。"兼爱"，本主张兼而爱之，不生差别，所以和儒家底"推爱"不同。这正是墨家和儒家根本不同之点，并不是"推"兼爱之意，而始如此。且"非礼"和"不别亲疏"之意，见于《墨子》中者甚多；又何待"蔽者为之"，而始如此？故以"非礼"和"不别亲疏"为墨子之短，尚可自圆其说；以此二者为"及蔽者为之"底流弊，则又说错了！

四、法家

法家任法以为治，故名。《韩非子·定法》篇，说商鞅用"法"，申不害用"术"，则"法"之外，又有所谓"术"了。以

"道德"为例，似可称之为"法术家"。商鞅底"信赏必罚"，就是"法"底精神。至于"术"，则原出于道家"君人南面之术"。法家操术以驭臣民，其旨亦在主逸而臣劳；法行，则亦可以简驭繁，不至如儒家之治之主劳而臣逸。《史记·老庄申韩传》说申韩"皆原于道德之意"，即是指此。司马谈说："法家严而少恩；然其正君臣上下之分，不可改矣。"又说："法家不别亲疏，不殊贵贱，一断于法，则亲亲尊尊之恩绝矣；可以行一时之计，而不可长用也，故曰严而少恩。若尊主卑臣，明分职不得相逾越，虽百家不能改也。"法家之法，如果能"不别亲疏，不殊贵贱，一断于法"，则西洋"法治"底精神，早已在我国养成了。可惜他们底法，只是给臣民守的，君主是不在"法"底范围之内的。所以司马谈所批评的法家之短，正是法家所缺少的彻底的精神。"分职不得相逾越"，固然是必要的政治底秩序，但是一味尊主卑臣，也有极大的流弊。

《汉志》说："法家者流，盖出于理官。信赏必罚，以辅礼制。《易》曰：'先王以明罚饬法。'此其所长也。及刻者为之，则无教化，去仁爱，专任刑法，而欲以致治，至于残害至亲，伤恩薄厚。""信赏必罚"，确是法家最重要的精神。贾谊说："夫礼者，禁于未然之前；而法者，禁于已然之后。"（见《汉书》本传）礼与法，可以说是维持国家、社会底秩序的两翼，故曰"以辅礼制"。专任刑法以致治，是法家本来的主张，并非"刻者为之"底流弊。至于"残害至亲，伤恩薄厚"（"薄厚"，即于其所应厚者薄之意；此周寿昌说），则《汉志》因其有背于儒家"亲亲"之义而云然，仍是以儒家思想为尺度去衡量法家。

五、名家

"名"，本指事物底名。故《管子·心术》说："名者，圣人之所以纪万物也。"其广义，乃并及于抽象的名词、形容的静词，更推而及于言辞。所以我国古代底"名学"，和印度底"因明"、西洋底"逻辑"，同为辩论术。诸子立说，各有其"能破"与"能立"之需要，故名学实为各家共同需要的工具。而惠施、公孙龙等，专以能辩著称，因称之曰"名家"。

司马谈说："名家使人检（原文作'俭'，误）而善失真。然其正名实，不可不察也。"又说："名家苛察缴绕，使人不得反其意，专决于名而失人情，故曰使人检而善失真。若夫控名责实，参伍不失，此不可不察也。""控名责实"，即是"正名"，为名家之所长；"苛察"，则是故为不必要的分辨；"缴绕"，则是纠缠不已，就成为"诡辩"了。《汉志》说："名家者流，盖出于礼官。古者名位不同，礼亦异数。孔子曰：'必也正名乎！名不正，则言不顺；言不顺，则事不成。'（见《论语》）此其所长也。及警者为之，则苟钩鈲析乱而已。""名位不同，礼亦异数"之名，谓之"爵名"。此外，尚有"刑名""物名"……所以"礼"，不能包"名"。《汉志》以为名家出于礼官，故其说如此。"警"与"缴"，古通。"鈲"音必，破也。"鈲析"，犹云"分析"；"钩乱"，谓纠缠纷乱。"苟钩鈲析乱"，言徒为苛察缴绕。是《汉志》亦以"正名"为名家之长，诡辩为名家之短，与司马谈同。

六、阴阳家

此实春秋以前我国之旧说。司马谈说："尝窃观阴阳之术，大祥（《汉书》作'大详'，大即太）而众忌讳，使人拘而多所畏，然其序四时之大顺，不可失也。"《汉志》说："阴阳家者流，盖出于羲和之官。敬顺昊天，历象日月星辰，敬授民时，此其所长也。及拘者为之，则牵于禁忌，泥于小数，舍人事而任鬼神。"尧命羲仲、羲叔、和仲、和叔宅四方，实地测量，以定历法，事见《尚书·尧典》。定历为阴阳家之长，迷信鬼神机祥而多所拘畏，是阴阳家之短。司马谈与《汉志》所论亦同。

七、纵横家

战国时七雄并峙，而秦最强，故一变春秋楚最强大时南北争衡之局，为东西相抗之局。那时的政客，或主六国南北联合以抗秦，谓之"合纵"；或主解散六国之纵约，使之分别与秦联合，谓之"连横"。这些政客们或纵或横的捭阖政策，称之为纵横家言。

《汉志》说："纵横家者流，盖出于行人之官。孔子曰：'诵《诗》三百，使于四方，不能专对，虽多，亦奚以为？'又曰：'使乎使乎！'（均见《论语》，后一条系赞蘧伯玉之使，不指国际外交底使节）言其当权事制宜，受命而不受辞，此其所长也。及邪人为之，则上诈谖而弃其信。"权事制宜，受命不受辞，固为外交上底必要；尚诈不尚信，固为外交上底坏风气，但这是就一般外交说的。战国时的纵横家，如苏秦、张仪之类，本是尚诈不尚信的。

八、杂家

不主一家，杂采各家之说的，叫做"杂家"。《汉志》说："杂家者流，盖出于议官。兼儒、墨，合名、法。知国体之有此，见王治之无不贯，此其所长也。及荡者为之，则漫羡而无所归心。"杂家本无中心思想，不能专门名家，则其"漫羡而无所归心"，诚是势所必至。质言之，可谓一无所长。

九、农家

《汉志》说："农家者流，盖出于农稷之官。播百谷，勤耕桑，以足衣食。故八政，一曰食，二曰货（按见《尚书·洪范》）。孔子曰：'所重民食。'（见《论语》）此其所长也。及鄙者为之，以为无所事圣王，欲使君臣并耕，悖上下之序。""君臣并耕"是农家许行底主张，见于《孟子》。在农家中，实仅此派有学理的主张。《汉志》以此为农家之短，而其所长乃在树艺，则是技艺而非学术了。

十、小说家

《汉志》说："小说家者流，盖出于稗官。街谈巷议道听涂说者之所造也。孔子曰：'虽小道，必有可观者焉，致远恐泥（按《论语》作子夏之言），是以君子弗为也。'然亦弗灭也。闾里小知者之所及，亦使缀而不忘。如或一言可采，此亦刍荛狂夫之议也。"《汉志》以小说家为"小道"，故未评论它本身底长短。所谓"必有可观"，及"致远恐泥"，只是说明"弗灭"与"弗为"底理由而已。

前人底批评，大致如此。各家底长短毕竟如何，我们得先明了各派巨子学说底概要，方能去下判断。

第一章 孔子

一、孔子事略

孟子说："诵其诗，读其书，不知其人可乎？"我们读诸子之书，纂诸子之学，也当先知其人。孔子是周秦诸子的开祖，在我国学术史上，是一位空前的学者。故记录其生平者亦最多。兹撮述其事略如下。

孔子，名丘，字仲尼，春秋末年鲁国陬邑昌平乡（今山东省曲阜县）人。生于周灵王二十年（即公元前五五二年，此《公羊传》《穀梁传》说；《史记》及杜预《左传注》以为生于二十一年），卒于周敬王四十一年（即公元前四七九年）。他底祖先弗父何，是宋潜公之子，让国于厉公，故子孙别为孔氏。孔父嘉为宋权臣华督所杀（见《左传》），其子木金父奔鲁（见《左传》杜预注；《孔子家语》说防叔始奔鲁，误）。故孔氏在宋为贵族，在鲁为平民。其父名纥，字叔梁，娶施氏，生九女。其妾生孟皮，足有废疾（《论语》言孔子以其兄之子妻南容。孟皮或亦早卒）。续娶颜徵在，与叔梁祷于尼丘山而生孔子，故名丘而字仲尼。幼丧父。稍长，尝为委吏、乘田（并见《孟子》）。他敏而好学，不耻下问。尝问礼于老聃，访乐于苌弘，学琴于师襄，问官于郯子。自言："十室之邑，必有忠信如丘者焉，不如丘之好学也。""丘非生而知之者，好古，敏以求之者也。"（见《论语》）尝适周，因守藏室史老聃得览藏书，由此学问大进。后仕为中都宰，累官至司寇。相定公，会齐景公于夹谷，以大义折服景公，而反齐所侵之田。又以鲁季孙、叔孙、孟孙三家之都城逾制，主张拆掉，乃堕郈堕费。鲁国大治。后因政见不合，辞职去鲁（孔子去鲁，《论语》及《史记》均记齐人归女乐事，孟子则言从祭后膰肉不至。孔子既不欲以辞职之因显示于人，则膰肉不至固是有托，受女乐事便更可疑了），率弟子周游列国。尝长于匡，厄于桓魋，绝粮于陈蔡，受晨门、荷篠、荷蒉、接舆、长沮、桀嗣等人底讥讽（这些并不是人名，详见拙著《论语新注》）。栖栖皇皇，终不能行其道。子路尝说："君子之仕也，行其义也。道之不行，已知之矣。"（《论语·微子》）孔子已知道之不行，而犹席不暇暖，以求其行。这真是"知其不可而为之"（见《论语·宪问》）了。此种救世底热忱，殊不可及。

　　孔子既以终无所合而反鲁，不能在政治方面展其抱负，乃以教育为终身事业，及门受业者颇多（孔子弟子三千人，见《史记》。此"三千"为虚数，极言其多而已）。及卒，门人集所记录的孔子底言论，与其日常生活态度，成《论语》一书（按，今存《论语》，为西汉末佞臣张禹采合今文《齐论》《鲁论》与古文《论语》编成的《张侯论》，《上论》十篇，《下论》十篇。《上论》前九篇记孔子言论，末篇《乡党》附录孔子日常生活，已首尾完具。《下论》体例不纯，后四篇所记尤多不可靠。如"公山弗扰以费叛，召，子欲往"一章，"佛肸以中牟叛，召，子欲往"一章，尤为显然。公山弗扰，《左传》作公山不狃。其以费叛，正因反对孔子堕费。背叛政府的县令，居然召其所反抗的执政，而执政者又欲往，此岂合于情理？佛肸据中牟抗赵襄子，已在孔子卒后，何得云闻召欲往？末篇《尧曰》仅三章，第一章最长，没头没脑，不似孔子底言论；第二章孔子答子张，先说尊五美，屏四恶，作笼统含糊的答辞，必待重问至再，始为之明说，亦与他篇所记大异；末章似矣，而与此二章又不类。故崔述疑《上论》为孔门弟子所记，《下论》则再传弟子得之传闻，末篇更系附录书末者，确是有理。宋赵普说："以半部《论语》治天下。"为什么说"半部"？或者是指《上论》吧）。

我们要知道孔子是怎样一个人，最好是细读《论语》。《论语》所记的孔子，是一个活泼泼的孔子，不是一个泥塑木雕的孔子。它记孔子底生活，衣、食、住、行都颇仔细。我们须知这些是记者眼中所见的事实，只说"是如此"，并非说"当如此"或"必须如此"。例如孔子割不正不食。现在专讲究吃的人们，往往把活鸡的胸肉割下炒鸡片，鸡片入口之时，鸡还在厨下挣扎，这便是"割不正"，孔子是不忍吃的。并非孔子一定要吃方块的四喜肉，而不吃肉片和肉丝。《论语》又记孔子态度如："子之燕居，申申如也，夭夭如也。"这是记所见的孔子燕居之态度。"申申如"，形容其庄重振饬；"夭夭如"，形容其自然安舒。"申申如"，故"望之俨然"；"夭夭如"，故"即之也温"。又如说："孔子于乡党，恂恂如也，似不能言者；其在宗庙朝廷，便便言唯谨尔。"这是记孔子居乡及在朝，态度不同。乡党莫如齿。如居乡而亦便便言，不但态度不合，且亦无此需要。如在宗庙朝廷议礼议政，而亦似不能言者，或便便言而出言不谨，便又错了。又说："子入太庙，每事问。或曰：'孰谓鄹人之子知礼乎？'子闻之，曰：'是礼也？'"旧注以为"每事问"即是"礼"，这是不合情理的。俞樾《群经平议》以为"是礼也"句是反诘，表示所以每事问者，正因其不合礼。如此解说，当时情景方能活画出来。所以读《论语》，也不是容易的事。

二、孔子与教育

孔子是我国历史上最早的最伟大的教育家。孔子以前，未尝无教育（《尧典》已有使契为司徒敷五教的事，可见学校教育古已有之），孟子也说："夏曰校，殷曰序，周曰庠，学则三代共之。"未尝无关于教育的理论（《易》之卦爻辞及《尚书》《左传》《国语》中所载，孔子以前的教育言论颇多）。但是孔子以前，书籍萃于官府，学术存于官府，教育限于贵族子弟；至孔子开私人讲学之风，抱"有教无类"之旨，终身尽瘁于教育，设教既久，弟子又多，不但贵贱贫富不一，年龄也长幼不等（如颜路颜回、曾点曾参父子及门；秦商只少孔子四岁，叔仲会则少孔子五十四岁。并见《史记·仲尼弟子传》），教育乃始普及平民，乃始成为专业。所以他是我国教育家底开祖。他底教育，特点很多，兹举其要者如下。

（一）教育方法

孔子底教育方法，值得我们注意的有二点：其一是"因材施教"，其二是"注重自动"。《论语》记孔子说弟子个性不同的话很多，如"柴也愚（高柴子羔），参也鲁（曾参子舆），师也辟（颛孙师子张），由也喭（仲由子路）"，"师也过，商也不及"（卜商子夏），"求也退（冉求子有），由也兼人"。弟子既多，自然个性有许多差别了。孔子因其不同的材性，各施以相当的教育。故就消极方面说，可以救偏补短；就积极方面说，可以发展个性：这就是"因材施教"了。

例如《论语》中记弟子们问孝，孔子答孟懿子，则曰"无违"（无违是无违礼，故曰"生，事之以礼；死，葬之以礼，祭之以礼"）；答孟武伯，则曰"父母唯其疾之忧"；答子游（言偃），则谓

"能养"还须能"敬";答子夏,则曰"色难"。又如问仁,孔子答颜渊(颜回),则曰"克己复礼",其目为"非礼勿视,非礼勿听,非礼勿言,非礼勿动";答仲弓(冉雍),则曰"出门如见大宾,使民如承大祭,己所不欲,勿施于人,在邦无怨,在家无怨";答樊迟(樊须),则曰"爱人",曰"居处恭,执事敬,与人忠";答子张,则谓须行恭、宽、信、敏、惠五者于天下。此外,如问政、问士,都是同一问题,答语各异。最显著的例,是《先进》篇中的一章:

> 子路问:"闻斯行诸?"子曰:"有父兄在,如之何其闻斯行之?"冉有问:"闻斯行诸?"子曰:"闻斯行之。"公西华曰:"由也问闻斯行诸,子曰有父兄在;求也问闻斯行诸,子曰闻斯行之。赤也惑,敢问。"子曰:"求也退,故进之;由也兼人,故退之。"

同问一句话,答语竟因他们底个性不同而正相反;但是一退一进,又恰是对症发药。这种教育方法,岂是现在班级教学、团体训话等方法所可同日而语?

《论语》记孔子说:"不愤,不启;不悱,不发;举一隅,不以三隅反,则不复也。"孔子教人,注重自动,所以必俟其愤悱,方启发之;而且须弟子自己去类推。子贡(端木赐)说:"赐也闻一以知二,回也闻一以知十。"可谓善于推想了。颜渊曾有"夫子循循然善诱人"能使人"欲罢不能"之叹。这便是注重自动之效。道德教育,处处须体验存养,固然须待其愤悱,始加启发,引其端诸,使之类推;即使知识技能底传授,也须学者有愤悱之心,类推之力,肯自动学习,方能进步。现代新教学法所谓自学辅导、启发式教授、设计教学、道尔顿制等,其原理也不外乎此。

（二）教育要旨

《论语》说："子以四教，文行忠信。"《史记》说："孔子以《诗》《书》《礼》《乐》教弟子。""文"，即是子贡所说"夫子之文章可得而闻"底文章。《诗》《书》《礼》《乐》四经，固是文章，但是"文章"并非专指书本而言。孔子称尧之为君，曰"焕乎其有文章"。一切成文的、不成文的制度典章以及文学史实等，都可以说是文章。所以"文"，是知识底总称。"行"，指行为。"忠信"，指品性。"四教"，知识底传授居其一，行为底训练居其一，品性底陶冶居其二。《诗》《书》《礼》《乐》四经，固然都属于"文"，但是"礼"则有关于"行为"，"乐"则有关于品性了。颜渊所说"博我以文，约我以礼"，是"文""行"二项底教育，还是有形迹可见的。至于品性底陶冶，则全在潜移默化。陶冶涵养，深入内心，当以"乐"底力量为最大；此外，惟有赖于教师底精神感应了。由此可以推知，孔子底教育要旨，重在行为品性方面底道德的修养。《论语》记他一再称颜回为好学，而其好学之实，则在"不迁怒，不贰过"。又记孔子底话说："弟子入则孝，出则弟，谨而信，泛爱众，而亲仁；行有余力，则以学文。"又说："君子食无求饱，居无求安，敏于事而慎于言，就有道而正焉，可谓好学也已。"孔子为学与教人底要旨，即此可见。所以"文行忠信"与《诗》《书》《礼》《乐》排列的次序，是先易后难，先浅后深，先轻后重的。现在的学校教育，几乎只是知识底贩卖；虽有所谓训育，也谈不到以身作则的人格感化，不能深入学生底内心。如何会有效果？

（三）教育精神

孔子最伟大的教育精神，是"学不厌，教不倦"。《论语·述而》篇："子曰：'默而识（同"志"）之，学而不厌，诲人不倦，何有于我哉？'""子曰：'若圣与仁，则吾岂敢？抑为之不厌，诲人不倦，则可谓云尔已矣。'公西华曰：'正唯弟子不能学也！'"《孟子》中也曾引一段故事："昔者子贡问于孔子曰：'夫子圣矣乎？'孔子曰：'圣，则吾不能。我学不厌而教不倦也。'子贡曰：'学不厌，智也；教不倦，仁也；仁且智，夫子既圣矣。'"正和《述而》篇后一章相同。朱子注前一章说："'何有于我'，言何者能有于我也。三者已非圣人之极致，而犹不敢当，则谦而又谦之辞也。"果如朱注，则孔子于学不厌，教不倦，忽而不承，忽而自居，未免矛盾。按《雍也》篇，孔子答季康子，曾说："由也果，于从政乎何有？""赐也达，于从政乎何有？""求也艺，于从政乎何有？""于从政乎何有"，就是"何有于从政乎"，与"何有于我哉"，句法虽有顺倒，语气则正相同。《子罕》篇："子曰：'出则事公卿，入则事父兄，丧事不敢不勉，不为酒困，何有于我哉？'"末句正与上引《述而》篇前一章完全相同。译作今语，便是说："这些，在我有什么呢？"明明是坦然自承，居之不疑，怎么说是谦而又谦之辞呢？

《论语·学而》篇第一章："子曰：'学而时习之，不亦说（同"悦"）乎？有朋自远方来，不亦乐乎？人不知而不愠，不亦君子乎？'"《白虎通义》谓"师弟子有朋友之道"。按五伦中无师生一伦，即包括在朋友一伦之中。朋自远来，即《史记》所谓远方来学者甚众。朋来之乐，亦即《孟子》"得天下英才而教育之"之乐。朱注引尹氏及程子之言，以为"人不知而不愠"，即"不见是而无闷"之意，是误解"人不知"为"人不知我"。不知"人不知"，谓教之而人不知；能不愠，故能不倦。此章前后贯串。"学而时习之，不亦说乎"，是"学不厌"。学而时习，故能日知其所无，月无忘其所能，而兴趣盎然；能如此"温故而知新"，方"可以为师"，故继之以朋来之乐；其教弟子，虽有不知者，仍毫无愠意，故能不生厌倦之心，这就是"教不倦"；必如此，方可以谓之君子。"学不厌，教不倦"，似乎是平淡无奇的六个字，而孔子一生伟大的教育精神即在乎此。故公西华以为是弟子所不能及，子贡以为是仁智之圣。孔子之所以成为大师，以此；弟子们所以心悦诚服，亦以此；故辑《论语》时，即以此为全书第一章。

朱子乃以为非圣人之极致。难道及门亲炙，如公西华、子贡者，其知孔子，反不及朱子深切吗？而且孔子所以能教不倦，便是由于他自己能学不厌。反过来说，孔子能教不倦，方能使他底弟子们学不厌，有"见其进、未见其止"和"欲罢不能"底好学精神。假年学《易》，韦编三绝，"发愤忘食，乐以忘忧，不知老之将至"，这是何等精神？绝粮陈蔡，弦歌不辍，桓魋见厄，习礼树下，这又是何等精神？阙党童子可使将命，互乡童子可以与言，似乎天下竟无不可教的人，这又是何等精神？以视现在学无一长即生厌心，教未一年即生倦意的教师，何啻天壤？

(四) 师生情感

孔子对于弟子们的言语态度，有时候是严肃的，有时候是幽默的。如于子路，尝斥为"佞"，为"野"，为"暴虎冯河，死而无悔"；于宰我，尝斥为"不仁"，为不可雕的朽木，不可圬的粪土之墙；于冉有，尝斥为"自画"，甚至以为"非吾徒也"，命小子鸣鼓而攻之：可谓严肃极了。但如于子路闻乘桴之叹，许其从往而喜，则以"无所取材"语之；于子贡问死后有知无知，则以"死后徐自知之，未为晚也"答之（此条见《说苑》）；于子游作宰武城时，闻弦歌之声，则以"割鸡焉用牛刀"戏之：又可谓幽默极了。

总之，他对于弟子们，是纯任自然，毫不做作的。《乡党》末章："色斯举矣，翔而后集（此二句写野雉之倏然高飞，徐徐翔集，是叙事写景的文章）。子曰：'山梁雌雉，时哉时哉！'子路拱之，三嗅而作。"（拱，执也。嗅当作"臭"，雉将飞时张翅扑动之状。）孔子见雉，而赞其时；子路见雉，欲拱而执；赞者自赞，拱者自拱，各不相谋。此章记师生郊游乐事，极为自然（因为注者误解，方弄出"烧烤雉鸡"底笑话来）。可见他们师生之间，决不会如一般人所想像的那么拘束。因此，他们师生间的情感，也是极自然极真挚的。孔子见颜渊之死，哭之至恸，又有"天丧予"之叹；闻子路之死，哭于中庭，又有"覆醢"之举（此事见《礼记》）。伯牛（冉耕）有恶疾，将死，孔子去探视。他家深恐传染，不让他进屋子去。孔子师生情重，竟自牖执其手，叹曰："亡之，命矣夫！斯人也，而有斯疾也；斯人也，而有斯疾也！"读《论语》此节，真是如见其事，如闻其声。他对学生既是如此，所以他死之后，弟子们也为他服心丧，如丧父而无服（见《檀弓》）；三年丧毕，大家将要散伙，入揖于子贡，相向而哭，甚至失声。子贡又筑室于场，独居三年，然后归（见《孟子》）。这样真挚的师生情感，岂是现在师生如陌路如仇雠的学校里所能梦见？现在学校里，师生原是萍水相逢；充其量，不过知识买卖的关系而已，还谈得到什么情感？

就以上所述，孔子在我国教育史上的地位，已可概见。现在教育部规定孔子生日为教师节，是很有道理的。

三、孔子与六经

《易》《书》《诗》《礼》《乐》《春秋》，谓之六经。相传伏羲时已有"八卦"；文王被囚于羑里时，把八卦两两相重，成了六十四卦。八卦每卦三爻，二卦重成一卦，便每卦有六爻了。每卦作一条

"卦辞"，每爻作一条"爻辞"，用以卜筮，名曰《周易》。虞、夏、商、周四代底史官所记录的所保存的史料，汇集成书，名曰《尚书》。《诗》，是周代所采集的，春秋中世以前，各地及王畿的诗歌，或为民间的歌谣，或为士大夫底作品，或为用于宗庙朝廷的诗歌。《礼》是关于周代通行的冠、婚、丧、祭、朝、聘、乡、射八项礼仪的记载。《春秋》是一部大事记式的编年史。只有那一部《乐经》，似乎西汉底经师也没有看到过。有人说，《乐》本有经，经秦火而亡；有人说，《乐》本无经，只是诗底乐谱。这就是所谓六经底大概。后经秦始皇焚书、项羽烧咸阳二次厄运，至于西汉初年，始除挟书之禁。那时老儒传经多由口授学者笔录，都是用汉代通行的文字隶书写的。文帝、武帝以后，博士用以教授的本子，便是这种。西汉末，刘歆校书，在秘书中发现了用古代文字书写的经。《易》与《诗》，和博士本无大差别。《春秋》，博士本止于"获麟"一条，古文本多了二年，止于"孔子卒"一条。《书》与《礼》，则比博士本多了许多篇。各经字句，亦有歧异多少。于是经底本子有"今文"（博士本）和"古文"（刘歆发现之本）二种，经学也分成"今文"和"古文"二派。今文经学家认为六经是孔子所作，用以教人，故其次序当依程度深浅排列：《诗》《书》是文字底教育，最浅，应列在最先；《礼》《乐》是陶冶身心的，次之；《易》与《春秋》，一言天道，一含政治哲理，最为高深，应列最后。古文经学家认为六经非孔子所作，乃周公之旧典，古代之史料，故其次序当依时代先后排列：八卦书自伏羲，最早；《尚书》起于唐虞，次之；《诗》有《商颂》，又次之；《礼》《乐》为周公所制，又次之；《春秋》最迟，最后。六经和孔子底关系，有此二种说法（详见《经学纂要》）。

　　我以为今文、古文二派经学家所说，都是对的。我并非故作两可之辞，想为今古文二派经学调停折中。因为六经是否为孔子所作这个问题，二派所说，的确都能持之有故，言之成理。孔子自言"述而不作"，见于《论语》。《国语》记士亹教楚太子以《诗》《书》《礼》《乐》《春秋》，在孔子以前。孔子曾言，"《易》之兴也，其于中古乎"，见于《易·系辞》。《左传》《国语》中载春秋时人引《诗》《书》《易》的也不少。则六经非孔子所作，不待辨而自明；古文经学家的话，并没有说错。孔子虽不曾作六经，但是对于六经，确曾下一番"述"底工夫，而且他是以"述"为"作"的。《论语》："子曰：'加我数年，五十以学《易》，可以无大过矣。'"《史记》："孔子晚而喜《易》；读《易》，韦编三绝。"他认为《易》中含有哲理，可引申之于人事，乃以其研究所得，作《彖》《象》以释卦爻辞，门人又录其论乾坤及《易》之言为《文言》《系辞》。于是卜筮之《易》一变而为哲理之《易》。

虞、夏、商、周底史料，有相当的繁富；这是可以想见的。孔子独纂定二十八篇，以《尧典》始，示崇禅让；以《秦楚》终，示赞悔过。于是《尚书》除原有的上古史料价值之外，另有一种新意义了。《仪礼》十七篇，是孔子取以教弟子的，故无天子之礼。孺悲学《士丧礼》于孔子，《士丧礼》于是乎书（见《仪礼正义》）。这是一个证据。周代尚文，礼仪繁缛，八项礼仪，记录成书的，岂仅此十七篇？孔子采为教材，取舍之间，自有一番斟酌。《史记》："古者《诗》三千余篇。及至孔子，去其重，取可施于礼义，上采契后稷，中述殷周之盛，下及幽厉之缺，三百五篇，孔子皆弦歌之。"这就是孔子删定《诗经》之说。自来学者多疑之。这三百五篇的《诗》，本全部可以合乐歌唱（梁启超以为"风"即讽诵，是徒歌，不能合乐。按，东汉末，曹操伐刘表，下荆州，得汉雅乐郎杜夔。夔已老，《诗》底乐谱仅记得四篇。其中有《驺虞》《伐檀》，都是《风诗》。大概风是各地民间歌谣，本是徒歌，采集后方以合乐的。《汉志·诗赋略》所录汉代乐府中协律的歌诗，有云中、赵、代等讴歌，正是沿袭周代采各地民歌合乐的办法）。后来采诗之制不行，时君又只好世俗之乐，古乐渐以沦亡，则三百五篇之乐谱凌乱亡失，自在意中。

孔子对于音乐，既有特殊的嗜好，又有相当的研究，且和当世音乐家友好，故能深明乐理（《论语》记太史挚等乐官去鲁一节，既非孔子之事，又无孔子之言，在本书中颇为不类。实则此数人皆与孔子时相过从，故弟子于其去鲁，特志其行踪。孔子对鲁太师论乐语，亦见《论语》）。他自己曾说："吾自卫反鲁，然后乐正，雅颂各得其所。"（亦见《论语》）可见孔子周游归来以后，曾把三百五篇《诗》底乐谱补整一番。正《乐》，即所以正《诗》。这是孔子对于《诗》《乐》二经的工作。《乐》为《诗》之乐谱，不是另外一部成文字的经，故今文家有"《乐》本无经"的话。古乐终至陵夷，则《诗》底乐谱自不为人所注意。秦火之后，老儒口授者但为《诗》底歌辞，不能把乐谱记诵下来。西汉时，经师只注意于《诗》底章句训诂，乐师只注意于《乐》底铿锵鼓舞，于是经孔子补整的乐谱，又渐致亡失（唐人歌诗，宋人歌词，元人歌曲，今诗词曲底文辞尚存而歌法不传，正与此同）。故古文家有"《乐》亡于秦火"的话。

孟子以鲁之《春秋》与晋之《乘》、楚之《梼杌》并举。《左传》也说韩宣子曾见《鲁春秋》。《公羊传》所谓"不修《春秋》"，即指鲁史官所记的《春秋》而言。墨子又有见"百国《春秋》"之言，则《春秋》又似为编年史之通称。孔子据《鲁春秋》所记的事实加以笔削，以寓褒贬，以存"微言大义"，方成现存的《春秋》。自他把六经加一番"述"的工夫之后，各给以新生命、新意义、新价值，故说他是以"述"为"作"的。今文经学家尊孔子为"作者之圣"，也并没有说错。

孔子以前，私人无著述；章学诚《文史通义·诗教》上篇已言之。《鬻子》《尹佚》等书是后人依托，《管子》《晏子》等书是后人撰辑；就是《老子》，也是后人祖述（详见下文）。孔子虽未尝有手著的创作，但他对于六经，以"述"为"作"，使固有的六经理论化，给以新的意义、新的生命、新的价值。这也是为诸子开先河的。如无孔子，则《易》仍为卜筮之书，《书》仍为古代档案式的史料，《礼》仅是仪注之类，《春秋》竟是"断烂朝报"了。他正《诗》正《乐》底成绩，今虽已不可复见，此种工作，当然也是极艰巨的。六经所以能在我国古籍中占特殊的地位，不能不说是孔子以述为作之功。

《史记》说孔子以《诗》《书》《礼》《乐》教弟子。《论语》记他教儿子说："不学《诗》，无以言；不学《礼》，无以立。"又说："汝奚不为《周南》《召南》矣乎？人而不为《周南》《召南》，其犹正墙面而立也欤？"又曾说："小子何莫学夫《诗》？"孺悲亦曾在他那里学《士丧礼》。似乎他教人，特别注重《诗》和《礼》。他学《易》在晚年；修《春秋》，获麟绝笔，也在卒前二年；似乎未尝以此二经教人。即以教人，也当是未经赞修的《易》和《春秋》。以六经教人，原不始于孔子。但一则孔子以前，六经之教也只限于贵族子弟；二则孔子底教《诗》《书》《礼》《乐》，也和前人不同。《论语》记孔子论《诗》之言，如曰："《诗》三百，一言以蔽之，曰思无邪。"朱注引程子曰："思无邪者，诚也。"诗歌抒情，贵在诚挚。故孔子评《唐棣》之诗曰："未之思也，夫何远之有？"就是说"岂不尔思，室是远而"二句之不诚。"真"与"善""美"，同为文学底要素，而"真"居第一。"真"即是"诚"，即是"无邪"。

又曰："《诗》，可以兴，可以观，可以群，可以怨，迩之事父，远之事君，多识于鸟兽草木之名。"学《诗》之效，重在兴观群怨，事父事君，此岂章句之经生、雕虫之文士所能理会？又如子贡引《诗》"如切如磋，如琢如磨"二句，以喻由"贫而无谄，富而无骄"进至"贫而乐，富而好礼"，子夏因《诗》"巧笑倩兮，美目盼兮，素以为绚兮"三句，悟到"礼后"，孔子都许以"可与言《诗》"。尤可见孔子论《诗》，重在从诗义中引申类推。又如林放问礼之本，孔子称之曰"大哉问"。又曾说："礼云礼云，玉帛云乎哉？乐云乐云，钟鼓云乎哉？""人而不仁，如礼何？人而不仁，如乐何？"可见孔子讲礼乐，不斤斤于玉帛钟鼓、升降节奏等末节，而重在礼乐之本。孔子教经，有此特殊的见解，故经学遂为儒家底特长，六经亦渐成为儒家底专籍。因此，述六经和以诸经教人，为孔子生平第二件大事。

四、孔子论道德修养

上文已经说过，孔子教人，性行底陶冶训练，重于知识底传授。他底为学，也是如此。《论语·卫灵公》："子曰：'赐也，汝以予为多学而识之者欤？'对曰：'然，非欤？'曰：'非也，予一以贯之。'"又《八佾》："子曰：'参乎，吾道一以贯之。'曾子曰：'唯。'子出。门人问曰：'何谓也？'曾子曰：'夫子之道，忠恕而已矣。'"后来宋明理学家对于为学的主张，分成两派：一是朱子一派，主张"即凡天下之物，莫不因其已知之理而益穷之，以求至乎其极，至于用力之久，而一旦豁然贯通焉，则众物之表里精粗无不到，而吾心之全体大用无不明矣"（见《大学补传》）。"即物穷理"，是"多学而识"；"一旦贯通"，是"一以贯之"。一是陆子、王子一派，陆象山主张"先立乎其大者"，王阳明主张"致良知"，他们都以朱子底即物穷理为支离，就是说他只能"多学而识"，不能"一以贯之"。这两派同以"多学而识"为"下学"，"一以贯之"为"上达"；不过朱子主张从下学以求上达，从"多学而识"中去求"一以贯之"，陆、王主张舍下学以求上达，把"多学而识"丢开，去寻找简易直捷的"一以贯之"。这两派理学势成水火，不知他们都误解了孔子底"一以贯之"。

"贯"，即是"行"；"一以贯之"，即"壹是皆一以行之"（王引之说，详见《经义述闻》。拙著《四书新注》亦采此说）。故"多学而识"是"知"，"一以贯之"是"行"。孔子语子贡，明言非"多学而识"，是"一以贯之"；换句话说，就是重"行"而不重"知"。道德底修养，品性底陶冶，行为底训练，"行"都比"知"要紧。《史记·孔子世家》偏扩采许多轶事，以示孔子知识底丰富，是一个多学而识、无所不知的圣人，可谓没有搔着痒处。孔子之为学教人，既重在"行"而不重在"知"，故《论语》一书底精华所在，便是论道德修养各章。我们如果能熟读深思，存养体验，躬行实践，必能获得很大的效益；决不至如程子所说，未读《论语》时是此等人，读了后又只是此等人了。《论语》篇幅不多，好学者正可去读原书；现在且把最重要的摘述如下。

（一）道德底中心

孔子论道德，特别提出一个"仁"字，以为"全德"之称；这个"仁"字，就是一切道德底中心。"仁"为全德，故一切德目，皆可以"仁"包括之。《论语》记宰我欲短三年之丧，以为"期（周年）已久矣"，孔子斥为"不仁"，故仁可以包"孝"。又记孔子称微子、箕子、比干为殷之"三仁"，故仁可以包"忠"。又尝说，

"仁者必有勇"，是仁可以包"勇"。其答颜渊问仁，曰"克己复礼"，其目为非礼勿视、勿听、勿言、勿动，是仁可以包"礼"。其答子张问仁，以为须要行恭、宽、信、敏、惠五者于天下，是仁又可以包此五德。因为"仁"即是做人之道。做人之道，至少须有二人底关系，然后可见，故"仁"字从"二""人"会意。

人与人底关系，不外五类："君臣""父子""兄弟""夫妇""朋友"，谓之"五伦"。一般人以为现在不应当再有君臣一伦，不知"君臣"就是主从底关系。官署、军队中长官和僚属部队，党底领袖和党员，也都有这种主从关系的。"父子"一伦，举父可以包母，举子可以包女，更可推之于祖孙、叔侄。"兄弟"一伦，也可以包括姐妹。"朋友"一伦，也可以包括师生。至于亲族姻娅，也可由父子、兄弟、夫妇推而及之。人与人相处，双方各有其应遵行的道德。"为人君止于仁"，"君使臣以礼"，就是君对臣应有的道德。由此类推，臣对君则曰"忠"，父母对子女则曰"慈"，子女对父母则曰"孝"，以及兄弟之"友"、夫妇之"和"、朋友之"信"，都可以说是"仁"，不过因关系不同、立场不同而异其名。

"仁"以"同情心"为出发点（孟子说："恻隐之心，仁之端也。"即此意），而同情心又起于同类意识。在动物中，凡是种类愈接近的，愈易显示同类意识，引起同情心；在人类中，凡是关系愈接近的，也愈易引起同情心。故有"亲亲而仁民，仁民而爱物"底推爱。总之，仁是整个的做人之道，所包极广，故必须面面俱到，时时不违，事事都无愧怍，方可以称为"仁"。所以孔子于令尹子文、陈文子，仅许为"忠"与"清"，而不许为"仁"；于子路、冉有、公西华，也仅许为能"治赋""为宰""与宾客言"，而不许为"仁"；对弟子，仅曰"回也其心三月不违仁，其余则日月至焉而已"；对自己，也曰"若圣与仁，则吾岂敢"。其弟子问仁，所答不同，也是因此。

那末，我们要怎样才能做到"仁"呢？曰"忠恕而已矣"。孔子曾告子贡以为仁之方，曰"能近取譬"。取譬于近，就是"推己及人"，也就是所谓"恕"。恕有消极、积极二方面。如说："己所不欲，勿施于人"，"施诸己而不愿，亦勿施于人"，都是消极地推己及人。《大学》说得最详细："所恶于上，毋以使下；所恶于下，毋以事上；所恶于前，毋以先后；所恶于后，毋以从前；所恶于左，毋以交于右；所恶于右，毋以交于左：此之谓絜矩之道。"这也是消极方面的推己及人。至于"己欲立而立人，己欲达而达人"，那便是积极方面的推己及人了。《中庸》也说得较详："所求乎子以事父，未能也；所求乎臣以事君，未能也；所求乎弟以事兄，未能也；所求乎朋友先施之，未能也。"我所求乎子、臣、弟、友者，曰孝、曰忠、曰弟、曰信，则我亦当以孝、忠、弟、信事我之父、君、兄、友。这不是积极的推己及人吗？孔子答仲弓问仁，曰"己所不欲，勿施于人"，就是教他尽恕道以行仁。又曰"出门如见大宾，使民如承大祭"，这二句却说的是"敬"。"敬"和"恭"不同。"事思敬"，"貌思恭"。恭是关于仪态方面的，就是我们现在所常说的"恭敬"。敬是职事方面的，"事君，敬其事而后其食"底"敬事"，"道千乘之国敬事而信"底"敬事"，就是对于政事职务看得非常郑重，尽心竭力去做，不敢怠、不敢忽的意思。曾子说"为人谋而不忠乎"，也只是敬人之事。不能敬事，便非怠即忽，故从政则溺职，为人谋则不忠。能敬事，即能"用其力于仁"。朱子注"忠恕"二字曾说："尽己之谓忠。"近人多批评他，说《论语》中并没有这意思；不知"敬事"即是"尽己"，即是"忠"。

总而言之，"推己及人"之"恕"，是为仁的方法；"尽己"之"忠"，则是为仁的精神。孔子对子贡，仅告以"恕"，因为子贡尚未能尽恕道（子贡曰："我不欲人之加诸我也，我亦欲毋加诸人。"子曰："赐也，非尔所及也。"见《论语》）；对仲弓，则恕与敬事之忠并提；对颜渊，则仅告以非礼勿视、听、言、动的"修己"之敬。这又是孔子底因材施教了。求仁行仁，"忠恕"二字足以尽之。孔子之道，即为仁之道，故曾子曰："夫子之道，忠恕而已矣。"忠恕所以行仁；故"一以贯之"者，即是一以行之之道。现在一般人，无论从政、任事、修己，或怠惰，或轻忽，而对人则一味苛求，惟知以忠、孝、弟、信责望于人，而不反求诸己，便是不忠不恕，便是不能行仁，便是不能尽做人之道。《论语》中论"仁"的话很多，阮元曾辑成一篇《论语论仁论》，读者可以参阅。

（二）标准的人格

孔子教人，不重好高骛远，故未常以"圣人""仁人"为标准的人格。《论语》中所常见的"君子"，则是修养方面底人格之标准。如说"君子周而不比"，"君子和而不同"，"君子贞而不谅"，"君子矜而不争，群而不党"。能"和"，故能"周"，故能"群"；不"同"，故不"比"，故不"党"。"贞"，则有廉洁以自守；"不谅"，则不至为硁硁之小丈夫。"矜"以自持，便不至同流合污，但亦不与人为意气之"争"。以上诸章，各举二个相似的而易滋误会、易致偏騎的字作比较，使人恍然于君子之所以为君子，提示得何等明白！

他又说："君子义以为质，礼以行之，逊以出之，信以成之。"君子哉！惟能"以义为质"，故能"喻于义"；故其"于天下也，无适也，无莫也，义之与比"；故能"周而不比"，"和而不同"，"群而不党"。惟能"礼以行之"，故能非礼勿视、听、言、动，否则，便"致恭而无礼则劳，慎而无礼则葸，勇而无礼则乱，直而无礼则绞"了。能"逊以出之",故能"矜而不争"。能"信以成之",故虽"不谅"而却能"贞"。君子是能用力于"仁"的,故曰:"君子无终食之间违仁,造次必于是,颠沛必于是。"但是果能不违仁否,尚不可必,故又曰:"君子而不仁者有矣夫。"必如此致力于修养,方能成为"文质彬彬"的君子。君子之达德有三,曰知,曰仁,曰勇。"仁者不忧,知者不惑,勇者不惧",故其心境常"坦荡荡"地。这就是所谓"泰"。"泰"和"骄"又因相似而易误会,故又曰:"君子泰而不骄。""泰",可有庄重之意,故曰"君子不重,则不威"。能重而威,故能使人"望之俨然"。但威与猛,又似同而实异,必须"威而不猛",然后可以为君子。君子之待人,是"成人之美,不成人之恶"的。君子之用人,是"悦之不以道,不悦也,及其使人也器之"的。君子之举人、听言,是"不以言举人,不以人废言"的。君子不以一时的毁誉为荣辱,"病无能焉,不病人之不己知",故能"遁世无闷,不见是而无闷"。君子所注意者,只是"疾后世而名不称",故惟知"求诸己",不屑"求诸人"。至于贫富贵贱,那原是君子所不屑计较的,故能"谋道不谋食","忧道不忧贫"。我们如果能把《论语》所记辑合起来,加以归纳的研究,则君子底概念,自然非常明了,可以作为我们修养底鹄的。

那末,我们应当如何地修养,方可以成君子呢?第一,是"修己以敬";第二,是"敏于事而慎于言",必"先行其言而后从之";第三,是"就有道而正焉"。消极方面,又有"三戒"(少之时,戒之在色;及其壮也,戒之在斗;及其老也,戒之在得);积极方面,则有"九思"(视思明,听思聪,色思温,貌思恭,言思忠,事思敬,疑思问,问思难,见得思义)。必如此,方可"上达",成一"不器"的君子。惟其"不器",故不可"小知"而可以"大受"。大受者,就是曾子所谓"可以托六尺之孤,可以寄百里之命,临大节而不可夺"。不过，《论语》中如"君子笃于亲，则民兴于仁""君子学道则爱人，小人学道则易使"等章底"君子"，则别指在位者而言。这又是读《论语》时应当注意的一点。

余如"善人""成人""士"之类，似乎也是修养方面人格底标准，但均不如"君子"之常见于《论语》。读者可自于原书中求之，兹不复赘。

五、孔子论政治

孔子虽曾仕于鲁国，但不过小试其技，执政底时期是极短的，其后周游列国，终无所合，所以他政治上的抱负，始终未尝一展。他生当春秋末年，正是王室陵夷、诸侯割据、夷狄交侵、战争连年、政治黑暗、社会纷乱、民生凋敝的时代。他底政治理论，自然是针对那时代而发的。我们生今之世，尚论古人，当设身处地，就他们底时代、立场着眼，不当以现代底时势和思想去衡量古人，也不当如汉代经生，误认孔子预为现代制法。这样，方能平心静气，给他底学说下一种比较正确的评判。孔子底政治学说，并没像以后的诸子，直接地、长篇大章地发为文章。我们得从和他关系最切的书中，寻找出要点来。

（一）理想的政治

孔子曾说："我欲托之空言，不如见之行事之深切著明也。"他不欲托之空言，故没有发表成系统的政论；欲见之行事，故把他底政治理想，寓于所修的《春秋》中。《公羊》家所谓"三世"，就是他理想的三个依次演进的政治时期。第一是"据乱世"，即指割据纷乱之世，也就是他身亲目睹的春秋之世。这时期是"内其国而外诸夏"的。第二是"升平世",是指中国统一的时期,故当"内诸夏而外夷狄"了。由第一期进于第二期,当先求统一,拨乱世而反之正,故"据乱世"又称"拨乱世"。第三是"太平世",则由中国一统,进于世界大同,此时已成"中国一人,天下一家",无复所谓"夏""夷"之别了。《礼记·礼运》记他告子游底话:

> 大道之行也,与三代之英,丘未之逮也,而有志焉。
>
> 大道之行也,天下为公,选贤与能,讲信修睦。故人不独亲其亲,子其子;使老有所终,壮有所用,幼有所长,矜(同"鳏")寡孤独废疾者皆有所养,男有分,女有归。货,恶其弃于地也,不必藏于己;力,恶其不出于身也,不必为己。是故谋闭而不兴,盗窃乱贼而不作,故外户而不闭。是谓"大同"。
>
> 今大道既隐,天下为家,各亲其亲,各子其子,货力为己;大人世袭以为礼,城郭沟池以为固,礼义以为纪;以正君臣,以笃父子,以睦兄弟,以和夫妇,以设制度,以立田里,以贤勇知,以功为己。故谋用是作而兵由此起。禹、汤、文、武、成王、周公,由此其选也。此六君子者,未有不谨于礼者也。以著其义,以考其信,著有过,刑(同"型")仁讲让,示民有常。如有不由此者,在势者去,众以为殃。是谓"小康"。

这一段记孔子底政治理想,至为明白。所谓"大同",就是"太平世"底政治;所谓"小康",就是"升平世"底政治。他以禹、汤、文、武、成王、周公之世为"小康",为"升平世",则所谓"大道之行、选贤与能"的"太平世"底"大同"之治,当然是指"禅让"的唐尧虞舜。不过尧舜底郅治,原是他主张改制所托之古,他这种最高的理想,在我国古代,恐从未实现过,所以他没有老老实实地把尧舜提出来做例。"大同"一节，孙中山先生常常提及，认为孔子最高的政治理想，确实值得憧憬。康有为作《大同书》，却硬把西洋各国底主义、政策，拉扯到这一段《礼运》上去。二人底尚论古人，根本不同，即此可见。

《论语》中记孔子赞虞舜之治说："无为而治者，其舜也欤！夫何为哉？恭己、正南而已矣。""无为而治"，也是孔子最高的政治理想。其赞尧曰："大哉尧之为君也！巍巍乎惟天为大，惟尧则之；荡荡乎民无能名焉，巍巍乎其有成功也，焕乎其有文章。"天体运行，自然成四时，生万物，这就是天之所以为大。尧能无为而治，故曰"则天"，故民无能名。"有成功"，便是"治"；"有文章"，便可以见其治绩。近人见"无为"二字，以为即道家之"无为"，故有《礼运》所说出自老子底话。不知孔子底"无为而治"，和道家底"无为"不同。道家只知"无为"，孔子则须"无为而治"。《论语·雍也》："子曰：'雍也可使南面。'仲弓问子桑伯子。子曰：'可也，简。'仲弓曰：'居敬而行简以临其民，不亦可乎？居简而行简，无乃太简乎？'子曰：'雍之言然。'"道家底"无为"，就是"居简而行简"的。孔子底"无为而治"，是要"居敬而行简"的。"恭己正南面"底无为而治，就是《中庸》所说"笃恭而天下平"。"恭己""笃恭"，即是"居敬"。孔子告仲弓底"使民各承大祭"，告子张底"居之无倦，行之以忠"，也只是"居敬"。如从政的人们，于"居敬"未能做到分毫，而行政却力求"有为"，则所谓能员，徒能扰民而已。这正是"无为而治"底反面，结果只是"有为而乱"！

（二）重要的政纲

"三世"之说，是《春秋》底"微言"；"尊王攘夷"，是《春秋》底"大义"。"尊王"和"攘夷",就是孔子救时的两大政纲。一般人见"尊王"二字,便以为孔子是拥护专制帝王的,把他骂得狗血喷头。不知秦以前,我国尚无所谓"专制";而且民主共和政体,在那时不但为我国所未闻,世界上亦尚未有此种政制、此种名词。孔子生于数千年前,岂能逆料数千年后有此政制,而先事迎合?他所谓"王",即指诸侯底共主,是那时的中央政府。孔子主张中国须统一,须有一个强有力的中央,方能拨乱世而反之正,方能从据乱世进而为升平世,恢复夏、商、周全盛时期底"小康"。这种主张,在那时,不能说他不对。他常在《春秋》中大书"春王正月"。《公羊传》释之曰:"大一统也。"因为三代底正朔不同,易代之际,政府虽改行新的正朔,而前代的正朔往往仍沿用于民间。民国元年,我国政府已宣布改用阳历,迄今三十余年,民间还沿着用阴历的习惯,正是同一情形。春秋时诸国各自为政,告朔之制不行,正朔当然更是纷乱。"王正月"者,就是周王所颁行的正朔,和现在所谓"国历正月"一样。孔子《春秋》中用周王底正月,而且大书特书,就是表示应当遵奉那时中央所定的正朔;就此类推,凡是中央底法令,都应当遵行。这就是他主张统一底象征。中国统一了,然后能抵抗外来的侵略,便是所谓"攘夷"了。所以"尊王攘夷",正和我们现在的口号"拥护中央,抵抗外侮"相同。

(三)根本的政策

孔子生平,没有把他底政策具体地、系统地发表出来。但从《论语》中去寻绎,也可以得其要点。兹举其重要而显著者如下。

一曰"正名"。"名"和"实"相对。物是"实",所以称此物者是"名"。由实物之名推之,凡是地位、德目、事实,都各有其"名"和"实",名和实应当相符。无实之名,与实不相符,甚而至于和实相反之名，都是不正的。"正名"，就是要正此类不正之名。例如"和平"是美名；如果实际上是"投降"，而亦假借这美名，便是名不正。《论语》子路曰："卫君待子而为政，子将奚先？"子曰："必也正名乎！"又说："名不正，则言不顺；言不顺，则事不成；事不成，则礼乐不兴；礼乐不兴，则刑罚不中；刑罚不中，则民无所措手足。故君子名之必可言也，言之必可行也；君子于其言，无所苟而已矣。"此言"正名"之要。现在满嘴廉洁，遍地贪污；明为贪官，偏曰廉吏；以及其他舞文弄法、假借名义，重苦吾民者，都是名不正之故。齐景公问政，孔子答道："君君，臣臣，父父，子子。"君是君，臣是臣，父是父，子是子，便是名实相符了。我们要完成建国大业，第一件要事，也是"正名"；否则，议论无论如何动听，口号无论如何堂皇，结果仍是有名无实而已。

二曰"德治"。孔子尝说："为政以德，譬如北辰，居其所而众星拱之。"为政以德，就是"德治"。能以德服人，则自西自东，自南自北，无思不服，如众星之拱北辰了。如此，方可以成一统，方可以恭己正南面，无为而治。又说："道之以政，齐之以刑，民免而无耻；道之以德，齐之以礼，有耻且格。""道"即是"导"。"齐"者，所以一之。"格"，就是"格非"之格，就是感化。以政导之，以刑一之，则人民虽不敢抗令，但求苟免于刑而无羞耻之心；以德导之，以礼一之，则人民自耻为不善而化于正了。那末，德治如何下手呢？他答季康子说："政者，正也；子率以正，孰敢不正？"又说："苟子之不欲，虽赏之，不窃。"又说："子欲善，而民善矣。君子之德风，小人之德草；草上之风，必偃。""政者，正也"，仍是"正名"。在上者欲人民之正，而不能以正率民，如何能收效呢？窃盗之多，由于在上者之贪欲；盖以不正率人民，人民自然也不正了。在上者能不欲，方能以正率民；以正率民，即是"道之以德"。人民既"有耻且格",则虽赏之,也不肯为窃盗了。君子,指在上者;小人,指平民。《大学》说的"尧舜率天下以仁,而民从之;桀纣率天下以暴,而民从之",便是此意。如果己不能正而贪欲,要以政令刑法求人民之正,则是"其所令反其所好",人民虽勉强服从,也是阳奉阴违,口仁义而心盗贼,都成为无耻的小人了。故孔子又说:"苟正其身矣,于从政乎何有? 不能正其身,如正人何?""其身正,不令而行;其身不正,虽令不从。""临之以庄,则敬;孝慈,则忠;举善而教不能,则劝。"都是此意。

至于治国底具体办法,也散见于《论语》中。如说:"道千乘之国,敬事而信,节用而爱人,使民以时。"这几项之中,"敬事"与"立信"尤为重要。"居敬"之要,前已言之。他答子贡,"足食,足兵,民信之",虽平列为三要项,但必不得已,无宁去食,去兵。因为失了人民底信仰,便一切无从做起。故曰:"君子信而后劳其民;未信,则以为厉己也。"现在谈政治的,常注意到政府底"威信",甚且只知立威,不知立信。不知立威只能做到"民免而无耻",立信方能风行草偃。出令者朝令暮改,或奉行者弄法舞文,"慢令致期",对人民毫无信用,必致使人民无所措手足。至于德治底步骤,应当从"广""富"以至于"教"。广,是使人民繁殖;富,是解决民生问题。既广且富,然后可施教。因为仓廪实而知礼节,衣食足而知荣辱,本是人情之常。否则,民不聊生,老弱转乎沟壑,壮者散之四方,救死而恐不赡,何暇治礼义呢? 教底工夫做到了,然后可以发动战争,抵抗外侮。故曰:"善人教民七年,亦可以即戎矣。"否则,便是"以不教民战,是谓弃之"了。他如"举贤才",也是一件要事。一方面,推行政事,固然需要贤才;一方面,也因为"举直错诸枉,则民服;举枉错诸直,则民不服",仍和立信有关。而且"贤才"是德行才具并重的;有才无德,则所谓"能员"，适成"民贼"。王安石底新法所以失败，就是因为奉行者都是些才而不贤的小人。这也是值得注意的一点。

孔子底学说，上文所述，仅是大概。即就《论语》一书加以整理引申，亦不止此。总之，他是上集古人之大成，下开诸子之先河的，在我国学术史上，有特殊的地位。所以本章仅述大概，和其他诸子比较，所占篇幅已是特多了。

第二章 孟子

一、孟子事略

孔子以后，儒家底巨子，首推孟子。《史记》有《孟子荀卿列传》，记孟子生平说：

> 孟轲，邹人也。受业子思之门人。道既通，游事齐宣王，宣王不能用。适梁，梁惠王不果所言，则见以为迂远而阔于事情。当是之时，秦用商鞅，富国强兵；楚、魏用吴起，战胜弱敌；齐威王、宣王用孙子、田忌之徒，而诸侯东面朝齐。天下方务于合纵连横，以攻伐为贤。而孟轲乃述唐、虞、三代之德，是以所如者不合。退而与万章之徒序《诗》《书》，述仲尼之意，作《孟子》七篇。

司马迁这篇《孟子传》，比《孔子世家》简略，但也比《孔子世家》干净。孟子之字，传中不详。赵岐《孟子题辞》也说："字则未闻也。"《孔丛子》方说孟子字子车。注云："一作子居。"按，"轲""舆"与"车"义近，"车"与"居"音近，当同出一派。《孔丛子》为伪书，不足信。王肃在司马迁、赵岐之后，迁、岐所不知，肃何由知之？故史鹗《三迁志》、王应麟《困学纪闻》、焦循

《孟子正义》皆疑出傅会。邹，即邾，今山东省邹县。孟子底生卒，亦不见于《史记》。据元人程复心《孟子年谱》底推算，设生于周烈王四年（公元前三七二年），卒于赧王二十六年（公元前二八九年）。《史记》说他受业子思之门人。子思，名伋，为孔子之孙。王劭疑"人"为衍字。"人"字果衍，则孟子是子思底亲炙弟子了。但以年数考之，似不相及（详见焦循《孟子正义》、《孟子题辞》注）。而刘向《列女传》、班固《汉书·艺文志》自注、应劭《风俗通》、赵岐《孟子题辞》，则皆以为亲受业于子思。孟子幼时，他底母亲尝三迁其居以教之，见《列女传》，至今传为美谈。

　　赵岐《孟子题辞》，一则曰："此书，孟子之所作也。"二则曰："于是退而论集，所与高弟弟子公孙丑、万章之徒，难疑问答，又自撰其法度之言，著书七篇。"似以《孟子》七篇为孟子自作。阎若璩《孟子生卒年月考》说："《论语》成于门人之手，故记圣人容貌甚悉。七篇成于己手，故但记言语或出处耳。"又说："卒后，书为门人所叙定，故诸侯王皆加谥焉。"按，《孟子》与其他诸子为长篇议论者不同，其体裁系仿《论语》，类似语录，故亦为门人所叙定；其与《论语》异者，不记孟子底日常生活与态度耳。阎氏之言，庶几得之。《汉志·诸子略》儒家有《孟子》十一篇，今存七篇。赵氏说："又有外书四篇：《性善》《辩文》《说孝经》《为政》。其文不能宏深，不与内篇相似，似非《孟子》本真，后世依放而记也。"按，《孟子》七篇之目——《梁惠王》《公孙丑》《滕文公》《离娄》《万章》《告子》《尽心》——都取首章第一句或第二句中二三字，与《论语》同。外书四篇之目，即与不类。赵氏知其伪，故不加注；自此以后，传《孟子》者，都以赵氏《孟子章句》为本，故不久即亡。虽然宋人孙奕《示儿编》说前辈曾见馆阁中藏有《孟子外书》，刘昌诗《芦浦笔记》说新喻谢氏也曾藏有残帙，明末姚士舜又曾传《孟子外书》四篇，但都是些伪书。所以我们要寻绎孟子底学说，当于现存《孟子》七篇中求之。

孔子去鲁之后，带着弟子们周游列国。孟子承其遗风，也周游于齐、梁、滕、宋各国。但孔子畏于匡，厄于宋，绝粮于陈蔡，栖栖皇皇，历了许多艰苦，受了许多嘲讪。孟子则"后车数十乘，从者数百人，以传食于诸侯，不以为泰"（见《滕文公》）；将朝齐王时，宣王来召，又不肯去，以为"大有为之君必有所不召之臣"；将去齐时，宣王尚欲中国授室，养弟子以万钟（《公孙丑》），处境似比孔子好得多。但所如不合，退而著书，结果仍和孔子一样。孔子尝自叹："苟有用我者，期月而已可也，三年有成。""如有用我者，我其为东周乎？""甚矣，吾衰也。久矣，吾不复梦见周公！""凤鸟不至，河不出图，吾已矣夫！"（并见《论语》）抱负何等伟大！故于管仲，虽称其功，而终讥为"器小"。孟子也说："如欲平治天下，当今之世，舍我其谁哉？"（《公孙丑》）又以管仲得君，既专且久，不能以齐王，只能以齐霸，而不屑为（亦见《公孙丑》）。盖直以伊尹之欲尧舜其君，尧舜其民，使匹夫匹妇无不被其泽者自居。其抱负也是很伟大的。不过孔子讥管仲，只淡淡地说："管仲之器小哉！"孟子则斥言其功烈之卑，并谓以齐王，易如反手。所以程子说："孟子便有些英气；才有英气，便有圭角。"我们读了《论语》，再读《孟子》，便会觉得孔子和孟子底气象、言论，各有不同。孔子底气象，浑厚和润，如春风，如冬日；孟子底气象，如秋潮，如夏日。孔子底言论，朴约含蓄，如渟泓万顷、波平浪静的湖海；孟子底言论，如一泻千里、波涛澎湃的江河。程子以水晶比孟子，以玉比孔子，水晶有光耀，而玉则温润，确是体会有得之言。

二、孟子论性善

孟子底学说，以其"性善论"为基础。孔子论性底话不多。子贡曾说："夫子之言性与大道，不可得而闻也。"（《论语·公冶长》）《论语》是弟子记录的。言性既不可得而闻，所记自然少了。《论语》中论及人性的，如说："性相近也，习相远也；惟上智与下愚不移。"（《阳货》）则所谓本来相近、因习而相远的，只是"上智"与"下愚"之间底"性"。他又说："中人以上，可以语上也，中人以下，不可以语上也。"（《雍也》）"中人"，大概是指"上智"与"下愚"之间底人。但又说："生而知之者，上也；学而知之者，次也；困而学之，又其次也；困而不学，民斯为下矣。"（《季氏》）则"中人"又似有"学知"与"困学"二等；所谓"下愚"，是指"困而不学"的；所谓"上智"，是指"生而知之"的了。他又说："我非生而知之者，好古，敏以求之者也。"（《述而》）孔子尚不自承为"生知"，则所谓"生而知之者"，恐只是理想的"上智"，不见得实有此等人。"困而不学"的，就是孔子所说"不曰如之何如之何"的人，也就是孟子所说"自暴""自弃"的人，诚不得不谓之"下愚"。总之，孔子只是就一般人底智愚与可教不可教说，并没有对人"性"发表他哲理上的主张。孟子则力主"性善"，反复推论，不厌其详。这也是孔子、孟子底不同。

孟子所谓"性善"，是说人人性中，本同具善端，并非说人性是纯乎善的（用陈澧说，见《东塾读书记》）。故说："恻隐之心，人皆有之；羞恶之心，人皆有之；恭敬之心，人皆有之；是非之心，人皆有之。"（《告子》）又反过来说："无恻隐之心，非人也；无羞恶之心，非人也；无辞让之心，非人也；无是非之心，非人也。"(《公孙丑》)何以见得人人都必有这四种心呢?他曾假设一种实事,来证明"人皆有不忍人之心"。"不忍人之心",就是恻隐之心。"所以谓人皆有不忍人之心者,今人乍见孺子将入于井,皆有怵惕恻隐之心。非所以内交于孺子之父母也,非所以要誉于乡党朋友也,非恶其声而然也。"(《公孙丑》)无论那一个人,突然见了一个无知无识的孩子匍匐井边,势将入井,恻隐之心自必油然而生。不但对于孩子,即对于家畜,也常有"见其生不忍见其死,闻其声不忍食其肉"的心理。就是不惜糜烂其民,从事于战争的齐宣王,偶然看见牵去杀了衅钟的牛,也曾"不忍其觳觫若无罪而就死地",而易之以不在面前的羊(《梁惠王》)。则恻隐之心,确是人人所同具的了。他又说:"孩提之童,无不知爱其亲也;及其长也,无不知敬其兄也。"这"爱亲""敬兄"之心,是"不虑而知"的"良知";"爱亲""敬兄"之事,是"不学而能"的"良能"(《尽心》)。"敬兄"即是"恭敬之心",也是人人所同具的。由此推之,"羞恶""辞让""是非"之心,也都是人所同具。

　　他又说:"恻隐之心,仁之端也;羞恶之心,义之端也;辞让之心(《告子》作'恭敬之心'),礼之端也;是非之心,智之端也。"(《公孙丑》)仁、义、礼、智之"端"者,可以由此引发而为仁义礼智之谓。人人同具恻隐、羞恶、辞让、是非之心,即是同具仁义礼智四德之端。故又说:"人之有是四端也,犹其有四体也。"(《公孙丑》)"仁、义、礼、智,非由外铄我也,我固有之也。"(《告子》)人人有此四种善端,故可引发为仁、义、礼、智四德,非由外铄,不待他求。告子以食色为性(《告子》),并没有说错。但这是人与禽兽所同具之性;就"食""色"之性说,人与禽兽毫无二致。人与禽兽底分别,即在"食""色"之性之外,人性中尚有此四种善端。孟子又说:"人之所以异于禽兽者几希。庶民去之,君子存之。"(《离娄》)这"几希",就是人性所独具的善端。去之,则近于禽兽;存之,方可以为人。亚里士多德《伦理学》,说饮食及情欲乃人与禽兽所共有;人之所以别于禽兽者,惟在其有理性耳。与孟子之意可谓不谋而合。耳能听声,目能视物,鼻能嗅臭,舌能辨味,肢体能知劳逸,这也是禽兽与人相同的。人之所以特具理性,特具四端,全在有一能思考的"心"。故答公都子说:"耳目之官,不思而蔽于物,物交物,则引之而已矣。心之官,则思;思则得之,不思则不得也。此天之所与我者。"(《告子》)自然特别赋予人类的,即此能思之心。有此能思之心,方能特具四端,有以别异于禽兽。口于味,有同嗜;耳于声,有同听;目于色,有同美;鼻之于臭,肢体之于劳逸,也有同样的感觉:所以人心也有所同"然"。

心之所同然者,就是"理义"(《告子》)。因为心是能思的,同具四端的。人既同具四端,当把他引发出来。故说:"凡有四端于我者,知皆扩而充之矣;若火之始然(同'燃'),泉之始达。苟能充之,足以保四海;苟不充之,不足以事父母。"(《公孙丑》)火之始燃,不过星星;泉之始达,不过涓涓;引发扩充起来,则可以燎原,可以成河海。孟子曾告齐宣王说:"故推恩,足以保四海;不推恩,无以保妻子。"(《梁惠王》)齐宣王之恩足以及衅钟之牛,而功不至于百姓,就是不能推其不忍觳觫之心。不忍觳觫者,就是恻隐之心;"推恩",就是扩充此恻隐之心。孟子又说:"人皆有所不忍,达之于其所忍,仁也;人皆有所不为,达之于其所为,义也。人能充无欲害人之心,而仁不可胜用也;人能充无欲穿窬之心,而义不可胜用也;人能充无受尔汝之实,无所往而不为义也。"(《尽心》)"有所不忍","无欲害人",即是恻隐之心;"无欲穿窬","无受尔汝",即是羞恶之心。"达"之,"充"之,即是引发扩充此仁义之端。苟能充之，则可以为"人伦之至"的圣人（《离娄》）。故"人皆可以为尧舜"，是说人人心性中同具可以引发扩充的善端，充其量，可以做到尧舜，并不是说人人都是尧舜。那些认为"满街都是圣人"的理学家，就是误会了这句话底意思。

那末，为什么世上并非都是善人呢？因为有此四端，不能扩而充之，便成为庸庸碌碌的人；有此四端而自谓不能，便成为自暴自弃的人；而且，此具有四端之能思之心，是"操之则存，舍之则亡"（孟子引孔子语，见《告子》）、"求则得之，舍则失之"的（同上），若不加存养，不事扩充，便是"放其心而不知求"了。故曰："学问之道无他，求其放心而已矣。"（《告子》）耳目口鼻肢体，既为人所同具，则声色臭味安逸自为人所同好。但此为人与禽兽所同有之本能，故谓之"小体"。此类官能，只司感觉，不能思考，故与外物接触时，常为外物所摄引而不能自主。如放其心而不知求，则失其本心，胸无主宰，为物欲所引，常至放僻邪侈，无所不为，而陷于大恶。如能求其放心，操持存养，"先立乎其大者，则其小者不能夺也"（《告子》）。孟子曾说："体有贵贱，有小大。无以小害大，无以贱害贵。养其小者为小人，养其大者为大人。"心之官，就是体之大者贵者；耳目口体之官，就是体之小者贱者。故其答公都子也说："从其大体为大人，从其小体为小人。"（《告子》）

孟子又尝以牛山之木为喻。牛山未尝无木材，徒以地处近郊，斧斤旦旦而伐之；虽然日夜之所息，雨露之所润，非无生机，非无萌蘖，牛羊又从而牧之，结果遂成濯濯的童山。人心虽同具善端，而所以放其良心者，亦犹斧斤之旦旦而伐。清夜平旦，未尽澌灭之天良，有时偶然发现，而白昼则物欲又纷至沓来，反覆梏亡其夜气。于是久而久之，人之所以异于禽兽者，乃完全澌灭，便等于禽兽了。但不能因此说他本无善端呀！（详见《告子·牛山之木》章）

善端为人人所同具，其所以有不善者，多为环境所陷溺。孟子曾说："富岁，子弟多赖；凶岁，子弟多暴。非天之降才尔殊也，其所以陷溺其心者然也。今夫麰麦，播种而耰之，其地同，树之时又同，浡然而生，至于日至之时，皆熟矣。虽有不同，则地有肥硗，雨露之养，人事之不齐也。"（《告子》）人心同具之善端，如麰麦之种子。土地之肥硗，雨露之不同，人事之不齐，则是环境。如富岁子弟多懒散依赖者，凶岁子弟多暴戾无赖者，也都是环境陷溺使然。只有能先立乎其大者，方能不为环境所陷溺。充其量，可以成为"富贵不能淫，贫贱不能移，威武不能屈"的大丈夫（《滕文公》）。吾人之性所以能具四端者，因为吾人有能思之心官。此心，此性，皆天之所与我者。故曰："尽其心者，知其性也；知其性，则知天矣。存其心，养其性，所以事天也。"（《尽心》）能存心养性以事天，尽心知性以知天，则我与宇宙万物皆为一体，达到"宇宙即是我心，我心即是宇宙"底境界，故能"上下与天地同流"（《尽心》），"万物皆备于我"（《尽心》）。这方是尽性的最高成就。

三、孟子论教学

孟子论教学，是以"性善论"为根据的。人性既同具善端，故教者只能把善端引发出来，使学者自己扩而充之，并没有加以改造底必要。所以告子说："性，犹杞柳也；义，犹杯棬也。以人性为仁义，犹以杞柳为杯棬。"孟子反驳他说："子能顺杞柳之性而以为杯棬乎？将戕贼杞柳而后以为杯棬？如将戕贼杞柳而以为杯棬，则亦将戕贼人以为仁义乎？"（《告子》）可见教育是顺人之性以为仁义的了。孟子说："羿之教人射，必志于彀，学者亦必志于彀；大匠诲人，必以规矩，学者亦必以规矩。"（《告子》）又说："梓匠轮舆，能予人规矩，不能使人巧。"（《尽心》）又说："大匠不为拙工改废绳墨，羿不为拙射变其彀率。君子引而不发，跃如也，中道而立，能者从之。"（同上）三章都是譬喻。教师所能教的，不能改变的，只是彀率，只是绳墨规矩。怎样去运用它们，以求精进，仍在学者自己。所以说："君子深造之以道，欲其自得之也。自得之，则居之安；居之安，则资之深；资之深，则取之左右逢其源。故君子欲其自得之也。"（《离娄》）孔子底"不愤不启，不悱不发"，"举一隅不以三隅反，则不复"，也只是欲其自得之。

孟子尝说："中也养不中，才也养不才，故人乐有贤父兄也。如中也弃不中，才也弃不才，则贤不肖之相去，其间不能以寸。"（《离娄》）他不说教不中、教不才，而说养不中、养不才，一方面固然因为"父子之间不责善，责善则离，离则不详莫大焉"（《离娄》），一方面也因为学贵自得，为父兄者但须培"养"子弟为学底兴趣与能力而已。如其学者是一个"自暴自弃"底人，则教者无论如何努力，也得不着什么效果的。孟子以"得天下英才而教育之"为君子三乐之一（《尽心》），而又说"人之患在好为人师"（《离娄》），似乎有些矛盾。其实，"好为人师"，就是喜以人师自居，勉强教训他人，而不知使学者自得。孟子尝说："君子之所以教者五：有如时雨化之者，有成德者，有达财（同'材'）者，有答问者，有私淑艾者，五者君子之所以教也。"（《尽心》）孟子自言："予未得为孔子徒也，予私淑诸人也。"（《离娄》）"私淑艾者"，当指此类不及亲炙者而言；不及亲炙，闻风私淑，是完全出于自动的。即"成德""达材""答问"，亦是因材施教、因势利导；答问必待问而后答；成德、达材，亦就学者个性所长，由学者自己底努力。最高的一等，"如时雨化之者"，即是孔子底"不言之教"。"天何言哉？四时行焉，百物生焉，天何言哉！"（见《论语》）天不言而四时自行，百物自生；师不言而学者自化；潜移默化，感应无形，方是教育底最高的境界。孟子又说："教亦多术矣，予不屑之教诲也者，是亦教诲之而已矣。"（《告子》）《论语》记"孺悲欲见孔子，孔子辞以疾。将命者出户，取瑟而歌，使之闻之"。这就是不屑教诲之教诲，给他一个教训，使他自己觉悟。所以教虽多术，其关键仍在学者自己。

四、孟子论道德修养

孔子以"仁"为全德之称；孟子则又提出一"义"字，常以之与"仁"平列。首篇第一章告梁惠王，便说"王亦曰仁义而已矣"。他又说："仁，人心也；义，人路也；舍其路而弗由，放其心而不知求，哀哉！"仁，所以居；义，所以由。故又说："仁，人之安宅也；义，人之正路也。旷安宅而弗居，舍正路而不由，哀哉！"（《离娄》）此二节意实相同。他所谓"居天下之广居"，即是"居仁"；"行天下之大道"，即是"由义"（《滕文公》）。故答王子垫曰："居恶在？仁是也。路恶在？义是也。居仁由义，大人之事备矣。"（《尽心》）士之"尚志"，即在乎此。上节所引，《良知良能》章末说："亲亲，仁也；敬长，义也。"《人皆有所不忍》章也是说的仁义。

他有时以仁义礼智平列。如上节所引论人心有四端，在《孟子》中凡两见。《尽心》篇说："君子所性，仁义礼智根于心。"所谓"根于心"，即是有此四端。《离娄》篇也说："仁之实，事亲是也；义之实，从兄是也；智之实，知斯二者弗去是也；礼之实，节文斯二者是也。"《尽心》篇又说："仁之于父子也，义之于君臣也，礼之于宾主也，智之于贤者也。"都是仁义礼智四者并提的。有时仍单提一个"仁"字。如说："仁者，人也；合而言之，道也。"（《尽心》）"道二，仁与不仁而已矣。"（《离娄》）是仍以仁为做人之道。又说："仁者如射，射者正己而后发，发而不中，不怨胜己者，反求诸己而已矣。"（《公孙丑》）"强恕而行，求仁莫近焉。"（《尽心》）仍是以"恕"为行仁之方。但是他对于"义"字，发挥得尤其透彻。《告子》篇有一章说："鱼，我所欲也；熊掌，亦我所欲也；二者不可得兼，舍鱼而取熊掌者也。生，我所欲也；义，亦我所欲也；二者不可得兼，舍生而取义者也。"孔子曾说："志士仁人，无求生以害仁，有杀身以成仁。"（《论语·卫灵公》）"杀身成仁"，"舍生取义"，成就了我国历史上多少忠臣烈士！文天祥临刑时尚说："孔曰成仁，孟曰取义。读圣贤书，所学何事？而今而后，庶几无愧！"这真是我们民族最可宝贵的教训！

《孟子》中也常说到"君子"。如说"君子以仁存心，以礼存心"（《离娄》），"君子不亮，恶乎执"（《告子》），"君子所过者化，所存者神"，"君子有三乐"（《尽心》），都是。但如"无君子莫治野人，无野人莫养君子"之类，则又指在位者而言。这是和《论语》相同的。君子之外，又有所谓"大人"。如上文所引的"从其大体为大人""养其大者为大人""居仁由义，大人之事备矣"，及《离娄》之"大人者，不失其赤子之心者也""非礼之礼，非义之义，大人弗为""大人者，言不必信，行不必果，惟义所在"，都是指有修养的人而言。而"说大人则藐之"（《尽心》）底大人，则又指在位者而言了。至于《滕文公》篇说："居天下之广居，立天下之正位，行天下之大道。得志，与民由之；不得志，独行其道。富贵不能淫，贫贱不能移，威武不能屈，此之谓大丈夫。"这是因景春误以公孙衍、张仪为大丈夫，故答之如此。《公孙丑》篇说："予岂若是小丈夫然哉？谏于其君而不受，则怒；悻悻然见于其面，去则穷日之力而后宿哉?"也是因尹士之讥而发,并非"大丈夫"和"小丈夫"遥遥相对,代表"大人""君子"和"小人"。《离娄》篇说:"圣人,人伦之至也。"则孟子亦以"圣人"为修养之极致。

但圣人之中,又有不同。他以伯夷为"圣之清者",伊尹为"圣之任者",柳下惠为"圣之和者",孔子为"圣之时者"(《万章》)。但又以为"伯夷隘,柳下惠不恭,隘与不恭,君子不由也"(《公孙丑》)。则于此二人亦不无微辞了。他尝说:"孔子不得中道而与之,必也狂狷乎?狂者进取,狷者有所不为也。"(《尽心》)狂和狷,都是个性底不同;修养到了极处,都可以成圣人。由进取之狂,可以修养到圣之任者;由有所不为之狷,可以修养到圣之清者。但其个性终不免有所偏胜。只有所谓"中道"者,如能得其"时中",则可以成圣之时者。孟子说"乃所愿,则学孔子也"(《公孙丑》),就是因此。孔子所以能仁智兼尽,成为生民以来所未有的"集大成"的圣人,也是因此。孟子答浩生不害,以乐正子(名克)为"善人""信人",并且说:"可欲之谓'善',有诸己之谓'信',充实之谓'美',充实而有光辉之谓'大',大而化之之谓'圣',圣而不可知之之谓'神'。"则以修养之程度而言,又有"善""信""美""大""圣""神"六等底分别,而且所谓"大人"与"圣人"之上,尚有一等"神人"了。所谓"神人"底境界,大概是指"上下与天地同流"的,这方才是修养底最高的标准。

孟子答公孙丑说:"吾知言,吾善养吾浩然之气。""养气"和"知言",是孟子修养工夫底二大纲要,详见《公孙丑篇·不动心章》。公孙丑问他:"何谓浩然之气?"他答道:"难言也!其为气也,至大至刚;以直养而无害,则塞于天地之间。"浩然之气是天地之间的"正气"。大丈夫所以富贵不能淫,贫贱不能移,威武不能屈,便是因为有此正气;仁人义士所以能杀身成仁,舍生取义,也是因为有此正气。不能淫移挠屈，故"至刚"；成仁取义，虽然杀其身，舍其生，而精神永存于万世，充塞于天地之间，故"至大"。至大至刚，故谓之"浩然之气"。他又说："其为气也，配义与道；无是，馁也。是集义所生者。非义，袭而取之也；行有不慊于心，则馁矣。"浩然之气既是"正气"，故须"配义与道"。"无是"，谓无此气。无此气以配义与道，则怯懦委靡。有明知为道义而不敢为，或明知为非道非义而不敢不为者。何以故？以气馁故。孔子说："见义不为，无勇也。"（《论语·为政》）正可与此互发。

反过来说，则此浩然之气又须由集义而生。书籍底诵读，朋友底讲习，中外古今人事底评论——外之，则大而至于国家、民族、世界，小而至于乡族、家庭，以及个人底日常生活；内之，则身心底体验反省——无论是知是行，是静是动，事事处处，都可以集义，而且不是一朝一夕之功，更不能有一暴十寒之弊。集之既久，所集又多，自然生出这"浩然之气"来。"义"须这样地"集"，不能"袭而取之"。袭而取之，是以军事为喻。不于平时集义，但偶然有一事合义，便是袭而取之。不能集义，或只是袭而取之，便不能生浩然之气。即有勇气，也只是一时冲动的虚骄之气，无道义以为之配的，必不足以持久。因为不是集义而生的正气，所以虽有时偶然合义，必多不合于义者。天良偶现，便觉不慊于心；不慊于心，便生愧怍，而气也馁了。一鼓作气，再而衰，三而竭，便是因此。把这两段话合起来看，则上一段所谓"以直养"，即是下一段所谓"集义"；所谓"无害"，即是不要"袭而取之"。

此章上文记孟子批评告子底"不动心"，曾说："夫志，气之帅也；气，体之充也。夫志至焉，气次焉。故曰持其志，无暴其气。"持其志，则志专壹而不动摇；暴其气，则气专壹，不但不听命于志，且足以动摇其志。故又说："志壹则动气，气壹则动志也。"能于平时集义，乃足以持其志；若徒袭而取之，或竟仅凭意气，便是暴其气了。孟子又说："必有事焉而勿忘；勿忘，勿助长也（原文作'必有事焉而勿正心勿忘，勿助长也'，倪思谓'忘'字乃误合'正心'二字为一字，今从之）。无若宋人然。宋人有悯其苗之不长而揠之者，芒芒然归，谓其人曰：'今日病矣！予助苗长矣！'其子趋而往视之，苗则槁矣。天下之不助苗者寡矣。以为无益而舍之者，不耘苗者也；助之长者，揠苗者也，非徒无益，而又害之。"他以耘苗比集义；以集义为无益而舍之，是不耘苗者。以揠苗助长比袭而取之，比暴其气者；他们徒知鼓一时的虚骄之气，而不能以道义配气，故志易动而气易馁，则是非徒无益而又害之了。所以，"勿忘"就是要时时集义，"勿助长"就是要无暴其气；合起来，就是所谓"以直养而无害"。"志"是指理智的，"气"是指感情的。理智是冷的、静的，感情是热的、动的。理智如轨道，感情如蒸汽。蒸汽是火车底动力，没有它，火车虽摆在轨道上，也不会行动。反过来说，火车没有轨道，或者出了轨，便会有覆车之祸。故所谓"养浩然之气"，便是要以合乎道义的理智支配感情。理智、感情调节得宜，便是养气底工夫。如不能调节，而成了畸形的发展，则理智特强者是非虽明，终成一见义不为的懦夫；感情特强者虽有勇气，仍是意气用事，或盲目冲动的躁人。

　　他又答公孙丑问"知言"说："诐辞知其所蔽，淫辞知其所陷，邪辞知其所离，遁辞知其所穷。生于其心，害于其政；发于其政，害于其事；圣人复起，必从吾言矣。"《说文解字》："诐，古文以为颇字。"又训"颇"为"偏"。故"诐辞"是有所偏颇之辞。有偏见者，必有所蔽而然。《荀子·解蔽》篇说："凡人之患，蔽于一曲而暗于大理。"又说："墨子蔽于欲而不知得，慎子蔽于法而不知贤，申子蔽于执而不知知，惠子蔽于辞而不知实，庄子蔽于天而不知人。"因为有所蔽,故有所不知,有所偏颇。能知其所蔽,则不至为其所惑。"淫",溢也。有所陷溺,故往往言过其实,即是"淫辞"了。各种学说、主义,创之者多因有所蔽而发为"诐辞";信仰、宣传之者,则多因有所陷而发为"淫辞"。现代底法西斯蒂党固是如此,孟子时底杨、墨之徒也是如此。能知其所陷,便不至为其惑。本章上文,孟子尝说:"世衰道微,邪说暴行又作;臣弑其君者有之,子弑其父者有之。"弑君、弑父是"暴行"。弑君父之乱臣贼子,必张其君之罪与己之功,以文其奸而济其暴,则是"邪说"了。"邪辞",就是"邪说"。邪辞直是悖道之言,故曰"知其所离"。"遁",有隐藏、逃避之义。为邪说者,还想假借美名,以文饰其奸;为遁辞者,则自知理屈辞穷,但图隐遁逃避,故曰"知其所穷"。现在就有这两等人:自命为"和平救国",并且说"我不入地狱,谁入地狱"的,是一等,即是"邪辞";自承为要吃饭,不得已而屈膝的,又是一等,则是"遁辞"。总之,"诐辞""淫辞"是一类,"邪辞""遁辞"又是一类。现在诐、淫、邪、遁之辞,滔滔皆是,而且已发于其政、害于其事了。一般人底受其蛊惑,误入歧途,都是不能"知言"之故。

孟子既善养其浩然之气,故气魄非常伟大,能"说大人"而"藐之"。但于出处去就之间,又不肯"枉尺直寻",故不肯贸贸然往见诸侯(《滕文公》篇答陈代,《万章》篇答万章);辞受取予之间,亦不肯为人"货取",故齐、宋、薛同是馈金,而或受或不受(《公孙丑》)。即此,可以见其操守之正,律己之严。出处辞受,一丝不苟,这些正是"集义"底工夫。他尝辟陈相学许行之道,又尝力距杨、墨(见《滕文公》);辨析分明,词严义正,便是"知言"底表现。"养气"和"知言",虽然是孟子自己底工夫,却很可以给我们提示出修养底途径来。

76

五、孟子论政治

孟子尝言："人皆有不忍人之心。先王有不忍人之心，斯有不忍人之政矣。"不忍人之心，即是人人所同具的恻隐之心；不忍人之政，即是"仁政"。则仁政原是由有仁心的先王创造出来的，原是以人人所同具之不忍人的恻隐之心为出发点的了。创造仁政者，固须有仁心；施行仁政者，也须有仁心。反过来说，仅有仁心，而没有仁政，则虽欲扩充此仁心以达之于天下，也没有办法达到目的。故又说："离娄之明，公输子之巧，不以规矩，不能成方圆；师旷之聪，不以六律，不能正五音；尧舜之道，不以仁政，不能平治天下。今有仁心仁闻，而民不被其泽，不可法于后世者，不行先王之道也。"仁心是推行仁政的动力，仁政是实现仁心的工具，二者缺一不可。故曰："徒善不足以为政，徒法不能以自行。""徒善"，是只有仁心，没有仁政，故不足以为政；"徒法"，是只有仁政，没有仁心，故不能以自行。以有仁心的人，施行仁政，则二者备具，方可以平治天下，方可以泽及人民而为法于后世。故又曰："圣人，既竭目力焉，继之以规矩准绳，以为方圆平直，不可胜用也；既竭耳力焉，继之以六律，正五音，不可胜用也；既竭心思焉，继之以不忍人之政，而仁覆天下矣。"以近事为例，如孙中山先生有救国救民底心，方能创造三民主义。这就是"先王有不忍人之心，斯有不忍人之政"。必须有真正的救国救民之心者，方能实行三民主义；否则，"徒法不能以自行"。即使勉强推行，必致差以毫厘，失之千里；或者甚至以之为招牌，以救国救民者祸国殃民！反过来说，真正有救国救民之心，必须实行三民主义，方能成救国救民之大功；否则，"徒善不足以为政"，虽有救国救民底宏愿，也无从实现。

那末，孟子所谓"仁政"，是怎样的呢？他以为应该先解决民生问题。故曾告梁惠王说，"养生丧死无憾"是"王道之始"。怎样方能使人民养生丧死无憾呢？他说："不违农时，谷不可胜食也；数罟不入洿池，鱼鳖不可胜食也；斧斤以时入山林，材木不可胜用也。谷与鱼鳖不可胜食，材木不可胜用，是使民养生丧死无憾也。"又说："五亩之宅，树之以桑，五十者可以衣帛矣；鸡豚狗彘之畜，无失其时，七十者可以食肉矣；百亩之田，勿夺其时，数口之家可以无饥矣。"人民既有以为生，然后可加以教训。故又说："谨庠序之教，申之以孝弟之义，颁白者不负戴于道路矣。"（告齐宣王亦如此，同见《梁惠王》篇）这仍和孔子"先富后教"底意思相同。为什么要先解决民生问题呢？他曾对齐宣王说出理由来：

> 无恒产而有恒心者，惟士为能。若民，则无恒产，因无恒心；苟无恒心，放辟（同"僻"）邪侈，无不为已。及陷于罪，然后从而刑之，是罔民也。焉有仁人在位，罔民而可为也？是故明君制民之产，必使仰足以事父母，俯足以畜妻子，乐岁终身饱，凶年免于死亡；然后驱而之善，故民之从之也轻。今也制民之产，仰不足以事父母，俯不足以畜妻子，乐岁终身苦，凶年不免于死亡；此惟救死而恐不赡，奚暇治礼义哉！（《梁惠王》）

孟子之时，还是农业社会底时代，所以"有恒产"，生活便安定。"有恒产者有恒心，无恒产者无恒心"，便是说：生活安定了，民心才能安定；没有安定的生活，便朝不保暮，民心皇皇了。铤而走险，则小之肫箧越货，大之资敌作伥，苟有利可图，即无恶不作，偶尔侥幸，则傥来之财得之既易，嫖赌吃着，恣意挥霍；邪僻放恣，乃成为一时的风气，即欲齐之以刑，也难挽回了。所以治本之策，在乎安定人民底生活。生活安定了，方可加以教训，管子所谓"衣食足，知荣辱；仓廪实，知礼节"，也是这个道理。越王勾践底"十年教训"，必先之以"十年生聚"，也是这个道理。反之，如明末流寇之起，由于民不聊生；第一次欧战德之失败，由于经济崩溃。可见人民无以为生，结果直足以亡国。所以尧命舜，舜命禹，都说："四海困穷，天禄永终。"（见《论语·尧曰》）往事古训，昭示如此，能不寒心？

那末，怎样制民之产呢？孟子底主张，要实行"井田制度"。"方里而井，井九百亩，其中为公田；八家皆私百亩，同养公田。"（答毕战，见《滕文公》）这种井田制度，在多山陵、多湖沼的地方，未必能实行；孟子生长在山东大平原，所以有此理想。这种制度，在殷、周二代统治黄河流域时，或确曾实行过；但在古代，土地为贵族所专有，平民仅为助耕之氓，则原有的井田制度，也与孟子底理想不合。孟子底井田制度，乃以土地为国家所有，画成井田，以外面的八百亩分授八家，中央的一百亩留作公田；耕种时八家同养公田，即以公田底收获作为赋税，是为"耕者九一"底"助法"。他以为夏代底田赋制度是"贡"，殷代底田赋制度是"助"。又批评这二种制度说："'贡'者，校数岁之中，以为常。乐岁粒米狼戾，多取之而不为虐，则寡取之；凶年粪其田而不足，则必取盈焉。为民父母，使民盻盻然，将终岁勤动，不得以养其父母，又称贷而益之，使老稚转乎沟壑，恶在其为民父母也？"井田制底助法，当然是征收实物的，而且征收九分之一，税率也并不轻。不过既用助法，则赋额自随年岁底丰歉而增减，较之以贡法征收实物，而且以乐岁底收获为标准制定赋额者，公平得多了。所以孟子一面主张

"薄税敛"，一面又主张"九一"的助法，只需"助而不税"而已。助而不税，即是田赋之外，不再巧立名目收取捐税。

田赋之外，孟子又主张"市，廛而不征，法而不廛"，"关，讥而不征"，"廛，无夫里之布"，也都是"薄税敛"。但税敛之中，终以田赋为主，而且孟子底井田制度，是含有社会主义性质的经济制度，故"制产"在仁政中所占的地位尤为重要。他说："夫仁政必自经界始。经界不正，井地不均，谷禄不平。是故暴君污吏必漫其经界。经界既正，分田制禄，可坐而定也。"（《滕文公》）"分田"，就是上文所说分授一家百亩之制；"制禄"，则孟子答北宫锜问周室班爵禄之制，曾举其大要。大抵庶人在官者，其禄以足代其耕为标准，而下士之禄与之同；大夫、上士、中士、下士，其禄之差各为一倍；国君之禄，十倍于卿；卿之禄，则大国四倍于大夫，次国三倍，小国二倍。这是禄制底大概。至于爵位，则有天子、公、侯、伯、子男五等之爵，有君、卿、大夫、上士、中士、下士六等之位。天子之卿与侯，大夫与伯，上士与子男，各为同等。爵位和禄制底关系当然是密切的（《万章》）。此种爵禄之制是周制否，实亦疑问；或者和井田制度一样，也经过孟子主观的理想之修正，亦未可知。所以和《礼记·王制》及《周官》所记，均有出入。诸子之"托古改制"，绪论中已曾言之。孟子底井田制和禄制，实都托于殷周二代之古，并非拥护旧有制度，反对改革。

上文所述，是孟子所谓"仁政"底大要。"徒法不能以自行"，行仁政者，必须仁人。故说："是以唯仁者宜在高位；不仁而在高位，是播其恶于众也。"所以为"天子"者，必须"圣人"。但天子底子孙，未必世世都是圣人，所以他底最高的政治理想，仍和孔子相同，主张"禅让"，托之尧舜。他认为"天子能荐人于天，不能使天与之天下"，天不言，势不能"谆谆然命之"，只能"以行与事示之而已矣"。他曾述尧舜禅让底经过说："舜相尧，二十有八载。非人之所能为也，天也。尧崩，三年之丧毕；舜避尧之子于南河之南。天下诸侯朝觐者不之尧之子而之舜，讼狱者不之尧之子而之舜，讴歌者不讴歌尧之子而讴歌舜，故曰天也。夫然后之中国，践天子位焉。而（如也）居尧之宫，逼尧之子，是篡也，非天与也。"又述舜禹禅让底经过说："昔者舜荐禹于天，十有七年，舜崩。禹避舜之子于阳城。天下之民从之，若尧崩之后，不从尧之子而从舜也。"

那末，禹何以传子启而不传贤呢？孟子又说："禹荐益于天，七年，禹崩。三年之丧毕，益避禹之子于箕山之阴。朝觐、讼狱者不之益而之启，曰：'吾君之子也。'讴歌者不讴歌益而讴歌启，曰：'吾君之子也。'"尧举舜，舜举禹，禹举益，其事正同。但一则因尧子丹朱和舜之子都不肖，而启却贤；二则因舜相尧历二十八年，禹相舜历十七年，而益之相禹仅七年：故结果不同。此二者，都非人之所能为，都是莫之为而为，莫之致而致的，所以说是"天"，是"命"。朝觐、讼狱、讴歌者底向背，便是所谓"以行与事示之"。照前一层说，是"天意"；照后一层说，则表示天意的即是"民意"。孟子又引《尚书·泰誓》曰："天视自我民视，天听自我民听。"说得非常明了（《万章》）。质言之，就是"得乎丘民为天子"。能得乎丘民者，必是才德最优的圣人。柏拉图底理想国，其主张和此极相似。孟子在战国时代，已有此种政治理想，真是难能而可贵的。

孟子为什么这样重视民意呢？他底根本观念，实谓一切政治制度皆为人民而设。为了人民，方需要国家、国君；并非为了国君，方有国家，方有人民。所以说："民为贵，社稷次之，君为轻。"（见《尽心》）。社，祀土神；稷，祀谷神。古以农业立国，故祀社稷，并以之代表国家。）为君者，如残贼人民，便不成其为君，因为民意已完全舍弃他了。故说："贼仁者谓之贼，贼义者谓之残；残贼之人谓之一夫。闻诛一夫纣矣，未闻弒君也。"又说："今之事君者曰：'我能为君辟土地，充府库。'今之所谓良臣，古之所谓民贼也！……'我能为君约与国，战必克。'今之所谓良臣，古之所谓民贼也！"（《告子》）凡是残害人民的，无论以战杀人，以聚敛杀人，君则为独夫，臣则为民贼；在数千年前，发此种言论，是何等胆大识远，何等严正痛快！反过来说，则仁者执政，必能处处为人民着想，一切与民同之。所以说："古之人与民偕乐，故能乐也。""今王与百姓同乐，则王矣。"文王之国，与民同之，故七十里而民犹以为小；好勇，好货，好色，与民同之，于王何有？因为"乐民之乐者，民亦乐其乐；忧民之忧者，民亦忧其忧"；人民都以国君之忧乐为忧乐，便可以王天下，否则，"民欲与之偕亡"，无论领土如何广大，人口如何众多，经济如何充实，军事如何优良，也不能不土崩瓦解。这并不是纸上空谈，事实确是如此。

处处为人民着想，一切与民同之。这样的心术，谓之"仁心"；这样的政策，谓之"仁政"。以仁心行仁政，可以"王天下"，故又谓之"王道"。反之，即其居心、行政，处处为自己着想，一切不与民同之，对内则以政治的权力压制人民、剥削人民，对外则以军事的武力侵略他国、征服他国，以恣其欲、以逞其志的，便只能"霸天下"，故又谓之"霸道"。"王"与"霸"，孟子辨别得最严而且最明。他说："以力假仁者霸，霸必有大国；以德行仁者王，王不待大，汤以七十里，文王以百里。以力服人者，非心服也，力不赡也。以德服人者，中心悦而诚服也，如七十子之服孔子也。《诗》云：'自西自东，自南自北，无思不服。'此之谓也。"霸者虽以力服人，但也借种种好听的名词，如"兴灭继绝""共存共荣"等，以为号召，而且自命为"王道"，所以说他们"假仁"。他们以假仁为欺骗民众、鼓舞民众底手段，故其民众有"欢虞如也"底气象。"欢虞"是"欢娱"底通借字，"如"为状词底语尾。霸者之民何尝能真正地欢娱？只是就表面看，觉得他们有"欢虞如"底气象而已。王者之民底气象，则是"皞皞如也"的。"皞皞"犹"蚩蚩""浑浑""噩噩"。"皞皞如"是"不识不知"底气象。下文所谓"杀之而不怨，利之而不庸，民日迁善而不知为之者"，《诗经》说的"不识不知，顺帝之则"，便是"皞皞如"底气象。因为王者之治是"则天"的，如天地之自然运行，而成四时，生百物，故荡荡乎民无能名。孟子主王道，斥霸道，故齐宣王问齐桓、晋文之事，孟子以"仲尼之徒无道桓、文之事者……臣未之闻也。无以，则王乎？"答之（《梁惠王》）；其讥管仲而不屑为，也是因此。

孟子对陈相曾说："有大人之事，有小人之事。……或劳心，或劳力。劳心者治人，劳力者治于人；治于人者食人，治人者食于人；天下之通义也。"（《滕文公》）因此，有人批评孟子，说他主张分"治人""治于人"底阶级，仍不高明。实则人类社会既不能没有政治的组织，则事实上不能没有"治人"和"治于人"底区别。人类社会，最要紧的是"分工互助"。因为"一人之身而百工之所为备"，势不能"必自为而后用之"。依据分工互助底原则，"或劳心，或劳力"，"通功易事"，正和农、商、陶、冶一样，"各尽所能，各取所需"，是最经济、最公平的办法。许行"君臣并耕"底主张，要一方面劳心于政治，一方面劳力于耕农，是违背分工互助底原则的，事实上是行不通的。

第三章　荀子

一、荀子事略

孔子之后，百余年而有孟子（孟子自言，"由孔子而来，至于今，百有余岁"，见《孟子·尽心》）；孟子之后，又有荀子——儒家巨子，惟此三人。冯友兰《中国哲学史》说："孔子在中国历史中之地位，如苏格拉底之在西洋历史；孟子在中国历史中之地位，如柏拉图之在西洋历史，其气象之高明亢爽亦似之；荀子在中国历史中之地位，如亚里士多德之在西洋历史，其气象之笃实沈博亦似之。"比拟得很不错。

荀子事略，见《史记·孟子荀卿传》。此传记荀子曰：荀卿，赵人，年五十，始来游学于齐。……田骈之属皆已死。齐襄王时，而荀卿最为老师。齐尚修列大夫之缺，而荀卿三为祭酒焉。齐人或谗荀卿，荀卿乃适楚，而春申君以为兰陵令。春申君死而荀卿废，因家兰陵。李斯尝为弟子，已而相秦。荀卿嫉浊世之政，亡国乱君相属，不遂大道，而营于巫祝，信禨祥，鄙儒小拘，如庄周等，又滑稽乱俗；于是推儒、墨、道德之行事兴坏，序列著数万言而卒。因葬兰陵。

《史记》不言荀子游齐在于何时。刘向《荀子叙录》说："威王、宣王之时，聚天下贤士于稷下，号曰列大夫。是时孙卿有秀才，年五十，始来游学。"按，荀子在楚为兰陵令，春申君死而卿废。春申君为李园所杀,在楚考烈王二十五年,当齐王建二十七年,上距宣王之末,凡八十七年。如荀子在宣王末年来齐,年已五十,则至春申君死时,已一百三十七岁了。《盐铁论·毁学》篇说:"方李斯之相秦也,始皇任之,人臣无二,然而荀卿为之不食,睹其罹不测之祸也。"按《史记·始皇本纪》,三十四年,李斯相秦。上距春申君死,又十八年。荀子最早卒于此年,则寿已一百五十五岁。应劭《风俗通·穷通》篇作"年十五,始来游学"。故晁公武《郡斋读书志》谓《史记》"年五十"为讹;胡元仪《郇卿别传考异》亦谓当作"年十五",其来齐当在湣王末年。按颜之推《家训·勉学》篇说:"荀卿五十,始来游学。"则之推所见之《史记》已作"年五十"。应、晁、胡三氏殆亦因推算结果,年寿过长,故以为传写误倒耳。

《史记》并未言荀子始来齐在何王时,但云"年五十,始来游学于齐"。正因年已五十,故"最为老师"。而且"田骈之属皆已死。齐襄王时,而荀卿最为老师",上句当于"时"字绝句,因为下句首有"而"字,语气本很明白。《史记》本意是说田骈等都已死于齐襄王之时,而荀卿年五十,故最为老师。下文所说"齐尚修列大夫之缺,而荀卿三为祭酒焉",最早亦当在襄王五年以后;因为襄王五年,田单方败燕,杀骑劫,而复齐国,当襄王虱处莒城之日,怎能修列大夫之缺呢?刘向、应劭所说,也是上溯威王、宣王时事,以明"修列大夫之缺"是齐国复兴后,恢复旧观;所谓"是时",并非指威王、宣王之时。荀子如及见李斯相秦,而年五十始至齐,则最早也当在襄王之末。虽李斯相秦,荀子为之不食的话,未必可靠;但春申君死时,荀子尚存,则是事实。他底年寿,大约有八九十岁。但其生卒的确实年数,则已无从考证了。

《汉志·诸子略》儒家有《孙卿子》三十三篇。自注曰:"名况，赵人，为齐稷下祭酒，有列传。"《史记索隐》也说："名况，'卿'者，时人相尊而号曰卿也。"称荀况为荀卿，和称荆轲为荆卿同。以为名况，字卿；以为祭酒为列大夫之长，即是卿，荀子亦曾为卿于齐，故号荀卿（此胡元仪说），都是错的。《索隐》又说："后亦谓之孙卿子者，避汉宣帝讳也。"颜师古注《汉志》亦曰："本曰荀卿，避宣帝讳，故曰孙。"按，汉宣帝名询；避"询"字底讳，而改"荀"曰"孙"，是避嫌名了。谢墉《荀子校录》说："汉不避嫌名。时人荀淑、荀爽，俱用本字；《左传》荀息至荀瑶亦不改字。何独于荀子改之耶？盖荀、孙二字同音，语遂移易。如荆轲谓之荆卿，又谓之庆卿；又如张良为韩信都，'信都'，司徒也，俗音不正，曰信都。"其说甚是。胡元仪则以荀氏为郇伯之后；郇氏又作荀者，如许国许氏，字当作"鄦'，而经传皆作"许"。其又称孙者，盖郇伯公孙之后，或又以孙为氏。按郇国在今山西猗氏县境，战国时属赵。荀子正为赵人。郇字作荀，胡氏之说是不错的。但以荀、孙为二氏，不由字音而变，则非。胡氏举陈完、陈恒，《史记》作田完、田常；《荀子》中陈仲、田仲互见；田骈，《吕氏春秋》作陈骈，陈、田皆氏，故两称之为例。不知古无舌上音，"陈"字与"田"字同读舌头音；陈、田互称，荀、孙改易，正都是字音底关系。

汪中谓"荀卿之学出于孔氏，而尤有功于诸经"。诗之《毛诗》《鲁诗》，《春秋》之《左传》《穀梁传》，皆传自荀子。而《大戴礼记》之《曾子立事》载《荀子》"修身""大略"二篇之文，《小戴礼记》之《乐记》《三年问》《乡饮酒义》载《荀子》"礼论""乐论"二篇之文；《大略》篇"《春秋》贤穆公善胥命"，则为《春秋》公羊之学；刘向又称荀卿善为《易》，其义亦见《非相》《大略》二篇。故荀子实传经之儒。其书中《宥坐》《子道》《法行》《哀公》

《尧问》五篇，杂记孔子与其弟子的言行；且以《劝学》始，以《尧问》终（篇末附荀子弟子之词，其为末篇显然。故刘向所编，不如杨倞改订本），首末二篇正仿《论语》（详见《述学·荀卿子通论》）。则荀子也是私淑孔子的了。至其《非十二子》排斥子思、孟轲，则犹宋明理学朱派与陆王派底门户之争，儒家至此，已分为数派了。

二、荀子论性恶

荀子学说底中心是"性恶论"；荀子所以大受宋儒底抨击，也是为了"性恶论"。《性恶》篇开口便说："人之性恶，其善者伪也。"南宋时，曾目朱子为"伪学"。今见荀子说"其善者伪也"，自然激动道学家底愤怒了。不知"伪"字之义本是"人为"。《尚书·尧典》"平秩南讹"，《史记·五帝本纪》作"南为"，《汉书·王莽传》作"南伪"，此"伪"即"为"之证（见钱大昕《荀子跋》）。下文曰：

> 凡性者，天之就也，不可学，不可事；礼义者，圣人之所生也，人之所学而能，所事而成者也。不可学不可事之在天者（原文作"而在人者"，今依顾千里校改），谓之"性"；可学而能，可事而成之在人者，谓之"伪"：是性伪之分也。今人之性，目可以见，耳可以听。夫可以见之明不离目，可以听之聪不离耳。目明而耳聪，不可学明矣。

已把"性"与"伪"分别得非常明白。下文又说：

故陶人埏埴而为器；然则器生于陶人之伪（"陶人"原文作"工人"，今依杨倞说改），非故生于埴之性也。故工人斫木而成器；然则器生于工人之伪，非故生于木之性也（原文并作"非故生于人之性也"，王念孙以为原文涉上下文而误，上句当云"非故生于陶人之性"，下句当作"非故生于工人之性"。按，如王校，义仍未安；当云"非故生于埴之性"，"非故生于木之性"）。圣人积思虑习伪，故以生礼义而起法度；然则礼义法度，是生于圣人之伪，非故生于人之性也。

此以陶人埏埴为器、工人斫木为器作比，明礼义法度非故生于人之性，而生于圣人之为，其意更为显著。下文又翻过来说：

夫陶人埏埴而生瓦，然则瓦岂埴之性也哉？工人斫木而生器，然则器岂木之性也哉？（原文作"然则瓦埴岂陶人之性也哉""然则器木岂工人之性也哉"，义不可通。疑是先涉下文而误，作"岂人之性也哉"，后又增"陶"字"工"字于"人"字之上。）夫圣人之于礼义积伪也，譬则陶埏而生之也；然则礼义岂人之性也哉？

他以陶人埏埴为器、工人斫木为器，比圣人之化性积伪以为礼义，与告子所说"以人性为仁义，犹以杞柳为杯棬"之喻正同；"性""伪"之分，愈为显明。《正名》篇也说："生之所以然者谓之'性'。生之和所生，精合感应，不事而自然，谓之'性'（原文作'性之和所生'，依王先谦校改）。性之好恶喜怒哀乐谓之'情'。情然而心为之择，谓之'虑'。心虑而能为之动，谓之'伪'。虑积焉，能习焉，而后成，谓之'伪'。"也是分别"性""伪"二者的。

"伪"字之义既明，便不至误解"其善者伪也"句是说"其善者是假是诈"了。

《性恶》篇又说："今人之性，生而有好利焉，顺是，故争夺生而辞让亡焉；生而有疾恶焉，顺是，故残贼生而忠信亡焉；生而有耳目之欲，好声色焉（原文作'有好声色焉'，从王先谦校，删'有'字），顺是，故淫乱生而礼义文理亡焉。然则从人之性，顺人之情，必出于争夺，合于犯分乱理，而归于暴。故必将有师法之化，礼义之道，然后出于辞让；合于文理，而归于治。"又说："今人之性，饥而欲饱，寒而欲暖，劳而欲休，此人之情性也。""若夫目好色，耳好声，口好味，心好利，骨体肤理好愉佚，是皆生于人之情性者也。"孟子认为人性中有"恻隐""羞恶""辞让""是非"诸善端，故可扩充为"仁义礼智"诸善德；荀子认为人性中有"好利""疾恶""好声色"……诸恶端，而"争夺""残贼""淫乱"诸恶德皆由之生。二人底主张，恰是相反。

谢墉《荀子笺释序》说："孟子言性善，盖勉人以为善而为此言；荀子言性恶，盖疾人之为恶而为此言。"钱大昕也说："孟言性善，欲人之尽性而乐于善；荀言性恶，欲人之化性而勉于善：立言虽殊，其教人以善则一也。宋儒言性，虽主孟氏，然必分义理与气质而二之，则已兼取孟、荀二义。至其教人以变化气质为先，实暗用荀子化性之说。"康白情底白话诗《草儿》，曾有"草儿在前，鞭儿在后"两句。孟子底性善说，是"草儿在前"的奖诱；荀子底性恶说，是"鞭儿在后"的督责。詹姆士曾说，哲学家，可依其气质，分硬心的及软心的二派，柏拉图为软心派代表，亚里士多德为硬心派代表。冯友兰因此谓孟子是软心的哲学家，荀子是硬心的哲学家。盖二人性质不同，学说亦异。观于二人之论性而益信。

《性恶》篇又说："涂之人可以为禹，曷谓也？曰：凡禹之所以为禹者，以其为仁义法正也。然则仁义法正，有可知可能之理。然而涂之人也，皆有可以知仁义法正之质，皆有可以能仁义法正之具。然则其可以为禹，明矣。""可以知仁义法正之质"，似即孟子所谓"良知"；"可以能仁义法正之具"，似即孟子所谓"良能"。"涂之人可以为禹"，亦即《孟子》中"人皆可以为尧舜"之说。孟子说"性善"，不过说人性皆有"善端"，皆有"良知""良能"，而扩充四端，发展良知良能，亦尚有待于后天人为之修养。故戴震《孟子字义疏证》说："此与性善之说，不惟不相悖，而且若相发明。"《正名》篇说："情然而心为之择，谓之虑。心虑而能为之动，谓之伪。"又说："欲，不待可得；而求者从所可。欲不待可得，所受乎天也；求者从所可，受乎心也。天性有欲，心为之节制（此九字，据久保爱所据宋本增）。……故欲过之而动不及，心止之也。……欲不及而动过之，心使之也。"是荀子认为天性中有欲，而所以节欲者为心。心何以能节欲？因"心"能"虑"，而"能"为之"动"故。

《解蔽》篇又说："何谓衡？曰'道'。……人何以知'道'？曰'心'。"《正名》篇亦说："道者，古今之正权也。离道而内自择，则不知祸福之所托。""内自择"，即所谓"情然而心为之择"。心何以能择？以能"虑"故。心之"虑"，心之"择"，盖以"道"为权衡，故能无所蔽。孟子所谓"耳目之官不思而蔽于物"，"心之官思"，其理正与此同。《礼论》说："无性，则伪之无加；无伪，则性不能自美。"性之所以成为"美"者，固赖有人为的工夫；但"伪之"而"有所加"，则性中非绝无善端可知已。我认为荀子所说人之性，生而有"好利""疾恶"及好声色之耳目之欲，与饥欲饱、寒欲暖、劳欲休……孟子亦未尝认为性中绝对没有，不过这些都是人与禽兽所同具的食色之性之类；孟子所说"大者""贵者"之能

"思"的心，以及"良知""良能"，荀子亦未尝认为性中绝对没有，不过孟子以为人之所以异于禽兽即在此，故特别重视之。故孟子所谓"性"，仅指人之所以异于禽兽之"性"；荀子所谓"性"，则兼包人与禽兽同具之"性"。一主"性善"，一主"性恶"，实因他们所谓"性"者内涵外包不同之故。

孟子只说到"心之官则思"为止。荀子则更进一步，说明心所以能虑之故。《解蔽》篇说："心何以知？曰'虚壹而静'。心未尝不臧（同'藏'）也，然而有所谓'虚'。心未尝不满也，然而有所谓'壹'。心未尝不动也，然而有所谓'静'。……不以所已臧害所将受，谓之'虚'。……不以夫一害此一，谓之'壹'。……不以梦剧乱知，谓之'静'。……将须道者，虚之；虚则入。将事道者，壹之；壹则尽。将思道者，静之；静则察。……虚壹而静，谓之大清明。……夫恶有蔽矣哉！"《庄子·天道》篇以水镜喻圣人之心之"虚静"，《老子》亦云"致虚极，守静笃"。荀子底心理学，殆亦有取于老庄之说，特略加修正而已。

三、荀子论教学

荀子既谓"人之性恶，其善者伪"，故认为后天的教与学底力量是非常伟大的。《荀子》首篇《劝学》底首句便说："君子曰：学不可以已。"又说："木受绳则直，金就砺则利，君子博学而日参省乎己，则知明而行无过矣。""吾尝终日而思矣，不如须臾之所学也。"他并认为环境移人底力量很大，所以说："蓬生麻中，不扶而直；白沙在泥，与之俱黑。"（后二句依王念孙校增）"故君子居必择乡，游必就士，所以防邪僻而近中正也。"为学之要则在乎"积善"与"专一"。故又说："积土成山，风雨兴焉；积水成渊，蛟龙生焉；积善成德，而神明自得，圣心备焉。""蚓无爪牙之利，筋骨之强，上食埃土，下饮黄泉，用心一也。蟹八跪而二螯（跪即足，'八'字本作'六'，依卢文弨校改），非蛇鳝之穴无可寄托者，用心躁也。……目不能两视而明，耳不能两听而聪。……故君子结于一也。"《儒效》篇也说："故圣人者，人之所积也。人积耕耨而为农夫，积斫削而为工匠，积反（同'贩'）货而为商贾，积礼义而为君子。"所谓"积"，就是渐渐养成良好习惯的意思。惟能积善，方能化性。《不苟》篇又说："君子养心莫善于诚，致诚则无他事矣。惟仁之为守，唯义之为行。诚心守仁则形，形则神，神则化矣。诚心行义则理，理则明，明则变矣。"所谓"化""变"，即是变化其本来是恶的性。又说："善为道者，不诚则不独，不独则不形。""独行而不舍，则济矣。济而材尽，长迁而不反其初，则化矣。""诚"有真实之义，"独"有专一之义。能真实，故能专一。因为人性本恶，本无仁义；化性起伪完全在学，此如逆水行舟，必真实专一，积之既久，方能使人习于仁义，以化其性。主性善者，旨在尽性以复其初；主性恶者，旨在化性而不反其初：此亦孟、荀二家不同之点。

《劝学》篇又说："学恶乎始，恶乎终？曰：其数则始乎诵经，终乎读礼；其义则始乎为士，终乎为圣人。"诵经，指诵《诗》《书》而言，故又曰："《书》者，政事之纪也；《诗》者，中声之所止也；礼者，法之大分，类之纲纪也。故学至乎礼而止矣。"如不能隆礼，则仅能"学杂志，顺诗书"，"末世穷年，不免为陋儒"。因为文字的记诵的知识，只是口耳之学；能影响于身心言动者，只有礼而已矣。故曰："君子之学也，入乎耳，着乎心，布乎四体，形乎动静，端而言，蠕而动，一可以为法则；小人之学也，入乎耳，出乎口，口耳之间则四寸耳，曷足以美七尺之躯哉？古之学者为己，今之学者为人。君子之学也，以美其身；小人之学也，以为禽犊。"他认为足以陶冶身心的只有礼，故说："故隆礼，虽未明，法士也；不隆礼，虽察辩，散儒也。"《修身》篇也说："凡用血气志意知虑，由礼则治达（'达'本作'通'，依王引之校改），不由礼则勃乱提慢（弛慢也）；食饮衣服居处动静，由礼则和节，不由礼则触陷生疾；容貌态度进退趋行，由礼则雅，不由礼则夷固僻违庸众而野。故人无礼则不生，事无礼则不成，国家无礼则不宁。"其崇礼，可谓至矣尽矣。所以荀子之学，可以名之曰"礼学"；荀子之教，可以名之曰"礼教"。

《修身》篇说："礼者，所以正身也；师者，所以正礼也。无礼，何以正身？无师，吾安知礼之为是也？礼然而然，则是情安礼也；师云而云，则是知若师也。情安礼，知若师，则是圣人也。故非礼是无法也，非师是无师也。不是师法，而好自用，譬之是犹以盲辨色，以聋辨声也，舍乱妄无为也。"可见隆礼之外，还须得师。不但师，友也是要紧的。《修身》篇又曾说："故非我而当者，吾师也；是我而当者，吾友也；谄谀我者，吾贼也。故君子隆师而亲友，以致恶其贼。好善无厌，受谏而能诫，虽欲无进，得乎哉？"又说："以善先人者，谓之教；以善和人者，谓之顺；以不善失人者，谓之谄；以不善和人者，谓之谀。"教我者师，顺我者友，谄谀我者贼。隆师亲友而致恶其贼，则学自日进了。

综以上所述，则学者所贵凡三，曰"专一"，曰"得师"，曰"隆礼"。故《修身》篇又说："凡治气养心之术，莫径由礼，莫要得师，莫神一好。"这是荀子论学底总结。

那末，师应当怎样教人呢？《劝学》篇说："故不问而告谓之傲，问一而告二谓之囋。傲非也，囋非也，君子如响矣。"俞樾《诸子平议》引《论语·季氏》篇"言未及之而言谓之躁"。《释文》

曰："鲁读躁为傲。"傲即躁之假借字。卢文弨以"多言"释"囋"字。按不问而告，则失之躁；问一而告二，则失之囋。君子不问则不告，问一不告二，大叩则大鸣，小叩则小鸣，故曰"如响"。下文又说："故未可与言而言，谓之傲；可与言而不言，谓之隐；不观气色而言，谓之瞽。故君子不傲不隐不瞽，谨顺其身。"（"顺"，宋本作"慎"，今依卢校从元刻本）谨顺其身者，谓顺其人。此与《论语》"不愤不启，不悱不发"及因材施教之旨相同。

四、荀子论道德修养

荀子也和孔子、孟子一样，以"君子"为道德修养的标准人格。各篇中说到君子的很多，而尤以《不苟》篇为甚。如说："君子行不贵苟难，说不贵苟察，名不贵苟传，唯其当之为贵。""君子易知而难狎，易惧而难胁，畏患而不避义死，欲利而不为所非，交亲而不比，言辩而不辞。""君子宽而不慢，廉而不刿，辩而不争，察而不激，寡立而不胜，坚强而不暴，柔从而不流，恭敬谨慎而容，夫是之谓至文。""君子养心，莫善于诚。""君子至德，嘿然而喻，未施而视，不怒而威。""君子位尊而志恭，心小而道大，所听视者近而所闻见者远。"并且常常以"小人"与"君子"对比，如说：

> 君子，小人之反也。君子大心则敬天而道（"敬"字依卢校增），小心则畏义而节，知则明通而类，愚则端悫而法，见由则恭而止，见闭则敬而齐，喜则和而理，忧则静而理，通则文而明，穷则约而详。小人则不然，大心则慢而暴，小心则淫而倾，知则攫盗而渐，愚则毒贼而乱，见由则悦而倨，见闭则

怨而险，喜则轻而翾，忧则挫而慑，通则骄而偏，穷则弃而
儑。传曰：君子两进，小人两退，此之谓也。

但他仍以性恶为根本观念，故曰："人之生固小人；无师无法，则
唯利之见耳。人之生固小人；又以遇乱世，得乱俗，是以小重小
也，以乱得乱也。"（《荣辱》篇）人之生本为小人，所以能成君子
者，全在人为的后天的教与学。得师以受其教，隆礼专一以致力于
学，然后能积善化性，长迁而不反其初。

　　孔子以"仁"为全德之称，孟子以"义"配"仁"，荀子则以
"礼"为处仁行义之本。《大略》篇说："仁，爱也，故亲；义，理
也，故行；礼，节也，故成。仁有里，义有门，仁非其里而处之，
非仁也（原文作'而虚之，非礼也'，今依王念孙校改）；义非其门
而由之，非义也。……君子处仁以义，然后仁也；行义以礼，然后
义也；制礼反本成末，然后礼也；三者皆通，然后道也。"又说：
"行也者，行礼之谓也。""礼者，人之所履也。"《礼论》篇又说：
"故绳墨诚陈矣，则不可欺以曲直；衡诚悬矣，则不可欺以轻重；
规矩诚设矣，则不可欺以方圆；君子审于礼，则不可欺以诈伪。
故绳者直之至，衡者平之至，规矩者方圆之至，礼者人道之极
也。"又尝推论礼之起源："礼起于何也？曰：'人生而有欲。欲
而不能得，则不能无求；求而无度量分界，则不能无争；争则乱，
乱则穷。先王恶其乱也，故制礼义以分之。以养人之欲，给人之
求，使欲必不穷乎物，物必不屈于欲，两者相持而长，是礼之所
起也。'"

　　《非相》篇也说："人之所以为人者何已也？曰：以其有辨
也。……夫禽兽有父子而无父子之亲，有牝牡而无男女之别，故人
道莫不有辨。辨莫大乎分，分莫大乎礼。"是礼之本旨在乎"分"。

有分，故有辨；有分，故能节。有辨，故不乱；能节，故不争。这是礼底效用之一方面。又一方面，则在乎"文"。《礼论》篇说："礼者，以财物为用，以贵贱为文，以多少为异，以隆杀为要。文理繁，情用省，是礼之隆也；文理省，情用繁，是礼之杀也。文理情用，相为内外，表里并行而杂，是礼之中流也。"文理是礼之威仪，情用是礼之本质。以礼仪表示内心的情感，是谓文饰。文胜情，是礼之隆；情胜文，是礼之杀。这又是礼底效用之一方面；故礼之用，在定分以节人之欲，又为文以饰人之情。反之，人能以礼节其欲，以礼饰其情，夫然后可为君子。

儒家之祖孔子，即重视礼乐，以为是道德修养之工具；修治须礼，而涵养则有待于乐。《乐论》篇首明乐之起源："夫乐者，乐也，人情之所必不免也。故人不能无乐。乐则必发于声音，形于动静。而人之道，声音动静性术之变尽是矣。故人不能不乐，乐则不能无形，形而不为道则不能无乱。先王恶其乱也，故制《雅》《颂》之声以道之，使其声足以乐而不流，使其文足以辨而不諰，使其曲直、繁省、廉肉、节奏足以感动人之善心，使夫邪污之气无由得接焉，是先王立乐之方也。"次论乐之效用："故乐在宗庙之中，君臣上下同听之，则莫不和敬；闺门之内，夫妇兄弟同听之，则莫不和亲；乡里族长之中，长少同听之，则莫不和顺。故乐者，审一以定和者也，比物以饰节者也，合奏以成文者也，足以率一道，足以治万变，是先王立乐之术也。"因为乐是发于人之内心的情感的，"其入人也深，其化人也速"，故可以化性陶情，可以"移风易俗"。《乐论》篇又说："乐也者，和之不可变者也；礼也者，理之不可易者也。乐合同，礼别异。……穷本极变，乐之情也；著诚去伪，礼之经也。"礼乐备，乃可以修养身心，可以治安国家。

荀子论人臣，谓有"态臣""篡臣""功臣""圣臣"，有"谏"、

"争"、"辅"、"拂"（同"弼"），且以"苟合取容，持禄养交"者为
"国贼"，立论也很正大。但又说"迫胁于乱时，穷居于暴国，而无
所避之，则崇其美，扬其善，违其恶，隐其败，言其所长，不称其
所短"，为事暴君之道；并以为"有补削，无矫拂"（均见《臣道》
篇），已和孔子"勿欺也而犯之"之义不合。《仲尼》篇更畅论"持
宠处位，终身不厌之术""擅宠于万乘之国，必无后患之术"，一则
曰"莫若好同之"，再则曰"莫若早同之"，则直是"苟合取容"之
法了。所以荀子于气节方面，似乎不及孟子底刚直而光明。其弟子
李斯相秦，便用这种苟合取容的持宠处位之术；结果，仍不能无
后患。

五、荀子论政治

《荀子·富国》篇说："无君以制臣，无上以制下，天下害生纵
欲。欲恶同物。欲多而物寡，寡则必争矣。故百技所成，所以养一
人也；而能不能兼技，人不能兼官。离居不相待则穷，群而无分则
争。穷者，患也；争者，祸也。救患除祸，则莫若明分使群矣。"
此仍以性恶论为根据，而以功利的唯物的观点说明政治之起源。他
以为人类天性皆有所欲，有所欲必有所求；而人之所欲所恶同物，
欲求之者多而物少，则不能无所争。个人的生活需要，为百技之所
成，而一人不能兼百技，故个人不能离群而独立生活。要使人群居
生活而不至于争，莫如"明分使群"。欲明分使群，于是乎有政治。
有政治，则有君以制臣，有上以制下，使个人不得纵欲，而争自
息。《王制》篇也说："水火有气而无生，草木有生而无知，禽兽有
知而无义；人有气有生有知有义，故最为天下贵也。力不若牛，走
不若马，而牛马为用，何也？曰：人能群，彼不能群也。人何以能

群？曰分。分何以能行？曰义。故义以分则和，和则一，一则多力，多力则强，强则胜物，故宫室可得而居也。……故人生不能无群；群而无分则争，争则乱，乱则离，离则弱，弱则不能胜物，故宫室不可得而居也。不可少顷舍礼义之谓也。"人之所以能胜禽兽而生活者，在乎"群"；人之所以群居而不致因争而分，以削弱其力量者，在乎"分"。人类所以需要有政治者，在乎使人有"分"而能"群"。

《非相》篇又说："故人道莫不有辨，辨莫大于分，分莫大于礼，礼莫大于圣王。"此言圣王能为人制礼，以明分使群；是"礼"为明分使群之具，亦为一切政治的根本。故《礼论》篇论礼之起源（见上节引），亦在使人之欲求各有其度量分界，而不至于争乱，其大意与《富国》《王制》二篇所说相同。荀子竭力推崇礼的言论，散见于全书各篇。例如《礼论》篇曾说："好恶以节，喜怒以当，以为下则顺，以为上则明，万物变而不乱，贰之则丧也，礼岂不至矣哉！"又说："天下从之者治，不从者乱，从之者存，不从者亡，小人不能测也。礼之理诚深矣！"所以孟子所主张的是"仁政"，先王所以能创仁政，由于有人人同具的不忍人之心；荀子所主张的是"礼治"，圣王所以创礼治的原因，在于人人同具欲求，要使他们明分能群。孟、荀二子论政治的根本观念，一为"性善"，一为"性恶"；而且孟子底理论是唯心的，非功利的；荀子底理论是唯物的，功利的。孔子论政治，主张"道之以德，齐之以礼"。孟子偏重在"道之以德"，荀子偏重在"齐之以礼"，故二子虽同宗孔子，同为儒家，而派别不同。

"法先王"与"法后王"，似乎也是孟、荀二子底不同。孟子言必称先王。《荀子·非十二子》篇攻击子思、孟轲，首斥其"略法先王而不知其统"。荀子既反对孟子之法先王，故言必称后王。例如《王制》篇说："王者之制，道不过三代，法不贰后王；道过三代谓之荡，法贰后王谓之不雅。"《非相》篇说："故曰：文久而息，节族久而绝，守法数之有司极而褫。故曰：欲观圣王之迹，则于其粲然者矣，后王是也。彼后王者，天下之君也，舍后王而道上古，譬之是犹舍己之君而事人之君也。"《不苟》篇说："百王之道，后王是也。君子审后王之道，而论于百王之前，若端拜而议。"《孟子·滕文公》篇言孟子言必称尧舜，是先王指尧舜而言。其实，孟子所主张的，仍是三代之制，而大部分仍是周制。故田赋主用"助法"，而引《诗》以证明"虽周亦助"；其答北宫锜论爵禄之制，亦以为是周制，不过以尧舜禅让为最高的政治理想而已。此与孔子盛赞文王、周公，而以尧舜为所憧憬的最高的政治理想正同。《非相》篇亦说："欲知上世，则审周道。"是荀子以三代为后王，而侧重周道，其主张实同于孟子；所不同者，孟子托于尧舜，荀子不复托于尧舜而已。所以"法先王"与"法后王"，倒不是孟、荀二子底歧异之点。

孟子辨"王""霸"甚严，且说"仲尼之徒无道桓文之事者"。《荀子》中有《王霸》篇，也辨别"王"和"霸"之不同，而且说："仲尼之门人，五尺之竖子，言羞称乎五霸。"恰和孟子同一论调。他说霸者"非服人之心也""诈心以胜""以让饰争，依乎仁而蹈利"，也和孟子说霸王"以力假仁""以力服人""非心服也"相同。他以"田野什一，关市几而不征，山林泽梁以时禁发而不税"，"草木荣华滋长之时，则斧斤不入山林"，"鼋鼍鱼鳖鳅鳝孕别之时，罔罟毒药不入泽"，"春耕、夏耘、秋收、冬藏，四者不失其时"为王政，也和孟子相同。《正论》篇论汤武征诛，以为"汤武非取天下""天下归之也"，"桀纣非去天下也""天下去之也"，"故桀纣无天下，而汤武不弑君"；又论尧舜禅让，以为"圣在后子，则天下不离，朝不易位""圣不在后子而在三公，则天下如归"，其见解也同于孟子。其不同之点在于，孟子主张贵民轻君，荀子则主张尊君。《正论》篇说："天子者，势位至尊，无敌于天下。……南面而听天下，生民之属，莫不振动服从，以化顺之。"因为崇礼明分是荀子底根本主张，故重视君民底尊卑之分。这一点，其思想似不及孟子的前进。

第四章　其他儒家之言

西汉时戴德、戴圣所辑的大小戴《礼记》，是战国至秦汉的儒家之言底总汇，而小戴《礼记》所辑尤精。其中《大学》《中庸》二篇，曾经宋代理学家程、朱提倡，朱子且以与《论语》《孟子》并列为"四书"，认为足以代表孔、曾、思、孟相传的道统，故其影响于后世学术者更大。其他关于礼、乐、孝的言论，也可在小戴《礼记》中见其大概。现在分述如下。

一、《大学》

《大学》，王柏以为是子思（孔伋，孔子之孙）所作；朱子把它分做经一章、传十章，以为经是孔子之言，而曾子（曾参，孔子弟子）述之，传是曾子之意，而其门人记之。这都是猜度之辞，并没有确实证据的。明人丰坊据虞松引贾逵之言，谓"孔伋穷居于宋，惧先圣之学不明，而帝王之道坠，故作《大学》以经之，《中庸》以纬之"，故《大学》也是子思底作品，似乎与王柏之说正合。但朱彝尊《经义考》、翟灏《四书考异》，已考明丰坊之言系出伪造了。俞正燮曾谓"《大学》本汉时《诗》《书》博士杂集"。日本人武内义雄说《学记》是记学校之制度，《大学》是记大学教育之目的，关系甚切；陆奎勋又曾以《学记》引《古文尚书·说命》者三，断为出于汉儒，《大学》亦曾引《古文尚书》之《太甲》，故断定其时代在汉武帝以后。此虽未能作为定论，但较之王柏、朱子底猜想，则似近理。且全篇为组织完善之议论文，和《论语》《孟子》底记言体不同，其著作时代当然应后于孟子，故决非孔、孟之间的曾子所作。

《大学》本文，组织自成系统，层次亦极明白。朱子所谓经一章，即全篇之总论。此段原文如下：

> 大学之道，在明明德，在亲民，在止于至善。知止而后有定，定而后能静，静而后能安，安而后能虑，虑而后能得。物有本末，事有终始，知所先后，则近道矣。古之欲明明德于天下者，先治其国；欲治其国者，先齐其家；欲齐其家者，先修其身；欲修其身者，先正其心；欲正其心者，先诚其意；欲诚其意者，先致其知；致知，在格物。物格而后知至，知至而后意诚，意诚而后心正，心正而后身修，身修而后家齐，家齐而后国治，国治而后天下平。自天子以至于庶人，壹是皆以修身为本。其本乱而末治者，否矣；其所厚者薄，而其所薄者厚，未之有也。此谓知本，此谓知之至也。

"明明德""亲民""止至善"，是《大学》底三纲领；"格物""致知""诚意""正心""修身""齐家""治国""平天下"，是《大学》底八条目。程子读"亲民"之"亲"为"新"，是"革其旧"底意思。"明明德"是自明其明德，"新民"是使人民去其旧染之污。按《尚书·金縢》以"新逆"为"亲迎"，正是《大学》以"亲民"为"新民"底证据。"止至善"是做到理想的最高的善，下文所说"为人君止于仁，为人臣止于敬，为人子止于孝，为人父止于慈，与国人交止于信"，就是"止至善"。能"知止"，就是能知所应止之至善，则做人已有一理想的正鹄，而其志定；志定，则心静而神安，然后能思虑而有所得了。物事皆有其本末终始；"本"与"始"，是其所"先"；"末"与"终"，是其所"后"。能思虑而有所得，则可以洞见物之本末，事之终始，以定其孰"先"孰"后"。就上文言，则"明明德"为先，"亲民"为后；"知止"为始，"能得"为终。就下文言，则"身""心"为本，"天下"为末；"格物致知"为始、为先，"治国平天下"为终、为后。这八条目中，"修身""正心""诚意""致知""格物"，都是自身修养底工夫；"齐家""治国""平天下"，方是由身推而及人。下文明言"壹是皆以修身为本"。不能"修身"，便是"本乱"，本乱则末不治，便是不能奏治平之功。吾人所厚者莫如身；与吾身较，则家国天下都是所薄者了。能知修身之要，方是"知本"，方是"知之至"。

其意思本极明白，但是因为本篇下文没有详释"格物致知"之义，故后来学者解说纷歧，朱子和王阳明便因此在理学史上成为对峙的两派。朱子认为《大学》有脱简，亡第五章传——释格物致知之义者，故为之补作一章。他以"即物穷理"为"格物"，故训"格"为"至"。王阳明则训"格"为"正"，与孟子"格君心之非"底"格"字同义，故曰"为善去恶是格物"，而以"致知"为"致吾心之良知"。朱子底格物致知是于身外的事物下工夫的，王阳明底格物致知是于内心本有的知善知恶的良知下工夫的。其实所谓"物"，内之，可以包括吾身的"心""意"；外之，可以包括身外的"家""国""天下"。所谓"格物"，就是事事物物都经历过，而经历云者，又须兼向内的体验存养、向外的待人处事而言；更推而广之，则读书、亲师、会友，也可以知道古人及师友所经历的事物，间接地获得许多知识，也可以谓之格物致知。故必把朱、王二说综合起来，内外并顾，方足以言"格物"，方足以云"致知"。

《孟子·离娄》篇说:"人有恒言,皆曰'天下国家'。天下之本在国,国之本在家,家之本在身。"这和《大学》先修身而后齐家,而后治国,而后平天下底议论相同。又说:"惟大人为能格君心之非。君仁莫不仁,君义莫不义。一正君而国定矣。"这也和《大学》"尧舜率天下以仁而民从之"底见解一致。《荀子·解蔽》篇说:"凡以知,人之性也;可以知,物之理也。以可以知人之性,求可以知物之理,而无所止之(原文作'疑止之',俞樾训'疑'为'定';按'疑'字似衍),则没世穷年,不能遍也。……故学也者,固学止之也。恶乎止之?曰止诸至足。曷谓至足?曰圣也。"又说:"圣也者,尽伦者也。"荀子所谓"止诸至足",就是《大学》底"止于至善";《大学》说君止于仁,臣止于敬,子止于孝,父止于慈,交至于信,也就是荀子所谓"尽伦"。《君道》篇又说:"请闻为国。曰闻修身,未闻为国也。君者,仪也,仪正而景正;君者,槃也,槃圆而水圆;君者,盂也,盂方而水方。"这也和《大学》尧舜率天下以仁,桀纣率天下以暴,民各从之底见解一致。又如《大学》所说平天下的"絜矩之道",也就是荀子所谓"操五寸之矩,尽天下之方"。所以《大学》底思想,是综合孟、荀二子的,而其本文,有纲有目,从格物致知以至治国平天下,把道德修养和政治理论打成一片,确是一篇有系统、有价值的儒家之言。

二、《中庸》

《史记·孔子世家》明言子思困于宋,作《中庸》。《隋书·经籍志》引沈约之言,亦谓《中庸》取于《子思子》。郑玄《目录》、陆德明《经典释文》亦皆明言《中庸》为子思所作。按《中庸》曾

引孔子之言："吾学夏礼，杞不足征也；吾学殷礼，有宋存焉。"此
语亦见于《论语》："子曰：吾说夏礼，杞不足征也；吾说殷礼，宋
不足征也。"殆因子思作《中庸》，在居宋时，故把"宋不足征也"
句改作"有宋存焉"。观此，则子思之作《中庸》，可说是确凿有据
的了。但是有很显明的三点疑问：

《中庸》有云："在下位，不获乎上，民不可得而治矣；获乎上
有道，不信乎朋友，不获乎上矣；信乎朋友有道，不顺乎亲，不信
乎朋友矣；顺乎亲有道，反诸身不诚，不顺乎亲矣；诚身有道，不
明乎善，不诚乎身矣。诚者，天之道也；诚之者，人之道也。"这
一段，和孟子《离娄》篇几乎完全相同。如果《中庸》是子思所
作，则孟子是引用子思之言，何以并未说明？此其一。

孔子、孟子言山必举泰山，因鲁与邹均在古之兖州，其山镇为
泰山。华山和岳山都是秦底山镇。子思为孔子之孙，足迹未尝入
秦，何以《中庸》言山，独云"载华岳而不重"？此其二。

战国之时，车涂异轨，律令异法，文字异形，见于许慎《说文
解字序》。子思正当战国之时，而《中庸》所说"今天下，车同轨，
书同文，行同伦"，却是秦始皇一统以后的情形。此其三。

所以欧阳修、王柏等皆曾致疑于《中庸》。冯友兰亦谓首段自
"天命之谓性"至"天地位焉，万物育焉"，末段自"在下位不获乎
上"至"至于无声无臭至矣"，其文体为议论体；中段自"仲尼曰
君子中庸"至"道前定则不穷"，其文体为记言体；疑首段末段即
《汉书·艺文志》礼类之《中庸》说二篇之类，中段则为子思所作
之《中庸》。日本学者武内义雄也有相似的说法。他以为从朱子所
分第二章至第十九章（"仲尼曰君子中庸"至"治国其如示诸掌
乎"）是记所传闻的孔子之言，言非一时，而记之者为一人，与
《礼记》中《坊记》《表记》《缁衣》诸篇相似；第二十章（"哀公问

政"至"虽柔必强")是记所传闻的孔子一时之言，而敷演润色之，与《礼记》中《儒行》《哀公问》诸篇相似；首章（"天命之谓性"至"万物育焉"）及二十一章以后（"自诚明"至"至于无声无臭至矣"），则为说理之体。并谓第十六章（"子曰鬼神之为德"至"如此夫"）是错简，当在第二十四章（"至诚之道"至"故至诚如神"）之下。故除去第十六章，从第二章至第十九章可推想为子思所作之《中庸》；此外为秦汉之际子思后学所述，乃由《汉志》所录《中庸说》之类搀入者（见《子思子考》）。冯氏及武内氏所说，都不无理由。余另有专篇考之，兹不复赘。

《中庸》本篇底思想，即是以"中庸"为道德修养之标准。无过无不及，谓之"中"；道不远人，造端夫妇，谓之"庸"。又说："忠恕违道不远。"则所谓"中庸"，也就是孔子底"忠恕"之道了。这是做人之道；从"孝"做起，可以施于有政；从学问思辨入手，总须见之笃行。而所以学之行之者，则说者以为其要在"诚"。至于至诚可以尽其性，可以尽人之性与物之性，可以成己成物，可以赞天地之化育而与天地参，即是首段"致中和，天地位焉，万物育焉"底意思，则是后学对于《中庸》的赞语了。所以《中庸》本就人事言，推而极之，则人生与宇宙可以打成一片。因为人性本是天命的。所谓"天命之谓性"，即是现在所谓人性是自然所赋予。而此自然所赋予人的性，又本是善的，故承之曰"率性之谓道"。由其本善之性而行，即是人人所应由之道。所谓"率性"，即是孟子就人人同具之善端扩而充之之意。但是此时尤贵有操之养之之方；这就是所谓"修"了，故又承之曰"修道之谓教"。"教"，并不专指教人而言，凡是后天的工夫，无论是教是学，都可以谓之"教"。下文博学、审问、慎思、明辨以至笃行，都可以说是修道之教。我们人人同具善端，这是"诚"；我们能体认此善端，则是"明"；故曰"自诚明，谓之性"。反之，我们从学问思辨行去用工夫，去体认吾性本具之善，这是"明"；体认得明白，践行得笃实，便能做到尽性的地步，"反身而诚"了；故曰"自明诚，谓之教"。如能做到极精微广大之至，便有孟子所谓"上下与天地同流""万物皆备于我"底境界，故曰"天地位焉，万物育焉"。所以现存的《中庸》，可以说是子思、孟子一派的儒家底人生哲学与宇宙论打成一片的思想底结晶。

三、《孝经》及其他

《孝经》这部书，郑玄《六艺论》以为六艺之总汇。《孝经纬钩命诀》且引孔子之言曰："吾志在《春秋》，行在《孝经》。"似乎它底地位是非常之高的。孔子作《孝经》，见于《孝经中契》《援神契》等纬书。《汉志·六艺略·孝经》下班固自注说："孔子为曾子陈孝道也。"似乎《孝经》是孔子作的；即使退一步说，也是曾子记述孔子论孝之言。蔡邕《明堂论》尝引魏文侯《孝经传》曰云云（见《后汉书·祭祀志》刘昭注引）。《孟子外书》中又有说《孝经》的篇名。似乎《孝经》一书是成于魏文侯和孟子以前的。按《孟子外书》之伪，前已言之。蔡邕所引，不知根据何书。文侯曾受学于子夏；子夏与曾子虽同为孔子弟子，而其学不同，何以文侯独为曾子所传述之《孝经》作传？文侯之传，如至蔡邕时尚存，又何以不见录于《汉志》？

《孝经》首曰："仲尼居，曾子侍。"无论为孔子手著，或曾子记述，都无称"曾子"之理。且其文体，仅首章似记言体，以全篇而论，则为议论体，其时代不当在《论语》与《孟子》之间。孟子答然友为滕文公问丧礼，但引曾子"生事之以礼，死葬之以礼，祭之以礼，可谓孝矣"云云。如《孝经》果为曾子所述，孟子何以不举《丧亲章》以详告然友？至于孔子作《孝经》、孔子行在《孝经》等语，均出《孝经纬》。疑是西汉纬书盛行之后，《孝经》方为诸儒所推崇。西汉诸帝庙号，各冠一"孝"字；"孝弟力田"，又特设一科；西汉帝皇提倡所谓"以孝治天下"，学者因撰此一书，而名之曰《孝经》。故其地位，至多只能与《礼记》诸篇平列，不能以其依托孔子、曾子便信奉为孔门宝典。《孝经》之外，《礼记》中论孝者颇多。综合观之，可以得秦汉之际儒家对于"孝"的理论。

《论语》记有子语曰："君子务本，本立而道生。孝弟也者，其为仁之本欤！"有子以为孝是为仁之本者，就是孟子"仁之实，事亲是也""孩提之童无不知爱其亲也"底意思。他认为为仁当从孝弟着手，如对于最亲的父母和兄长尚且不能孝弟，何能推而及于他人？孔子、孟子、荀子，都未尝以孝综括一切道德；有之，盖自秦汉之际之儒家始。《孝经》说："夫孝，德之本也。""夫孝，始于事亲，中于事君，终于立身。""夫孝，天之经也，地之义也，人之行也。"《礼记·祭义》也说："居处不庄，非孝也；事君不忠，非孝也；莅官不敬，非孝也；朋友不信，非孝也；战阵无勇，非孝也。""仁者，仁此者也；礼者，履此者也；义者，宜此者也；信者，信此者也。强者，强此者也。"直以一"孝"字总括一切道德，故以"孝"为"置之而塞乎天地，溥之而横乎四海，施诸后世而无朝夕，推而放诸东海而准，推而放诸西海而准，推而放诸南海而准，推而放诸北海而准"。孔子以"仁"为一切道德底根本，孟子以"仁""义"为一切道德底根本，荀子以"礼"为一切道德底根本，秦汉底儒家则以"孝"为一切道德底根本了。

孝，可分二方面：

一为肉体方面。第一，须保养父母所遗之身体。故乐正子下堂而伤足，数月不出，犹有忧色（见《祭义》）；曾子临终，令弟子启视手足，以为"而今而后，吾知免夫"（见《论语》）。此即《孝经》所谓"身体发肤，受之父母，不敢毁伤"，《祭义》所谓"不亏其体""不敢以先父母之遗体行殆"，盖"父母全而生之，子全而归之"，方可谓孝。第二，须生子以为父母之后嗣。故孟子说："不孝有三，无后为大。"而婚礼之所以重要，即为可以上事宗庙，下继后世（见《昏义》），其目的在于"嗣亲"（见《曾子问》）。

二为精神方面。第一，亲存时，不仅当养其口体，而且当养其志（见《孟子》论曾参、曾元之孝章）；不仅当先意承志，而且当喻父母于道，有过，并须加以规劝（《孝经》有《谏诤章》。谓父有争子，则身不陷于不义；故当不义，则子不可以不争于父）。第二，父母殁后，不仅丧祭尽哀，致其思慕之诚（即所谓"死，葬之以礼，祭之以礼"），尤当继志述事（《中庸》"夫孝者，善继人之志，善述人之事者也"），努力于立德、立功、立言，"扬名于后世，以显父母"（见《孝经》），方能谓之"大孝尊亲"（见《祭义》）。

孝底理论，至此可云已发挥尽致。在以家族为国家之基本的时代，这种"孝"底理论，确是可以风行的，而且是有益于国家、社会的。

四、关于礼乐的理论

孔子以《诗》《书》《礼》《乐》教人，故礼乐自孔子时已为儒家所重视。《论语》中如"礼与其奢也宁俭，丧与其易也宁戚"，"礼云礼云，玉帛云乎哉，乐云乐云，钟鼓云乎哉"，及语鲁太师各条，孔子对于礼乐的理论，也不一而足。但《论语》所记孔子之言，本只是片言只语。儒家对于礼乐的理论，除《荀子》底《礼论》《乐论》之外，尚当求之于《礼记》之中。不过《礼记》所辑，有许多是孔门再传以后的弟子记录传闻之辞，我们不能完全认为是孔子之言罢了。

《礼记·坊记》说："礼者，因人之情而为之节文，以为民坊者也。"《孟子·离娄》有言："仁之实，事亲是也；义之实，从兄是也；礼之实，节文此二者是也。"故礼之功用，有"节""人之情"与"文""人之情"二者。何谓节人之情？因为人们底个性不同，故其"情"亦有强弱厚薄之不同。《礼记·檀弓》记子思曰："先王之制礼也，过之者，俯而就之；不至焉者，跂而及之。"本篇又载："子夏既除丧而见，予之琴，和之而不和，弹之而不能成声，作而曰：'哀未忘也，先王制礼而弗敢过也。'子张既除丧而见，予之琴，和之而和，弹之而成声，作而曰：'先王制礼，不敢不至焉。'"子夏情过于礼，其遵礼除丧，是"俯而就之"；子张情不及礼，其遵礼除丧，是"跂而及之"。故《礼记·仲尼燕居》记孔子说："礼乎礼；夫礼，所以制中也。""制中"，就是所谓"节人之情"。《礼记·三年问》也说："故人于其亲也，至死不穷。将由夫患邪淫之人欤？则彼朝死而夕忘之，然而从之，则是曾禽兽之不若也，夫焉能相与群居而不乱乎？将由夫修饰之君子欤？则三年之丧，二十五月而毕，若驷之过隙；然而遂之，是无穷也。是故先王为之立中制节，壹使足以成文理，则释之矣。"（此段与《荀子·礼论》同）这也是说礼之用在节人之情。《荀子·礼论》又说："人生而有欲。欲而不能得，则不能无求。求而无度量分限，则不能不争。争则乱，乱则穷。先王恶其乱也，故制礼义以分之。以养人之欲，给人之求，使欲必不穷乎物，物必不屈于欲，两者相持而长。是礼之所起也。"则礼不但用以节人之"情"，并且用以节人之"欲"了。《荀子·修身》说："容貌态度进退趋行，由礼则雅，不由礼则夷固僻违，庸众而野。"因为礼底另一功用，是"文"。人们底容态举止，加以礼底文饰，则"雅"；不加以礼底文饰，则"野"。婚姻起于男女之情，无礼以文之，则"野"；丧祭起于哀悼之情，无礼以文之，则"野"；其他一切之礼，皆可类推。

尤其妙的，是儒家对于丧礼的理论。《礼记·檀弓》，孔子说："之死而致死之，不仁而不可为也；之死而致生之，不智而不可为也。"因为纯依理智判断，则死者必不可复生，且凡人皆有死，是不可逃的自然法则，而灵魂存在与否又难证明，尽不妨"之死而致死之"。反之，若纯依情感想像，则生者皆有死者可以复生之希望，皆有灵魂继续存在之憧憬，认种种迷信为真理，又尽可以"之死而致生之"。但如前者则完全违反情感，故不仁；如后者则又完全违反理智，故不智。不得已，惟有调和于二者之间，以丧礼文饰其情感，而以求其无背于理智，故有"竹不成用，木不成斫，琴瑟张而不平，笙竽备而不和，有钟磬而无簨虡"的，"备物而不可用"的"明器"（见《檀弓》）；有"若将复生焉"，"必诚必信，勿之有悔"的敛殡之礼（见《问丧》及《檀弓》）；有"往送则望望然、汲汲然如有追而弗及，反哭则皇皇然若有求而复得"，"如慕""如疑"的送葬反哭之礼；有"侥幸复反"（见《问丧》）、"僾然有见乎其位，肃然有闻乎其声，忾然有闻乎其叹息之声，以其恍惚，与神明交"（见《礼记·祭义》）及"状乎无形影"（见《荀子·礼论》）的祭礼。故曰："丧礼者，以生者饰死者也，大象其生以送死也。"（见《荀子·礼论》）此其对于死者的态度，是诗的、艺术的，而不是宗教的、迷信的（冯友兰说，见《中国哲学史》）。这便是所谓"文人之情"。他如"定亲疏，决嫌疑，别同异，明是非"（《礼记·曲礼》），则礼又有辨别的作用；如"慎终追远，民德归厚"（曾子语，见《论语·为政》），则丧祭之礼又具敦厚民俗的作用；"大昏，万世之嗣"，则婚礼旨在嗣续，以生物学的观点言之，又有使自己底生命得繁衍传殖的作用了。

《礼记·乐记》论乐底起原说："凡音之起，由人心生也。人心之动，物使之然也。感于物而动，故形于声。"这是人心感于物而动的自然之音声。又说："是故其哀心感者，其声噍以杀；其乐声感者，其声啴以缓；其喜心感者，其声发以散；其怒心感者，其声粗以厉；其敬心感者，其声直以廉；其爱心感者，其声和以柔。六者，非性也，感于物而后动。"感于物而后动的，是"情"非性；而所谓乐者，即摹拟调节此种种情感所发之自然的声音而成。《荀子·乐论》说："夫乐者，乐也，人情之所必不免也。故人情不能无乐，乐则必发于声音，形于动静。""发于声音"，即是《乐记》所云"感于物而动，故形于声"的声音；"形于动静"，即是《乐记》所说"不知手之舞之足之蹈之"的动作。前者为"乐"所由起，后者为"舞"所由起。《乐论》又说："故人不能不乐，乐则不能无形。形而不为道，则不能无乱。先王恶其乱也，故制《雅》《颂》之声以道之，使其声足以乐而不流，使其文足以辨而不息（'息'字从郝校），使其曲直、繁省、廉肉、节奏足以感动人之善心，使夫邪污之气无由得接焉，是先王立乐之方也。"所以乐底功用，在乎导人之情，使能发而中节；质言之，也是在于"节""文人之情"的。

但礼、乐二者，其功用虽同而作用则异。"礼节民心，乐和民声"，"乐者为同，礼者为异，同则相亲，异则相敬"，"乐胜则流，礼胜则离"，"乐由中出，礼由外作"，"大乐必易，大礼必简；乐至则无怨，礼至则不争"，"天高地下，万物散殊，而礼制行矣；流而不息，合同而化，而乐兴焉。春作夏长，仁也；秋敛冬藏，义也；仁近于乐，义近于礼"，"礼者，天地之别也"，"乐者，天地之和也"(均见《乐记》)。礼、乐二者相比较，礼是以理智节制情感的，乐是以声音宣导情感的；礼之用在"别"，乐之用在"和"：看似相反，实是相辅的。仅崇礼而无乐，则使人有过感拘束之弊；仅有乐而无礼，则又易流而无节。儒家主以礼乐治国，并不是毫无理由的空想。不过所谓礼不仅在繁缛的末节，乐也不是指靡靡之音而言的。

第五章 墨子

一、墨子考略

《史记》有《孔子世家》《孟子荀子传》，记载孔子、孟子、荀子底事实。墨子，则仅在《孟子荀子传》末，附记了几句："盖墨翟，宋之大夫，善守御，为节用。或曰，并孔子时；或曰，在其后。"细读本篇，至"自如孟子至于吁子，世多有其书，故不论其传云"，传文已首尾完具。后面所加关于墨子的几句，究竟是否司马迁底原文，正不可必。且首用"盖"字，"盖"为疑词；末用两"或曰"，"或"亦疑词。是附记这几句的人，对于墨子生平，除了"宋大夫，善守御，为节用"九字之外，可以说是别无所知，墨子底时代更不能断定了。故孙诒让以为"墨子遗事在西汉时已莫得其详，太史公述其父谈论六家之旨，尊儒而宗道，墨盖非其所喜"。所以墨子底生平，尚待考证的问题甚多。

第一是墨子底姓名。前人都以为墨子姓墨名翟。钱穆则以为"墨"乃古代刑法之一，刑徒乃奴役之流。墨子主张刻苦的生活与奴役者同，而与士大夫相反，故从其学者，当时称之为"墨者"，意谓此辈乃刑徒奴役之流。《墨子·贵义》篇记穆贺谓墨子曰："子之言则善矣；而君王天下之大王也，毋乃曰'贱人之所为'而不用乎?"贱人亦奴役之类。冯友兰亦谓墨子以墨名其学派，正像希腊安提斯塞尼斯（Antisthenes）因人称其学为"犬学"，即以此名其

114

学，死后并于墓上刻一石犬以为标帜（钱说见商务版"国学小丛书"《墨子》）。江瑔《读子卮言》有"论墨子非姓墨"一章，列举八证：

（一）周秦以前，凡言某家之学，其上不能系之以姓，故孔子不称孔家，庄子不称庄家（汉人始以姓氏置"家"字之上，为某家之学，如《易》有施、孟、梁丘三家之类）；"墨"如为姓，则不应称"墨家"。

（二）九流十家，除墨家之外，如儒、道、名、法、阴阳、纵横、杂、农、小说，皆举其学术之宗旨以为名，而不用各派开祖之姓氏；"墨"如为姓，则独异于九家。

（三）《汉志》录墨家之书，首列《尹佚》二篇，远在周初成康之世；是未有墨子之前，已有墨家之学，墨子生古人之后，以己之姓氏名其学，而尽废古人，不特为诸家所无，且于理亦未安。

（四）周秦时，除墨子一人外，前后绝无姓墨之人，恐当时并无墨之一姓。

（五）《汉志》所录墨家之书，除《史佚》及《墨子》外，仅《我子》《随巢子》《田俅子》《胡非子》，四人似皆为姓名外之别号，疑墨主兼爱无亲疏人我之分别，故去姓称号，以示不分畛域，与释氏之法同；孟子斥墨子为无父，正因其革父之姓氏，故《孟子》书中所记当世之人皆详其姓氏，独于夷之，仅称"墨者"，不言何姓。

（六）《墨子》书中多称"子墨子"；唐宋以前，绝无于姓之上下均加"子"字者（唐人刘禹锡作自传，始自称子刘子，宋人程颐亦称子程子。此自是唐宋以后事。《荀子》书中间有称宋钘为子宋子者，《列子》书中亦有子列子之称，此出后人羼乱），故"墨"非姓氏。盖墨子以"墨"自名，或径别字子墨，故有子墨子之称，正与孔伋之子思子同。

（七）孟子辟杨墨，于墨子或曰"墨子"，或曰"墨氏"，或单曰"墨"（"墨之治丧，以薄为其道也"）。《韩非·显学》亦单称"墨"（"有相里氏之墨，有相夫氏之墨，有邓陵氏之墨"）。古者称人，宁单举其名而去其姓（例如《汉志》兵权谋家有《婞》一篇，颜注说婞是人名），无单举其姓者。故墨是学术之称，非墨子之姓。

（八）墨家之徒亦可称之曰"墨者"，与儒家可称儒者正同。他如"卜者""日者""渔者"，亦皆非加"者"字于姓氏之下。因断言"墨"非姓氏之称，乃学术之称。墨之义为墨黑，为瘠墨，为绳墨；墨者囚首垢面以自苦，腓无胈，胫无毛，其生也勤，其死也薄，重在以绳墨自矫，故称其学为墨学，其徒曰墨者，其开祖亦自号为墨翟，这一学派因亦称为墨家。高诱注《吕氏春秋》曰："墨子，鲁人也，著书七十篇，以墨道称。"曰"墨道"，足见"墨"是道术之称，不是墨子一人之姓了。

江氏所举八证，第三条说《汉志》于墨家首录《尹佚》之书，足见未有墨子之前，已有墨家之学。按，《尹佚》之书，明系后人依托，与道家黄帝、农家神农等同。此条不足为据。其余七条，都能持之有故，言之成理。钱、冯二氏底理想，可与江氏之说互发。所以"墨"非墨子之姓，似已可成为定论。"翟"，为墨子之名。犹咸、彭为人名，因二人皆为巫，故称之曰巫咸、巫彭（见《离骚》）；鲀为祝，故称之曰祝鲀（见《论语》）；子韦司星象，故称之曰司星子韦（见《汉志》）；杜善乘，故称之曰乘杜（见《荀子》）；秋善弈，故称之曰弈秋（见《孟子》）。《论语》又有鼓方叔、播鼗武、击磬襄等；他如孟、旆为优，称优孟、优旆；智永、大颠等为佛徒，称释智永、释大颠之类：皆与翟号墨翟，同于名上另加一字。此亦江氏之说。江氏又疑翟或为姓，墨翟为系"墨"于其姓者，则与上文所引八证中第五条——墨家去姓以示兼爱不分畛域之说——自相矛盾。虽孔璋《北山移文》称墨子为翟子，此与孟子称匡章为章子同。《琅嬛记》言墨子姓翟名乌，谓因其母梦日入怀而生，更不足信了。近人又有谓"翟"即"狄"，言非中国人；墨翟疑系印度黑种人，故其说与佛说相似云云，则为好奇者架空之谈，不足置辩。

第二是墨子底国籍。《史记》只说"宋大夫"。葛洪《神仙传》、《文选·长笛赋》李善注引《抱朴子》、《荀子·修身》杨倞注、《元和姓纂》都说墨子是宋人，实因《史记》而误。当从《吕氏春秋》"当染""慎大"篇注说他是鲁人。本书《贵义》篇说"墨子自鲁即齐"，《鲁问》篇记越王迎墨子于鲁；《吕氏春秋·爱类》篇、《淮南子·修务训》都说楚王信公输般，将攻宋，墨子自鲁至楚，说而止之。这些都是墨子为鲁人底确证。毕沅《墨子注序》、武亿《墨子跋》，又以鲁为鲁阳。鲁阳是楚邑。《渚宫旧事》载鲁阳文君对楚惠王曰："墨子，北方圣贤人。"其非楚人可知了。故孙诒让《墨子后语》考定墨子为鲁人。

第三是墨子底年代。孙诒让《墨子年表》起于周贞定王元年（公元前四六八年），止于周安王二十六年（公元前三七六年）；钱穆《墨子年表》起于周敬王四十一年（即孔子卒年，公元前四七九年），止于周安王二十一年（即吴起卒年，公元前三八一年）；梁启超《墨子年代考》谓墨子生于周定王初年（元年至十年，公元前四六八至前四五九），卒于周安王中世（十二年至二十年，公元前三九〇至前三八二）。这三种说法中，钱氏较早，但相差也不过十年左右。墨子底生卒，已无法确定，大约生在孔子卒后，死在孟子生前而已。这正是儒家在鲁国最盛的时期。墨子是鲁国人，生当此时，故《淮南子·要略》说他曾学儒者之业，受孔子之术。大概他因为不满意于儒家底主张，故自创一新学派。《要略》说他，"以为其礼烦扰而不悦，厚葬靡财而病民，久服丧生而害事，故背周道而用夏政"。"周道"，即儒家之道；"夏政"，则因墨子每称道夏禹，即墨子所托之古了。

以上三个问题，既有眉目，当进而考墨子底事实。墨子事实，当于本书中求之，而参以他书。《吕氏春秋·当染》篇说："鲁惠公使宰让请郊庙之礼于天子。桓王使史角往，惠公止之，其后在于鲁，墨子学焉。"《淮南子·主术训》说："孔墨皆修先圣之术，通六艺之论。"与《要略》所说略同。本书常引《诗》《书》及诸国春秋；惟于礼，则法夏绌周，且力持非乐之论。此其为学之可考者。公输般为楚造云梯等械，将以攻宋。墨子闻之，自鲁至楚。因公输般见楚王，与公输般在王前以模型试验。公输般九设攻城之机变，墨子九拒之。公输般之攻械尽，而墨子之守御有余。公输般曰："吾知所以拒子矣，吾不言。"墨子曰："吾知子之所以拒我，吾不言。"楚王问其故。墨子曰："公输子不过欲杀我，以为我死，宋莫能守耳。然吾之弟子禽滑釐等三百人已持臣守御之械在宋待楚兵矣。"楚于是罢攻宋之兵（见本书《公输》篇）。后又献书楚王。楚王欲以书社五百里封墨子，不受而去（见《渚宫旧事》）。其弟子公尚过游越，越王使公尚过迎墨子于鲁，欲以故吴地五百里封之，墨子辞不肯往（见本书《鲁问》篇及《吕氏春秋·高义》篇）。其为宋大夫，当在昭公时。昭公末，司城皇喜专政劫君，墨子曾被囚（见《墨子后语》）。犹及见齐太公田和（见本书《鲁问》篇）。此其出处大事之可考者。

《墨子》本书，《汉志》所录为七十一篇（《神仙传》作十篇，《荀子》杨倞注作三十五篇，并非），今存五十三篇。这五十三篇可分为五类：（一）《亲士》《修身》《所染》三篇，非墨家之言，疑伪记羼入。（二）《法仪》《七患》《辞过》《三辩》四篇，是墨学纲领。（三）《尚贤》《尚同》《兼爱》《非攻》《天志》《非命》（各有上中下三篇），《节用》（上下）及《节葬下》《明鬼下》《非乐上》《非儒下》，共二十三篇，是本书底中坚。同一篇题各有上中下三篇者，疑因墨家分为三派，各记所闻之故。但《非儒》篇独无"子墨子曰"，所记当非墨子之言。《耕柱》《贵义》《鲁问》《公输》四篇，记《墨子》言行，体裁极近《论语》。（四）《经》上下、《经说》上下四篇，所记为关于名学及其他科学之定义与解说；《大取》《小取》二篇，纯为名学。（五）《备城门》、《备高临》、《备梯》、《备水》、《备突》、《备穴》、《备蛾傅》（即蚁附）、《迎敌祠》、《旗帜》、《号令》、《杂守》十一篇，是论防御战术的。以上五组，第一组三篇，不必读；第五组十一篇，也不必细读；第四组是战国后期墨者所作，当于下章述之；本章述墨子底学说，以第二组四篇、第三组底二十三篇为主。

二、儒、墨底异点

《淮南子·要略》说："墨子学儒者之业，受孔子之术，以为其礼烦扰而不悦，厚葬靡财而病民，久服丧生而害事，故背周道而用夏政。"本书《公孟》篇也说儒之道足以丧天下者有四：一曰不信天鬼，二曰厚葬久丧，三曰习为声乐，四曰笃信有命。墨子生在鲁国，当孔门全盛之时，其独树一帜，自创新学，实由反对儒学而起。《公孟》篇所说，是最显明的四点：

（一）儒书中所说之"天"，不外四种意义：一指天体（例如《中庸》"今夫天，斯昭昭之多"），一指命运（例如《论语》"富贵在天"），一指自然（例如《中庸》"天命之谓性"），一以代表民意（例如《孟子》引《泰誓》"天视自我民视，天听自我民听"）。又常以"君"配"天"（例如《易传》"朝为君为天"，《左传》"君天也"）。墨子《天志》《法仪》诸篇所说之"天"，则为有意志、有情感，操祸福之权的主宰。《天志中》说："天子为善，天能赏之；天子为恶，天能罚之。"是以"天"制"君"了。孔子答子路问"死"，问事鬼神，说"未知生，焉知死""未能事人，焉能事鬼"（见《论语》）；答子贡问死后有知未知，说"死，徐自知之，未为晚也"（见《说苑》）；又说"祭如在，祭神如神在"（见《论语》），"如"之云者，明知其不在而想像其"如"在之谓。可见孔子对于"死"，抱存而不论的态度；对于鬼神，抱怀疑的态度了。《墨子·明鬼》却引了许多鬼的故事，竭力证明有鬼，而且说儒家不信鬼神而重祭礼是"无鱼而下网，无客而行客礼"。故《公孟》篇说："儒以天为不明，鬼为不神，此足以丧天下。"

（二）儒家以为"惟送死可以当大事"，故丧欲其久，葬欲其厚。宰予欲改三年之丧为期年，孔子斥为"不仁"（见《论语》）；孟子力劝滕文公实行三年之丧；孟子母丧，充虞疑棺木太好，孟子以为"得之为有财"就可以用（均见《孟子》）；试读《仪礼》《礼记》讲丧祭诸篇，儒家之主厚葬、重丧祭之礼，更可了然。墨子则力主薄葬短丧，"冬日冬服，夏日夏服，制丧三月"（见《韩非子·显学》），"衣衾三领，桐棺三寸而无椁"（见《墨子·节葬》）。故《公孟》篇说："重为棺椁，多为衣衾，送死若徙；三年哭泣，扶然后起，杖然后行，耳无闻，目无见：此足以丧天下。"

（三）儒家谓"死生有命"，道之将行与将废也是命（均见《论语》），得之不得亦有命（《孟子》），故"不知命，无以为君子"（《论语》），"君子居易以俟命"（《中庸》）。《墨子·非命》则力攻"执有命者之言"，以为是"暴人之道""凶言之所自生"。故《公孟》篇说："以命为有，贫富夭寿，治乱安危，有极矣，不可损益也；为上者行之，必不听治矣，为下者行之，必不从事矣：此足以丧天下。"

（四）儒家"乐"与"礼"并重，以"乐"为"政治人情之大本"。故孔子答问政，以为"礼乐不兴，则刑罚不中"；对问成人，以为当"文之以礼乐"。试读《荀子·乐论》《礼记·乐记》，对于乐的理论，何等精辟。《墨子·非乐》却以为乐不能救人民之贫苦、国家之危亡，徒然耗废光阴与钱财，养成奢惰的习惯，故《公孟》篇又说："弦歌鼓舞，习为声乐，此足以丧天下。"

墨子底学说，也有和儒家之言似同而实异的。韩愈《读墨子》以为《论语》之"泛爱众"，即是墨子底兼爱。其实，儒家虽主"泛爱"，其"爱"仍是"别爱"，由"亲亲而仁民，仁民而爱物"（《论语》），"老吾老以及人之老，幼吾幼以及人之幼"（《大学》），都是由己及人，由近及远，全在"推爱"。墨子则主张"爱人之父若其父，爱人之身若其身，爱人之家若其家"，人己之间毫无差别，故曰"兼爱"。所以同是一"爱"，儒、墨有"贵别"和"贵兼"之异。此其一。

《论语》记卫灵公问阵，孔子对曰："军旅之事，未之学也。"明日遂行。似乎孔子也是"非攻"的。但他又称"善人教民七年，可以即戎"，并以"足兵"为国政三要事之一（均见《论语》）。《墨子·非攻上》则论攻国之不义，《非攻》中、下则论攻国之不利，《备城门》以下十一篇讲究防御战术极强，且由鲁至楚制止楚之攻宋（见《公输》篇）。故同一非攻，儒、墨有彻底与不彻底之异。此其二。

儒家主张贤人政治，故为政须"举贤才"（《论语》），以为"不信仁贤，则国空虚"（《孟子》）。但"贵贵""亲亲"都和"贤贤"并重。《墨子·尚贤》则云须"不党父兄，不偏富贵"。故同一尚贤，而儒、墨有专与不专之异。此其三。

《春秋》底"大一统"（《公羊》说）、《荀子》底"居是邦不非其大夫"，也和《墨子》底"尚同"相似，但儒家只上同于天子，墨家则更须上同于天。此其四。

儒家"非先王之法服不敢服，非先王之法言不敢言"，这都由"信而好古"之故。墨子则曰："所谓古者，皆尝新矣。"可见儒信古而墨贵今。此其五。

他如儒家以"宜"为"义"，墨家则以"利"为"义"；儒家斥技巧为"奇技淫巧"，墨家则长于制器：两家歧异之点，不一而足。"道不同，不相为谋"（用《论语》语），故虽"同是尧舜，而取舍不同"（用《韩非子·显学》语）。《墨子》"非儒""公孟"二篇排诋孔子，虽未必为墨子之言，当亦是墨者之论，儒家如孟子、荀子，下及董无心、孔鲋诸人，亦力攻墨者。所以韩愈强说儒、墨同道，直是牵强附会；俞樾作《墨子间诂序》偏说唐以后仅韩愈为知墨子，直是阿其所好之谈。

三、墨子底中心思想——"兼爱"

孟子说："墨子兼爱，摩顶放踵，利天下，为之。"这几句话，最足以表示墨子底主旨和精神。墨子常说："兼相爱，交相利。""兼相爱"和托尔斯泰底利他主义相似，"交相利"和克鲁泡特金底互助主义相似。他认为人类种种罪恶都起于人们底自私自利，所以说："圣人以治天下为事者也，不可不察乱之所自起。尝察乱何起，起不相爱。……子自爱不爱父，故亏父而自利；弟自爱不爱兄，故亏兄而自利；臣自爱不爱君，故亏君而自利……虽父之不慈子，兄之不慈弟，君之不慈臣，皆起不相爱。……盗爱其室，不爱异室，故窃异室以利其室；贼爱其身，不爱人，故贼人，以利其身……大夫各爱其家，不爱异家，故乱异家以利其家；诸侯各爱其国，不爱异国，故攻异国以利其国。"(《兼爱上》)又说："凡天下祸篡怨恨……以不相爱生也。是以仁者非之。何以易之？……以兼相爱交相利之法易之。"(《兼爱中》)他不但主张以"相爱"易"不相爱"，并且主张"兼以易别"（见《兼爱下》)。儒家未尝不讲"爱"（如《论语》云"泛爱众"），但由"亲亲"而"仁民"，"老吾老以及人之老，幼吾幼以及人之幼"，终是"别爱"而非"兼爱"。墨家主张"兼爱"，故曰"爱人之父若其父，爱人之子若其子"。可见儒家贵"别"，墨家贵"兼"，是根本不同的。所以墨者自称"兼士"，称当时非墨者为"别士"。

《小取》篇说："爱人，待周爱人，然后为爱人。不爱人，不待周不爱人；不周爱，因为不爱人矣。"所以"兼爱"，是人我平等的，而且是普及于人人的爱，无人己之别、无爱此不爱彼之别的。果能兼相爱，则一切祸篡怨恨可以消灭，故曰："视人之室若其室，谁窃？视人之身若其身，谁贼？视人之家若其家，谁乱？视人之国若其国，谁攻？"(《兼爱上》)这种兼相爱的社会，和《礼运》中孔子底理想的"大同"之治相似。不过孔子以为由"据乱世"至"大同"的"太平世"，还得有"小康"的"升平世"做过渡；墨子则以为只要实行兼爱，便可实现。

因为主张"兼爱"，所以"非攻"。不但战国，即现代也还以为国际的道德和个人的道德不同。为国家底利益起见，便可不择手段，或以欺诈巧取，或以武力豪夺了。墨子则根本反对此说。他认为亏人自利，便是不道德；亏人愈多，则不义愈甚，其罪亦愈大。入人园圃，窃其桃李，是罪之最小的；攘人鸡豚的，加一等；取人马牛，又加一等；夺人衣裘戈剑的，又加一等；攻人之国，其罪最大。以窃盗为不义，而以攻人之国为义，是犹少见黑曰黑，多见黑曰白，少尝苦曰苦，多尝苦曰甘：直是不知义与不义之辨（见《非攻上》）。其议论何等严密！由褊狭的爱国论造成的侵略主义者闻之，当亦无辞自解！

春秋末年，已有宋向戍所倡导的弭兵运动，但只是政客底策略，并不影响于一般人底思想。儒家虽也反对战争（孔子不答卫灵公问阵，已见上文；孟子亦说《春秋》无义战，又说慎子为鲁将，即使一战胜齐，然且不可，又以战胜攻克之良臣为民贼），但并不彻底。墨子底主张，却是明白而且彻底。他所"非"的是"攻"，以现代语译之，便是"反对侵略"。反对侵略，绝对不能用苟安的"妥协"、投降的"和平"，当先有自卫的力量。所以墨子对于防御底兵法和器械，都曾竭力去研究，并有所发明。本书《备城门》以下十一篇，便是那时代底防御战术。墨子本是鲁人，闻楚将攻宋，一面使其弟子三百人助宋防守，一面亲自不远千里赶往楚国，制止楚王。可见他底"非攻"，不仅见之言论，而且是切切实实去做的。他以为攻国非但是不"义"的，而且是不"利"的，故说："计其所自胜，无所可用也；计其所得，反不如其所丧。"（《非攻中》）这是说攻而得胜者也不上算。又说："今大国之攻小国，攻者（即被攻者）农夫不得耕，妇人不得织，以守为事；攻人者亦农夫不得耕，妇人不得织，以攻为事。"（《耕柱》）这是说攻守双方彼此都不上算。墨子底非攻，以其不"利"；孟子底反对战争，则以其不"义"（宋牼闻秦楚构兵，将往说秦楚之王，论战争之不利；孟子以为当以"仁义"说之，不当以"利"说之）：说法亦不相同。

四、墨子底经济学说

"兼爱"是墨子底中心思想。但他说到"兼相爱"，必继之以"交相利"。本书中以"爱""利"并提的，不一而足。他所谓"爱"，必以"利"为前提；他所谓"利"，不是褊狭的利己之"利"，而是人己交利之"利"。墨子认为人类底生活，当以足维持其生命所必需之最低限度为标准。所以饮食则当"黍稷不二，羹胾不重"（《节用中》），衣服只要"冬以御寒，夏以御暑"（《节用上》），居室仅须"高足以避湿润，边足以御风寒，上足以待雨露霜雪，墙高足以别男女"（《辞过》）。这正是"凡足以奉给民用则止"（《节用中》）。过此限度，即是"暴夺人衣食之财"（《节用中》）。这是经济的第一原则。

他又说："诸加费不加利于民者弗为。"（《节用中》）"凡费财劳力不加利者弗为也。"（《辞过》）"衣服，适身体和肌肤而已矣。……饰绣文采靡曼之衣……此非云益暖之情也，殚劳力，毕归之于无用也。"（同上）他认为费财劳力，必须能加利于民方为经济，若归之无用，即是加费而不加利于民，即是无谓的浪费。厚葬、音乐、美术，都是加费而不加利于民的，所以他一律都反对。他底意思，以为资财劳力都当用于加利于民的生产事业。这是经济的第二原则。

墨子以为禽兽和人不同。禽兽"因其羽毛以为衣裳，因其蹄爪以为裤履，因其水草以为衣食"，故不必工作而"衣食之材已具"；人则必须"竭其股肱之力，亶其思虑之智"，方得维持生活，故"赖其力则生，不赖其力则不生"（见《非乐上》）。所以要"各从事其所能"（《节用中》），"各因其力所能至而从事焉"（《公孟》）。人能各尽所能，然后社会上各种事业方能成就，故曰："譬若筑墙然，能筑者筑，能实壤者实壤，能欣（同'掀'）者欣，然后墙可成也。"（《耕柱》）人非工作不能生活，故人须各尽其力之所能及以从事，如有"贪于饮食，惰于从事"的，那便是"罢（同'疲'）而不肖"者（《非命上》）。这是经济的第三原则。

劳力工作底重要如此，故时间是一个重要的条件。"以时生财；财不足，则反之时"（《七患》），和西谚"光阴即金钱"（Time is money）底意思正同。他认识时间底重要，所以反对音乐，因为听乐，则王公大人不能早朝晏退、听狱治政，农夫不能早出暮入、耕稼树艺，妇人不能夙兴夜寐、纺绩缝纫，足以"废国家之从事"（详见《非乐上》）；所以反对久丧，因为服丧日子过久，便无时间作工（见《节葬下》）。节省时间，是经济的第四原则。

劳力工作既重要如此，故人口也是一个重要的问题。墨子"欲民之众而恶其寡"（《辞过》），主张使"丈夫年二十，无敢不处家；女子年十五，无敢不事人"（《节用上》），又以为"内无拘女，外无寡夫，则天下之民众"（《辞过》），可见他是以"提倡早婚"与"反对蓄妾"为增加人口的方法的。《节葬下》说："此其为败男女之交多矣；以此求众，譬犹使人负剑而求寿也。"《节用下》说："攻伐邻国，久者终年，速者数月，男女久不相见，此所以寡人之道也。"可见他反对久丧和战争，也以不能增加人口为理由。墨子底人口论，正和马尔塞斯底人口论相反。增加人口，是经济的第五原则。

《尚同上》说："有余力以相劳，有余财以相分。"这就是《礼运》所谓"力恶其不出于身也，不必为己""货恶其弃于地也，不必藏于己"的意思，也就是所谓"交相利"，果能做到，便是理想的完全互助的社会了。就人力物力底分配方面说，可以说是经济的第六原则。

《易·文言》虽说"利者义之和"，但《论语》记"子罕言利"，孟子对梁惠王首曰"王何必曰利，亦有仁义而已矣"，汉代儒家巨子董仲舒也有"正其义不谋其利，明其道不计其功"的话，所以儒家思想是"非功利的"。《墨子》则以为"利"即是"义"，除了"利"别无所谓"义"，正是反儒家的"功利主义"。墨子言"利"，有二要义：其一，凡事，利多于害者谓之利，害多于利者谓之不利；其二，凡事，利于最大多数者谓之利，利于少数者谓之不利。《大取》篇说："断指以存臂，利之中取大，害之中取小也。害之中取小者，非取害也，取利也。"这是第一义底譬喻。《非攻中》说："今有医于此，和合其祝药之于天下之有病者而药之，万人食之，若医四五人得利焉，犹谓之非行药也。"这是第二义底譬喻。

《大取》又说："杀己以存天下，是杀己以利天下。"此即孟子所说"摩顶放踵利天下为之"。杀己，是大不利。仅以一己与天下较，则"己"为少数，天下之人为多数，杀一己之害小，利天下之利大，仍是有利，仍是合算的。英人边沁（Bentham）以"最大多数之最大幸福"为道德标准，恰与墨子不谋而合。墨子所说之"利"底含义如此。他所谓有利的，就是他认为有用的；而其利不利与有用无用底标准，又专着眼于现实的具体的人类生存之最低限度的生活，所以完全是极端的唯物的。一切精神的、娱乐的，非目前所能看到的有益于生活的事，便都在反对之列。例如相当的娱乐、休息可以增加劳作的能率，早婚足以减弱儿女底体力、智力，以及一切文化艺术底效用，都被墨子忽视，便是因此。庄子批评他"其道太觳，使人忧，使人悲，其行难为"，"反天下之心，天下不堪"；荀子批评他"蔽于用而不知文"，也是因此。

墨子既是功利主义者，所以他评判言论的"三表"，最注重的是第三表。《非命上》说："言而无仪，譬犹运钧之上而立朝夕者也，是非利害之辨，不可得而知也。故言必有三表。何谓三表？子墨子言曰：'有本之者，有原之者，有用之者。于何本之？上本之于古者圣王之事。于何原之？下原察百姓耳目之实。于何用之？发以为刑政，观其中国家人民之利。此所谓言有三表也。'"其实，墨子估计一切言论价值底标准，全在第三表。凡有用的，有利的，必是是的，必是有价值的。

《公孟》篇说："子墨子问于儒者曰：'何故为乐？'曰：'乐以为乐也。'子墨子曰：'子未我应也。今我问曰：何故为室？曰：冬避寒焉，夏避暑焉，室以为男女之别也，则子告我为室之故矣。今我问曰：何故为乐？曰：乐以为乐也。是犹曰：何故为室？曰：室以为室也。'"《耕柱》篇也说："叶公子高问政于仲尼。仲尼对曰：'善为政者，远者近之而旧者新之。'子墨子闻之曰：'叶公子高未得其问也，仲尼亦未得其所以对也。叶公子高岂不知善为政者之远者近之而旧者新之哉？问所以为之若之何也。……'"前一例，儒者认为"乐所以为乐"；墨子否认快乐即是用，故以为没有把乐底功用说出。后一例，孔子认为善为政者应该远者近之、旧者新之；墨子以为当更进一步，说出怎样为政方能收得远者近之、旧者新之的功效。孔子是"知其不可而为之"的，故曰"道之不行，已知之矣"（见《论语》）；已知道之不行，而犹栖栖皇皇，周游列国，只是认为"应该"如此而已。墨子则认为其突不得黔，必有功用可见。《贵义》篇说："子墨子自鲁即齐，遇故人，谓子墨子曰：'今天下莫为义，子独自苦而为义，子不若已。'子墨子曰：'今有人于此，有十子，一人耕而九人处，则耕者不可以不益急矣。何故？食者众而耕者寡也。今天下莫为义，则子如劝我者也，何故止我？'"他不说我应当为义，却以一子耕九子处为譬，以明己之愈当急急，因为虽一人为之，其"功"犹胜于无人为之，仍是功利的打算。

五、墨者之团体组织及纪律

一般人以为墨学是一种宗教，墨者有他们宗教的团体，而墨子为其教主，墨子以后的"巨子"为这种宗教团体底领袖，犹基督教之教皇。因为墨子以为有"天"存在，"天"是有意志、能赏罚人的，故"顺天意者，兼相爱，交相利，必得赏"，如禹、汤、文、武，"反天意者，别相恶，交相贼，必得罚"，如桀、纣、幽、厉（见《天志上》）；"天"之外，又有鬼神，也能赏贤罚暴（见《明鬼》）；而且以为建国都、立政长，以为万民兴利除害、富贫、安危、治乱的，也是上帝鬼神（见《尚同中》），完全是宗教家底说法。其实，这些只是墨子宣传其学说的手段。故说墨子底学说有极浓厚的宗教色彩则可，径说墨学是一种宗教则不可。

墨子论国家底起原说："古者民始生未有刑政之时，盖其语人异义。是以一人则一义，二人则二义，十人则十义。其人兹众，其所谓义者亦兹众。是以人是其义以非人之义，故交相非也。是以内者父子兄弟相怨恶，离散不能和合；天下之百姓皆以水火毒药相亏害；至有余力不能以相劳，腐朽余财不以相分，隐匿良道不以相教：天下之乱若禽兽然。夫明乎天下之所以乱者，生于无政长；是故选天下贤良圣知辨慧之人立以为天子，使从事乎一同天下之义。政长既已具，天子发政于天下之百姓，言曰：'闻善而不善，皆以告其上。上之所是，必皆是之；上之所非，必皆非之。'"（《尚同上》）霍布士（Hobbes）说上古人类未有国家，在天然状态中时，人人皆互相争夺，不得已乃设一统治者而相约服从之；此统治者之权威，为绝对的，直如上帝。其说国家之起原，可谓与墨子极相似。

墨子说："凡国之万民，上同乎天子而不敢下比：天子之所是，亦必是之；天子之所非，亦必非之。……天子者，固天下之仁人也。"（《尚同中》）他主张选天下贤良圣知辨慧之人以为天子，故天子必为天下之仁人。又说："智者为政乎愚者则治，愚者为政乎智者则乱。"（《尚贤中》）故执政者必为智者。以仁智之人为天子执政，故其所是非，为绝对的是非，人民非绝对服从不可。所以现代议会制的"多数政治"和所谓"全民政治"，墨子都不见得赞成；墨子所主张的却是领袖底"独裁政治"。他理想中的领袖，不但是政治的独裁者，而且是思想的独裁者。"天子"如何选举？还是建国时选一次，以后便世袭，还是每代有一次选举？《墨子》中都未有说明。但以《墨子》考之，则墨者底团体，似不仅为学术或宗教的团体，而是一种组织极密、规律极严的政治团体；其领袖，第一任当然是墨子，以后便是所谓"巨子"。或者他底理想，即以"巨子"为天子，如果他们一旦能获得政权。

墨子往楚止公输般攻宋时，曾对楚王说："臣之弟子禽滑釐等三百人，已持臣守御之器，在宋城上而待楚寇矣。"（《公输》篇）《淮南子》也说："墨子服役者百八十人，皆可使之赴火蹈刃，死不旋踵。"《吕氏春秋》也记墨者巨子孟胜为阳城君守国，孟胜死，弟子死之者八十三人。可见墨者服从墨子及巨子孟胜的精神。《耕柱》篇记墨子使高石子游卫，卫君使为卿，而不用其言；高石子去而之齐，告之墨子。《鲁问》篇记墨子使胜绰事项子牛，项子牛三侵鲁，胜绰三从；墨子闻之，使高孙子请而退之。可见墨者出仕，如自行辞职，仍须报告墨子；如曲学阿世，墨子可请于其主而退之。《耕柱》篇又记墨子使耕柱子仕楚，未几而遗十金于墨子，言愿供夫子之用。可见墨者出仕后，须分其所得以供其领袖。

《庄子·天下》篇说墨者"以巨子为圣人，皆愿为之尸，冀得为其后世"。墨者底巨子，有孟胜，有田襄子，有腹䵍，见于《吕氏春秋》"上德""去私"二篇。《上德》篇记孟胜为巨子，将死阳城君之难，使二人传巨子于田襄子。二人已致命于田襄子，欲反楚，与孟胜俱死。田襄子止之曰："孟子已传巨子于我矣。"不听，卒反楚而死，墨者以为不听巨子。由此，可知继任的巨子是由前任指定的。《去私》篇记腹䵍为墨者巨子，而其子杀人。秦惠王命吏勿诛。腹䵍以为"墨者之法，杀人者死，伤人者刑……王虽为之赐而令吏勿诛，腹䵍不可不行墨者之法"，卒不许惠王而遂杀之。由此，可知巨子执墨者之法，有生杀之权，腹䵍且不私其独子。这种纪律森严的团体，求之现代政党中，亦不可多得。墨者底团体，既如此严密，思想又是统一的，所以个人绝对没有自由，个性底发展也绝对被否认。荀子批评他说"墨子有见于齐，无见于畸"（《荀子·天论》），便是因此。

批评墨子，最适当的，我以为还得推《庄子·天下》篇。现在把它原文摘录，作为本章底结论：

　　不侈于后世，不靡于万物，不晖于数度，以绳墨自矫而备世之急。古之道术有在于是者，墨翟、禽滑釐闻其风而悦之。为之太过，已之太甚，作为《非乐》，命之曰《节用》，生不歌，死无服。墨子泛爱兼利而非斗，其道不怒；又好学而博，不异，不与先王同，毁古之礼乐。黄帝有《咸池》，尧有《大章》，舜有《大韶》，禹有《大夏》，汤有《大濩》，文王有《辟雍》之乐，武王、周公作《武》。古之丧礼，贵贱有仪，上下有等。天子棺椁七重，诸侯五重，大夫三重，士再重。今墨子独生不歌，死无服，桐棺三寸而无椁，以为法式。以此教人，恐不爱人；以此自行，固不爱己。未败墨子道；虽然，歌而非歌，哭而非哭，乐而非乐，是果类乎？其生也勤，其死也薄，其道太觳；使人忧，使人悲，其行难为也；恐其不可以为圣人之道，反天下之心，天下不堪。墨子虽独能任，奈天下何？离于天下，其去王也远矣。墨子称道曰："昔者禹之湮洪水，决江河，而通四夷九州也，名川三百，支川三千，小者无数。禹亲自操橐耜，而九杂天下之川，腓无胈，胫无毛，沐甚雨，栉疾风，置万国。禹大圣也，而形劳天下也如此！"使后世之墨者多以裘褐为衣，以跂蹻为服，日夜不休，以自苦为极。曰："不能如此，非禹之道也，不足谓墨。"……墨翟、禽滑釐之意则是，其行则非也。将使后世之墨者必自苦，以腓无胈、胫无毛相进而已矣；乱之上也，治之下也。虽然，墨子真天下之好也；将求之不得也，虽枯槁不舍也；才士也夫！

这段批评，褒贬抑扬，各有根据，各有理由，不苛责，不阿私，所以我认为是最适当的。

第六章　后期的墨者

一、后期墨者之派别及《墨经》

《韩非子·显学》篇以儒、墨为世之显学，说"自墨子之死也，有相里氏之墨，有相夫氏之墨，有邓陵氏之墨"；故墨子之后，墨离为三，他们"取舍相反"，而皆自谓真墨。可见后期的墨家分为三派。《庄子·天下》篇说："相里勤之弟子，五侯之徒，南方之墨者苦获、己齿、邓陵氏之属，俱诵《墨经》而倍谲不同，相谓别墨，以坚白同异之辞相訾，以觭偶不仵之辞相应；以巨子为圣人，皆愿为之尸，冀得为其后世，至今不决。"《庄子》底相里勤，当即《韩非子》底相里氏。邓陵氏与苦获、己齿，当同为南方之墨者。只有《韩非子》底相夫氏是否即《庄子》底五侯之徒，无从悬揣。《意林》"相夫"作"相芬"。山仲质说："相夫一作祖夫。"《广韵》陌韵伯字注云："《韩子》有伯夫氏，墨家者流。"或者因"相""柏"形近而误，"柏"又转作"伯"字吧？"取舍相反"，故"倍谲不同"。"相谓别墨"，不是自谓"别墨"，是三派各谓他二派为墨学之别派，而以墨学之正统派自居，自谓得墨子底真传。胡适把他们称做"别墨"，未免失当。墨子之后墨家分为三派，正和"孔子之后，儒分为八"（见《显学》篇）一样；各派取舍相反，倍谲不同，相谓别墨，正和《荀子·非十二子》排斥子思、孟轲底情形一样。但他们都以巨子为圣人，皆愿为之尸，冀得为其后世，则墨者团体底组织、巨子底制度，似尚存在。后期墨者底情形，大致如此。

《墨子》中有六篇——《经上》《经下》《经说上》《经说下》《大取》《小取》——和其他诸篇不同。汪中以为这六篇就是《天下》篇所谓《墨经》。晋鲁胜取《经》及《经说》四篇，加以注解，称之曰《墨辩》。胡适加入《大取》《小取》二篇，仍称之曰《墨辩》。这《墨辩》之名，是鲁胜定的。《天下》篇所云《墨经》，当指《经》及《经说》而言。不过《大取》《小取》二篇，内容都和《经》及《经说》相近，不妨附之《墨经》。这六章底主要目的，在阐明墨学，驳斥其他的学说。因为那时所谓"名家"的诡辩者，已很有势力，故墨者亦根据名学立论，其辩论之术，较《墨子》中其他各篇精确得多。这和《荀子》中特列《正名》一篇，其辩论术也较《孟子》为长一样。所以关于"名学"的，是后期墨者运用的工具，是这六篇中的副产物，当于下文述名家一章详及之。本章只扩述《墨经》中关于墨学的要旨而已。

这六篇和其他诸篇有什么不同？何以知其为后期墨家之言呢？从春秋末到战国末，著作体裁底演变，大致可以分为四期。古代私人著作，以《论语》为最早，此书为纯粹的、简约的、零星的记言体；是为第一期。《墨子》底大部分和《孟子》，虽亦为记言体，但已由简约的进而为铺排的，零星的进而为长篇的了；这是第二期。《庄子》则又加以设寓的记言体了，铺排也更甚了，已在记言体与议论体之间了；这是第三期。《荀子》和《韩非子》，则大多为据题抒意的议论体了；这是第四期。

《经》及《经说》，文体虽简约，但非记言体；《大取》《小取》则为据题抒意的议论文，和其他诸篇截然不同。此其一。孟子，时人称为好辩；但《孟子》中并无辩"坚白同异"之言，因为孟子时尚无所谓"名家"底诡辩。墨子自谓能辩，故说："以其言非吾言者，是犹以卵投石也；尽天下之卵，其石犹是也，不可毁也。"（《贵义》）但其年代，在孟子之前，故《墨子》其他各篇中也没有"坚白同异"之辩。只有这六篇中，多讲究名学及难诡辩派的言论，和其他诸篇也截然不同。此其二。《诗》《书》《礼》《乐》《易》《春秋》之称为经，最早见于《庄子》之《天运》篇。似以"经"名书，为战国后半期底风气。战国后期，游说之风大盛，学者诵习简编，力求简练，易于记诵，于是各家各有其提要钩玄之"经"，如《荀子》所引之"道经"，《韩非子》底《内外储说》之"经"是。战国初，尚无此种体裁之著作（顾颉刚说，见《古史辨》）。《经上》很像几何学底"界说"，《经下》很像几何学底"定理"，《经说》上下则为"界说"与"定理"底解释，其文体都极为简练；即《大取》《小取》，也是辞经椎练，言无枝叶：和其他诸篇截然不同。此其三。由此三端，可以推断这六篇不是墨子时的作品，是战国后期的作品。

　　《经》和《经说》底排列，是特别的。《经上》里有一句"读此书旁行"。因此，知道这二篇《经》，应当每向旁行，分为上下行排读。《经说》前半篇是解说《经》底上行诸条的，后半篇是解说《经》底下行诸条的。例如《经上》篇首说："故，所得而后成也。止，以久也。"《经说上》前半说："故——小故，有之不必然，无之必不然，体也，若有端；大故，有之必然，无之必不然，若见之成见也。"后半说："止——无久之不止，当牛非马，若矢过楹；有久之不止，当马非马，若人过梁。"排列起来，当如下表：

上行	下行
经 故，所得而后成也。 经说 故——小故，有之不必然，无之必不然，体也，若有端；大故，有之必然，无之必不然，若见之成见也。	经 止，以久也。 经说 止——无久之不止，当牛非马，若矢过楹；有久之不止，当马非马，若人过梁。

二、《墨经》对于墨子学说的阐发

后期墨者对于墨子旧有学说之阐发，可于《经》《经说》及《大取》《小取》中见之。约举之，可分为二种：一为辩护；二为引申。今各举例如下。

上章曾说，墨子底中心思想是"兼爱"。当时反对墨家者，攻击兼爱之说，有二种说法：一曰"无穷害兼"。说天下之人无穷，如何能尽爱之？一曰"爱人当爱盗"。说墨家既主兼爱，则当人人皆为所爱，何以又主张杀盗？这六篇中，便有为"兼爱说"辩护的言论。

《经下》说："无穷不害兼，说在盈否。"《经说》加以解说道："无，南者（疑当作'南方'）有穷则可尽，无穷则不可尽。有穷无穷未可知，则可尽不可尽（从毕校）未可知。人之盈之否未可知，而必人可尽不可尽亦未可知，而必人之可尽爱也，悖！人若不盈无（从孙校）穷，则人有穷也；尽有穷，无难。盈有穷，则无穷尽也；尽有穷，无难。"难者说：南方有穷，则可尽；无穷，则不可尽。有穷无穷既未可知，则可尽不可尽亦未可知；而墨者必人之可尽爱，悖。答之曰：人若不能盈彼无穷之南方，则人数为有穷了；人数既有穷，何难尽爱之？人若能盈彼南方，则南方之无穷亦有时而尽；有时而尽，则南方非无穷的，而是有穷的了；地既有穷，则盈此有穷之地之人亦有穷，又何难尽爱之（采邓高镜说）？《经下》又说："逃臣狗犬，遗者不知其所处，不害爱之，说在丧子。"《经说下》加以解说道："逃臣不知其处，狗犬不知其名也，遗者巧，弗能两也。"难者说：逃臣及狗犬，遗失者既不知其所在，即使求之巧，也不能两合，何从爱之？答者曰：譬如父失其子，虽不知其所在，未尝不爱之。由此推之，则天下无穷之人，吾所不知其所在，也未尝不爱之了。这是对于"无穷害兼"说辩护。

《小取》篇说："白马，马也；乘白马，乘马也。骊马，马也；乘骊马，乘马也。获，人也；爱获，爱人也。臧，人也；爱臧，爱人也。此乃是而然者也。获之亲，人也；获事其亲，非事人也。其弟，美人也；爱弟，非爱美人也。车，木也；乘车，非乘木也。船，木也；入船，非入木也。盗，人也；多盗，非多人也；无盗，非无人也。奚以明之？恶多盗，非恶多人也；欲无盗，非欲无人也。世相与共是之。若无是，则虽盗，人也；爱盗，非爱人也；不爱盗，非不爱人也；杀盗，非杀人也；无难矣（依孙校）。此与彼同类。世有彼而不自非也，墨者有此而非之，无也（即他）故焉，所谓外胶内闭软？心无空乎内，胶而不解也！此乃是而不然者也。"这是对于"爱人当爱盗"说的辩护。

上章曾述墨子底经济学说。即此，可见墨子底学说是"功利的"。和儒家学说之为"非功利的"适相反。但墨子未尝说明所以须重"利"的理由。《墨经》则引申墨子之说，进一步，与功利主义以心理的根据。如《经上》说："利，所得而喜也。害，所得而恶也。"《经说》加以解说道："得是而喜，则是利也；其害也，非是也。得是而恶，则是害也；其利也，非是也。"人们所喜者为利，所恶者为害，故趋利避恶，是人性之自然；故"欲利"为人们之正当的行为。但"欲"是盲的，必须有"智"为其指导，方能趋将来之利，避将来之害。《经说上》云："为'欲'斮（砍也，依孙校）指，'智'不知其害，是智之罪也。若智之慎之也，无遗于其害也，而犹欲斮之，则离之。是犹食脯也，骚之利害（孙云'疑即言臭之善恶'），未可知也。欲而骚，是不以所疑止所欲也。墙外之利害，未可知也；趋之而得刀（从孙校），则弗趋也，是以所疑止所欲也。"欲斮指，欲食脯，欲趋墙外，都是"欲"。斮指之害，脯之骚，墙外之有刀，则必"智"始能知之。"智"能逆睹现在的行为之结果，所以能指导"欲"，能使吾人趋利避害，或舍目前之小利，以避将来之大害，或受目前之小害，以趋将来之大利。

这种作用，名之曰"权"。《经上》说："欲正权利，恶正权害。"（从孙校）《经说上》说："权（从孙校）者，两而无偏。"《大取》篇也说："于所体之中而权轻重，谓之'权'。权，非为是也，非为非也；权，正也。断指以存臂，利之中取大，害之中取小也。害之中取小，非取害也，取利也；其所取者，人之所执也。遇盗人而断指以免身，利也；其遇盗人，害也。……利之中取大，非不得已也；害之中取小，不得已也。所未有而取焉，是利之中取大也；于所既有而弃焉，是害之中取小也。""权"，犹权衡之权。人们所欲者为利，但将来之利大于目前之利，则我们权衡的结果，不如舍小利以取大利；所恶者为害，但将来之害大于目前之害，则我们权衡的结果，不如受小害以避大害。

《墨经》殆以"利"为道德之要素，故《经上》说："义，利也。""忠，利君也。""孝，利亲也。""功，利民也。"这都是就墨子学说关于"功利"的一点加以引申者。

三、《墨经》对于别派学说的辩驳

上节所述，为后期墨者就墨子底学说，或辩护，或引申，加以阐发，都是力求自己一面底"能立"。反之，他们并驳斥别派底学说，则是所谓"能破"了。兹举数例于下。

(一)驳"仁内义外"说

孟子认为仁义之端都是人性中生来具有的，都是从内心发出的。告子则说："仁，内也；义，外也。"（孟子批评告子之说，见《孟子·告子》）按，《管子·戒》篇也说："仁从中出，义从外作。"《管子》一书，不是管子自己作的；但可见"仁内义外"之说，不是告子一人底主张，在当时也颇占势力了。《经下》说："仁义之为内外也，非（从孙校）。说在仵颜（从孙校）。"按，《吕氏春秋·明理》说："其民颜仵。"高诱注："颜，犹火；仵，逆也。"《经说》加以解释说："仁，爱也；义，利也。爱利，此也；所爱所利，彼也。爱利不相为内外，所爱所利亦不相为内外。其谓仁内也，义外也，举爱与所利也，是狂举也。若左目出，右目入。"他们底意思，以为能爱能利在我，所爱所利者人；故能爱能利俱由内，所爱所利俱在外。今言"仁内义外"，是于"仁"，则举"能爱"而言；于义，则就所利而言；是犹谓左目司出，右目司入，非狂举而何？

(二)驳儒家称述尧舜

儒家祖述尧舜，以为尧舜之道可复行于今世。但古今时异势殊。尧舜之治，宜于古者未必宜于今。故《经下》说："尧之义也，生于今而处于古而异时，说在所义二。"《经说》加以解释道："尧

139

霍或以名视（同'示'）人，或以实视人。举友富商也，是以名视人也；指是霍也，是以实视人也。尧之义也，是声也于今，所义之实处于古。"他们底意思，以为儒家所称道之尧舜，是尧舜之义名，不是尧舜之义实。其义名，为生于今之儒者所称道；其义实，则处于与今异时之古。故所义之名与实，是二非一。如举某友是富商，是举名以示人；如指此人是霍，是举实以示人。是不但治于古者未必宜于今，今世儒家所举的尧之义名，亦未必合于尧之义实。《韩非子·显学》说"孔墨俱道尧舜，而取舍不同"，故又有此说。

（三）驳《老子》

《老子》说："绝学无忧。"又说："有无相生。"《经下》驳他说："学之益也，说在诽者。"《经说下》云："学也，以为不知学之无益也，故告之也。是使知学之无益也，是教也。以学为无益也，教悖！"《老子》以学为无益，故说"绝学无忧"。墨家以为不知学之无益，故告之以教之；如已知学之无益，而又以学之无益告人，是亦教人学也。学既无益，则又何必教人？《经下》又说："无不必待有，说在所谓。"《经说下》云："无，若无马（从孙校），则有之而后无；无天陷，则无之而无。"《老子》以为有无是相生的，是有与无是相对的，必有"有"而后有"无"了。但要看所说的是什么。例如说"无马"，因为世界上原有马，所以说"无马"，是待"有马"而其意始明，这是有"有"而后有"无"的。但如说"无天陷"，则世界上决无天陷之事，是"无"不待"有"了。

（四）驳《庄子》

《庄子·齐物论》以为天下事物及人之意见，万有不齐，不能执一以为是；执一以为是，则其所谓是者皆非；故主张"辩无胜"

"大辩不言""言为尽悖"。《经下》驳他说："谓辩无胜，必不当；说在辩。"《经说下》加以解释说："谓，所谓。非同也，则异也。同，则或谓之狗，其或谓之犬也。异，则或谓之牛，其（从孙校）或谓之马也。俱无胜，是不辩也。辩也者，或谓之是，或谓之非，当者胜也。"这是驳《庄子》"辩无胜"的主张的。《经下》又说："以言为尽悖，悖；说在其言。"《经说下》说："以悖，不可也。之人（从孙校）之言可，是不悖；则是有可也。之人之言不可，以当，必不审。""以悖，不可也"，是说以言为尽悖是不可的。若以此言为可，则至少此言为不悖了，何得说言尽悖？若以此言为不可，则言固不尽为悖了。

《墨经》中驳当时所谓"名家"的话尤多，兹不具引。

四、《墨经》中的知识论

知识论（Epistemology）为哲学上所讨论的问题。《墨经》中论知识底获得，有以下五条，均见《经上》，《经说》每条都有解释。兹先列举如下：

（一）《经》："知，材也。"《经说》："知材——知也者，所以知也，而不必知（从胡适校），若明。""材"即才能。此"知"字，指能知之才。有了能知的才，未必即有知识。例如眼能见物，谓之"明"；但有此能见物之明，不必即有所见，因为有了能见之眼，又须有所见之物，方可有见。知亦如此，有了能知之才，又须有所知之物，方可有知。故"知，材也"底"知"，即佛书所谓"根"。

（二）《经》："虑，求也。"《经说》："虑也者，以其知有求也，而不必得之，若睨。"上条说的是能知之才，此条进一步说到以能知之才求知。上条例如眼有能见之明，无所见之物不必即有见；此条则有意以其能知求所知了，例如动眼睊视，以求有见，但所见之物不可必得，如求而不得，则仍无所见。

（三）《经》："知，接也。"《经说》："知——知也者，以其知遇物而能貌之，若见。""以其知遇物而能貌之"，即是以其能知之才，遇可知之物，而能感觉其形体状貌，方可有知。例如眼有能见之明，有意的或无意地接触到物，而能得其形态状貌，方得谓之有见。

（四）《经》："恕（从道藏本及嘉靖本），明也。"《经说》："恕——恕也者，以其知论物，而知之也著，若明。"上条之"知"，还是由感觉所得之知，是具体的、个别的。此条之"恕"，方是心知，方是所谓知识。因为由感觉只能得零碎的知识，而没有心底联合的作用，仍不足谓之为知识。"论"是论次。以其知论物者，把由感觉所得的知识，联络综合，成一种观念，其知识方为明确。

（五）《经》："知而不以五路，说在久。"《经说》："知，以目见，而目以火见，而火不见，惟以五路知。久，不当以目见，若以火见。""五路"，就是感觉所从入的五条路，就是眼、耳、鼻、舌、身，分司视、听、嗅、味、触五感，接触所感之物，以成色、声、香、味、触者。由感觉所得之知，都由此五路。但知识有不由此五路而得者，其说在"久"。久者，即是往时所得的经验，由经验可以推得知识。如惟以五路知，则例如见火，能见者眼，所见者火，而火有时不见者，因为火未尝接触于眼之故，但以过去之经验推之，则即"火"之名，即可知"火"之实，不必眼见而后知之。

以上五条，第一条说仅有"能知"之才，不必即知；第二条说仅有求知之意，不必即知；第三条说必以其能知之才，接触所知之物，而能知其状态形貌，方可谓有知；第四条说必以其能知之才，综合所知之物，则其知方明确；第五条说既有已往之经验，又能综合之以得明确的观念，则虽不由五路，也可得到知识。

《墨经》论知识底种类的，又有一条：

《经》："知：闻、说、亲。"《经说》："知——传受之，闻也；方不廧，说也；身观焉，亲也。"此条说知识有三种：（一）"闻知"，是从传受得来的，是从传授而得的闻知。（二）"说知"，是从推论得来的。（三）"亲知"，是从亲身实验，直接而得的。例如我们亲眼看见某人某人，是"亲知"；由所见的许多人，推论得"人"底概念，便是"说知"；古今相传，知道古代有孔子、孟子、荀子、墨子等人，便是"闻知"。"亲知"最切实，但范围最狭；一人所亲身接触的事物有限，故"亲知"有时为方域所障。进一步，则为"说知"，由推论得之，才能不为方域所障，故曰"方不廧"。但也有不能亲知，亦不能说知的事物，如历史底事或人，则非有赖于"闻知"不可。但偏于"说知"，易陷于"思而不学则殆"的空想；偏于闻知，又易陷于轻信他人的盲从。所以这三种知识，应当并重，应当调和。

《墨经》中论知识的，不仅这几条，本节所述，不过举其重要者而已。

五、《墨经》中的科学知识

《墨经》是数千年以前的著作，但里面有许多关于科学的定理的。且举关于几何学的几条为例，因为在《墨经》里是最多的。

（一）《经》："体，分于兼也。"《经说》："体，若二之一，尺之端也。""体"指一部分，"兼"指全部。"二"是"兼"，"一"是"体"；"尺"（即线）是"兼"，"端"是"体"。一为二之一部分，点为线之一部分，故曰"体，分于兼也"。这就是几何学上所讲的公理："全量大于其一部分"，"全量等其各部分之和"。

（二）《经》："端，体之无序而最前者也。"《经说》："尺前于区而后于端。""尺"即"线"，"端"即"点"，"区"即"面"。积点成线，积线成面，故端最先，尺次之，区最后。即几何学"点为一切形之始"，"有点而后有线，有线而后有面"的公理。

（三）《经》："厚，有所大也。"《经说》："厚，区无所大。""厚"指体积，即几何学所说"体有容积，面无容积"的公理。

（四）《经》："盈，莫不有也。"《经说》："盈，无盈无厚。""盈"指容积。有容积才成为"体"，故曰"无盈无厚"。由点成线，由线成面，由面成体，有容积之"体"，点线面俱备，故曰"莫不有"。

（五）《经》："撄，相得也。"《经说》："撄，尺与尺俱，不尽；端与端俱，尽。""撄"，就是相交。线与线相交，只有一交点，故不尽；点是无面积的，故相交即完全相交。

（六）《经》："圆，一中同长也。"《经说》："圆，规写交也。""一中"，说圆只有一中心点；"同长"，说圆底径皆同长。"规写交"，说圆是用圆规画成、两端相接的形。

（七）《经》："正而不可摇，说在转。"《经说》："正，凡无所处而不中，悬转也。"圆球悬在空中，无论如何旋转，其中不动，故曰"正而不可摇"。

此外，关于物理、经济……科学的很多，不能具引；关于论理学，即当时所谓"名学"的尤多，则当于下文详之。我国为现代科学落后的国家，而《墨经》中已有这许多关于科学常识的话，可见我国底科学知识萌芽很早，不过后来没有继续研究、发扬光大的人，以致中绝，这是很可惜的。

第七章　老子

一、老子考略

《史记》老子与庄子、申不害、韩非合传，记老子事实，虽不能如《孔子世家》之详，但较墨子已详得多了。日本人武内义雄作《老子原始》一文，曾以单行的《集解》本和单行的《索隐》本，校《集解》《索隐》《正义》合刻本，订正今本《史记》中的《老子传》。兹录其订正后之传文于下：

老子者，楚苦县厉乡曲仁里人也，名耳，字聃，姓李氏，周守藏室之史也。（以上第一段）

孔子适周，将问礼于老子。老子曰："子所言者，其人与骨皆已朽矣，独其言在耳。且君子得其时则驾，不得其时则蓬累而行。吾闻之，良贾深藏若虚，君子盛德，容貌若愚。去子之骄气与多欲，态色与淫志，是皆无益于子之身。吾所以告子，若是而已。"孔子去，谓弟子曰："鸟，吾知其能飞；鱼，吾知其能游；兽，吾知其能走。走者可以为罔，游者可以为纶，飞者可以为缯。至于龙，吾不能知，其乘风云而上天。吾今日见老子，其犹龙邪！"（以上第二段）

老子修道德，其学以自隐无名为务。居周久之，见周之衰，乃遂至关。关令尹喜曰："子将隐矣，强为我著书。"于是

老子乃著书上下篇言道德之意五千言而去，莫知其所终。（以上第三段）

或曰：老莱子亦楚人也，著书十五篇言道家之用，与孔子同时云。（以上第四段）

自孔子死之后百二十九年，而史记周太史儋见秦献公曰："始秦与周合而离，离五百岁而复合，合七十岁而霸王者出焉。"或云儋即老子，或曰非也，世莫知其然否。盖老子百六十有余岁，或言二百余岁，以其修道而养寿也。（以上第五段）

老子，隐君子也。老子之子名宗，宗为魏将，封于段干。宗子注，注子宫，宫玄孙假，假仕于汉孝文帝。而假之子解，为胶西王卬太傅，因家于齐焉。（以上第六段）

世之学老子者则绌儒学，儒学亦绌老子。道不同不相为谋，岂谓是邪？（以上第七段）

武内义雄把这篇《老子传》分作七段：（一）叙老子姓名里居；（二）叙孔子问礼于老子；（三）叙老子西游著书；（四）插叙老莱子；（五）插叙周太史儋并论老子年寿；（六）叙老子之子孙；（七）论儒家与老子之关系。《老子传》经过这番整理，较今本《史记》原文清楚得多了。但里面还有许多问题，须略加考证。

（一）老子底姓李氏，名耳，字聃，已无问题。震泽王氏本作"姓李氏，名耳，字伯阳，谥曰聃"。梁玉绳《史记志疑》，谓先秦古书无称老子字伯阳者。王念孙《读书杂志》称《文选·反招隐诗》李善注引《史记》，亦但曰"老子名耳字聃"；其云"字伯阳"者，乃衍《列仙传》之文。《说文》："聃，耳曼也。"名耳，字聃，正因其字义相关。但李耳何以又称"老子"，亦称"老聃"？

胡适疑"老"或为字，因《说文》又有"聃然，老貌"之训；

又疑"李"与"老"，一为姓，一为氏。字老而称老子者，犹孟子称匡章为章子；称老聃者，犹孔子父叔梁纥。老氏为颛顼子老童之后，一说即老聃之后，宋有老成氏云云。胡氏所疑亦似有理。但孟子称匡章为章子，记事者仍曰匡章；老子则无称之为"李老"者。今世诚有老姓，但为后起，不见于周秦之际；其以老成氏证老为氏，又和以夷齐底墨台氏证墨子姓墨相同。按，周秦时称"某子"，正与现代人称"某先生"同；"以其年老，故曰老子"，亦犹现代称人曰"老先生"；其曰"老聃"，犹宋元人称苏东坡曰"老坡"而已。

（二）孔子适周观书问礼事，亦见于《孔子世家》：先记孟釐子将死，嘱其嗣子懿子往师孔子，及釐子卒，懿子与南宫敬叔往学于孔子；次记南宫敬叔言于鲁君，请与孔子俱适周，鲁君与之一乘车、两马、一竖子，适周，问礼于老子。其下云："辞去，而老子送之曰：'吾闻富贵者送人以财，仁者送人以言。吾不能富贵，窃仁人之号，送子以言曰：聪明深察而近于死者，好议人者也；博辩广大，危其身者，发人之恶者也。为人子者，毋以有己；为人臣者，无以有己。'"按，孟釐子遗言，命其子师事孔子，亦见《左传》。但釐子卒于鲁昭公二十四年，敬叔方居丧，不应随孔子适周；敬叔生于昭公十二年，至釐子卒，年仅十二，更不能从孔子适周；敬叔家岂无车、马、竖子，何必待鲁君与之？（此崔述说，见《洙泗考信录》）

但以南宫敬叔不随孔子，便断定孔子未尝适周，似亦欠允当。孔子时为平民，由鲁适周，须得鲁君许可，介绍，并得其资助，也是合于情理的；但为孔子请于鲁君者，不必为南宫敬叔而已。《庄子》称孔子适周观书，子路言柱下史聃可与谋。"柱下"，指其在朝之位；"守藏室"及"征藏"，指其所掌之事。史掌藏书，孔子适周观书，势必往见此掌藏书之史官。见此掌藏书之史官而问礼，亦合于情理之事。

老子言行，见于儒书者，《礼记·曾子问》中凡四条。孔子曾问礼于老子，似亦为事实。又按，《晏子春秋·杂上》云："晏子送曾子曰：'君子赠人以轩，不若以言。'"《说苑·杂言》篇及《孔子家语·六本》篇并载此事，惟"轩"字作"财"。《说苑·杂言》篇又载："子路将行，辞于仲尼。仲尼曰：'赠汝以车乎？以言乎？'子路曰：'请以言。'"《世家索隐》于"送人以财"四字下注云："《庄》用'财'作'轩'。"则《庄子》佚篇中亦记此事了。可见赠人以财（或曰"以轩"）以言云云，是古时赠别者常用之言；传说者因以用于李耳与孔子而已。又《大戴记·曾子制言》上云："良贾深藏如虚，君子有盛教如无。"《庄子·寓言》篇记老聃告杨朱亦云："大白若虚，盛德若不足。"《老子》本书亦云："大白若辱，广德若不足。"并与《老子传》"良贾深藏若虚，君子盛德容貌若愚"二句极相似。《庄子·外物》篇记老莱子告孔子语，"丘，去汝躬矜，与汝容知，斯为君子矣"，也和《老子传》"去子之骄气与多欲，态色与淫志"二语极相似。老莱子告孔子语，亦见《国策》；《孔丛子·抗志》篇则以为老莱子语子思，《说苑·敬慎》篇则以为常枞教老子。《庄子·天运》篇："孔子见老聃归，三日不谈。弟子问曰：'夫子见老聃，亦将何规哉？'孔子曰：'吾乃今于是乎见龙。龙，合而成体，散而成章，乘乎云气而养乎阴阳。予口张而不能嗋，予又何规老聃哉？'"《史记》所载"老子犹龙"之赞，似即本此。

司马迁记老子与孔子事，显系杂采传说而成。我以为：孔子适周观书，因见掌藏书之史官而问礼，是有这件事的；谓孔子请于鲁君及随之适周者为南宫敬叔，则为传说之误。《庄子》所载孔子赞叹老子语，为庄子之寓言，与《盗跖》篇记孔子见盗跖同；司马迁误信为实事而采之，又与《屈原传》以《楚辞·渔父》篇为实事相同。其记老子告孔子语，也是摭拾缀集而成。西汉之初，"老学"极盛；为"老学"者欲崇奉老子，乃有此铺张夸饰之传说，司马迁乃采入《孔子世家》及《老子传》。所以此段未可一笔抹杀，也未可尽信。

（三）《史记·老子传》所叙有三个人：一个是姓李，名耳，字聃，孔子适周观书曾见而问礼的；一个是老莱子，与孔子同时，曾著书十五篇的；一个是周太史儋，后来入秦见献公的。于此有二疑问：其一，老莱子即老子否？其二，周太史儋即老子否？

《老莱子》十六篇，见《汉志》道家；其篇数与《史记》所云十五篇只差一篇，《庄子·外物》篇及《国策·楚策》并载老莱子告孔子语，已见上。《大戴记·卫将军文子》篇亦曰："德恭而言信，终日言不在尤之内，贫而乐也，盖老莱子之行也。"《曾子立事》篇曰："君子终日言，不在尤之中；小人一言，终身为罪。"《论语》孔子告子张亦曰："言寡尤。"是老莱子之书虽列道家，而其言则似儒家之言。《国策·楚策》所载老莱子之言，《说苑·敬慎》篇及《淮南子·缪称训》以为是常枞（亦作商容）告老子语；《庄子》所载老莱子之言，则又与《老子传》所记老子告孔子语相近：均与《卫将军文子》篇异趣。《老子》五千言仅上下二篇，《老莱子》则有十五篇之多。由此可以推知，老莱子与老子实为二人。

老子生地，王阜《老子圣母碑》以为生于曲涡之间（《水经注》引）；边韶《老子铭》以为楚相县（见《隶释》）；司马彪以为是陈国之相（《庄子·天运》篇《释文》引）；《列子·黄帝》篇、《庄子·天运》篇并言孔子至沛见老子。姚鼐以为当从《庄子·天运》篇，定为沛人（见《老子章义序》）。以上诸说，均与《史记·老子传》异。汪中《述学·老子考异》说："按，周室既东，辛有入晋（《左传·昭公二十年》），司马适秦（《太史公自序》），史角在鲁（《吕氏春秋·当染》），王官之族，或流播于四方。列国之产，惟音悍尝仕于周，其他固无闻焉。况楚之于周，声教中阻，又非晋郑之比？且古之典籍旧闻，惟在瞽史，其人并世官宿业，羁旅无所置其身。……本传又云：'老子，隐君子也。'身为王官，不可谓隐。"由此推之，《老子传》"楚苦县厉乡曲仁里"疑亦因老莱子为楚人而致误，《国策》所记老莱子告孔子语，《孔丛子》以为老莱子告子思，《老子传》以为老子告孔子之言，正因其误以老莱子为老子。

周太史儋见秦献公，亦见《秦本纪》献公十一年。此年去魏文侯卒十三年。《魏世家》安釐王四年，魏将段干子请予秦南阳以和。《国策》华阳之战，魏不胜秦；明年，将使段干崇割地而讲。按《六国年表》秦破魏华阳下军，在昭王三十四年。疑段干崇即《老子传》所云"老子之子名宗，为魏将，封于段干"者，却是周太史儋底儿子。《老子传》又云："见周之衰，乃遂去，至函谷关。"《抱朴子》以为是散关，又说是函谷关。但由周入秦，函谷关方是必经之路。春秋时，二崤还属于晋。贾谊《新书·过秦》说："秦孝公据函崤之固。"秦之强，自献公始。函谷置关，或正在献公之世。故见周之衰，经函谷关入秦的，正是太史儋，并不是孔子问礼的老子（详见汪中《老子考异》）。由此可以断定，太史儋和老子，也是二人。所以《史记·老子传》所叙的三个人，不能混合为一。

二、《老子》底时代与作者

照《史记》底《老子传》看，著书五千言，言道德之意的，是孔子问礼的李耳。从《汉志》以来，都主此说。但以此书为春秋末年的人所作，则可疑之点极多。其一，我国私人著述，最早的是《论语》，其体裁为记言的、问答的、断篇零碎的；《老子》上下二篇论道德之意，直是议论体，虽似分章分段，不是首尾完具的长篇，但决不是记言的、问答的体裁，以上章所说周秦文体演变底情形按之，不但后于《论语》，而且后于《墨子》《孟子》。一方面，《老子》言简而意赅，极似战国后期所谓"经"底体裁。《道德经》底名称，虽非起于秦汉以前，而《汉志》录《老子》，已有所谓"经"和"传"了。即此亦可证《老子》为战国时的作品（采冯友兰说）。崔东壁《洙泗考信录》、梁启超《评胡适〈中国哲学史大纲〉》也曾列举证据，推论《老子》为战国时人所作。

汪中《老子考异》亦谓《文子·精诚》篇引老子曰："秦楚燕魏之歌异传而皆乐。"又称"燕自文侯之后，始与冠带之国"。燕在春秋时未通会盟，文公始与赵约六国为纵，见《史记·燕世家》。魏之建国，亦在战国，老子以燕魏与秦楚并提，则其年代决不在春秋之末。且《曾子问》所记老聃事，如助葬遇日食，以为嫌，止柩以听变，是谨于礼的人，而《老子》则以"礼"为"忠信之薄乱之首"；如称"下殇"，引周、召、史佚之言，是尊信前哲的人，而《老子》则甚至说"圣人不死，大盗不止"：是此书决非《曾子问》所载的老聃所作。因而断定《老子》底作者即是周太史儋，儋自周入秦，恰须经函谷关，与过关著书一事可谓巧合。但《史记·秦本纪》载儋说秦献公，纯是游说策士之言，与《老子》全不相似。汪氏底推断，亦未可信。按，《老子》言道德，孔子言仁，孟子仁义并重，荀子崇礼，荀子弟子韩非为法家。《老子》云："失道而后德，失德而后仁，失仁而后义，失义而后礼，礼者忠信之薄乱之首。"述周秦学术之变，恰似预言。所以《老子》为战国后期底作品，《老子传》所叙的三个人，都不是《老子》底作者。

《庄子·天下》篇说："以本为精，以物为粗，以有积为不足，澹然独与神明居，古之道术有在于是者。关尹、老聃，闻其风而悦之。建之以常无有，主之以太一，以濡溺谦下为表，以空虚不毁万物为实。……老聃曰：'知其雄，守其雌，为天下溪；知其白，守其辱，为天下谷。'人皆取先，己独取后，曰'受天下之垢'。人皆取实，己独取虚，无藏也，故岿然而有余。其行身也，徐而不费，无为也而笑巧。人皆求福，己独曲全，曰'苟免于咎'。以深为根，以约为纪，曰'坚则毁矣，锐则挫矣'。常宽容于物，不削于人，可谓至极。关尹、老聃乎！古之博大真人哉！"这段所述老聃之旨，恰与《老子》相合。似乎这部《老子》，是这位"古之博大真人"老聃所作的。但这老聃，只能如冯友兰所说，认为是传说的人物而已。

按之实际，《老子》一书，恐非一人所作，是收集荟萃而成的：

（一）《老子》中有许多重见的句子。如第二章云："生而不有，为而不恃，功成而弗居。"第十章云："生而不有，为而不恃，长而不宰，是为玄德。"第五十一章亦有此四句，完全与第十章同。第四章云："挫其锐，解其纷，和其光，同其尘。"第五十六章亦有此四句，惟"纷"作"忿"，下多"是谓玄同"一句。第五十二章、第五十六章均有"塞其兑，闭其门"二句。第三十章、第五十五章均有"物壮则老，谓之不道，不道早已"三句。第二十二章云："不自见，故明；不自是，故彰；不自伐，故有功；不自矜，故长。"第二十四章云："自见者不明，自是者不彰，自伐者无功，自矜者不长。"句法虽一正一反，意义亦完全相同。寥寥五千言而语句多重复，不似一人所作。

（二）《老子》中杂有百家之言。如《老子》第三十六章有云："将欲弱之，必固强之；将欲废之，必固兴之；将欲夺之，必固予之。"《国策·魏策》任章引《周书》曰:"将欲败之,必姑辅之;将欲取之,必姑予之。"《老子》第二章有云:"功成而弗居。"《史记·蔡泽传》亦云:"成功之下,不可久处。"《老子》第四十七章有云:"不出户,知天下;不窥牖,知天道。"《鬼谷子》亦曰:"不出户而知天下,不窥牖而见天道。"此《老子》中杂纵横家言者。《老子》第四十一章云:"强梁者不得其死。"第六十六章云:"江海之所以为百谷王者,以其善下也。"第七十九章云:"天道无亲,常与善人。"黄帝《金人铭》亦云:"强梁者不得其死,好胜者必遇其敌。……夫江河长百谷者,以其卑下也。天道无亲,常与善人。"(见《说苑》《家语》《韩诗外传》)此《老子》与黄帝书相同者。《老子》第六十七章云:"慈,以战则胜,以守则固;天将救之,以慈卫之。"第六十八章云:"善为士者不武,善战者不怒,善胜敌者不与。"第六十九章有云:"祸莫大于轻敌,轻敌几丧吾实。故抗兵相加,哀者胜矣。"此《老子》中所杂兵家之言。其他见于《庄子》及类法家之言者,因《庄子》亦道家,法家原出于道,故不复举。司马谈《论六家要旨》说道家"因阴阳之大顺,采儒墨之善,撮名法之要",乍看似在说杂家,但《老子》中确杂有诸家之言,则司马谈所说,亦不为无见。《老子》之由杂集而成,而非一人底著作,此亦一证。

《老子》非一人所作,本不能定其作者为何人。恰好传说中有"古之博大真人"的老聃,因此便依托他为作者;这部书之所以名曰"老子",正由于依托传说中之老聃。恰好与孔子同时的李耳亦字曰聃,亦常有"老子"之称;老莱子当是别号,较"老子"仅增一字;周太史名儋,"儋"与"聃"又音近而义通,且由周入秦,与老子过关著书之传说复相似;汉初人疑为即是一人,故有"老子百六十余岁,或言二百余岁"之说。其实,所谓"老子",本与孔子等指一人之专名不同；孔子尚有与其孙子思混淆之时，何况本以泛称年老学者的"老子"呢？汉代对于孔子，尚有许多怪诞不经的传说，何况《老子》底作者本依托传说的古之博大真人老聃；汉初盛行"老学"，学者又有意故神其说呢？所以《史记·老子传》底恍惚离奇，也不足为司马迁病。

老子和《老子》，既略加考证如上。现在纂述老子底学说，只能据今存这部《老子》；所以本章述老子，特加书名号以别之。

三、老学底先河

依上二节所推论，《老子》成书的时代在战国，非一人之著作，由掇拾荟萃而成，其作者则依托于传说的古之博大真人老聃。但此书自有其学术的宗旨，不但不同于孔、墨，亦不同于并列道家之庄子，足以独树一帜；而且《庄子》称扬之，《韩非子》解之喻之，在战国时已成为显学。故老子虽不能实指其人，而《老子》则可以代表当时一种特殊的学说。此种学说，不能前无所承、突然产生，故亦有为其前驱的人物与思想。

《论语·宪问》："贤者避世，其次避地，其次避色，其次避言。"在孔子时，已有一种"避世"的贤者了。其见于《论语》者，如子路在石门所遇的"晨门"（《宪问》），子路问津时所遇的"长沮""桀溺"，子路从而后所遇的"荷蓧丈人"（均见《微子》），孔子击磬于卫过其门的"荷蒉者"（《宪问》），孔子游楚所遇的"狂人"（《微子》）。"晨门""长沮""桀溺""接舆"，都和荷蒉、荷蓧一样，不是人名。他们志在避世，又是无意邂逅的，岂能知其名号？"晨门"以孔子为"知其不可而为之者"，必自居于"知其不可而不为者"；"桀溺"说"滔滔者天下皆是也，而谁以易之"，必认为不必易之；"荷蒉者"说"莫己知也，斯已而已矣"，"今之从政者殆而"，必不肯求人之知而从政；"荷蓧丈人"，则明为不仕的隐者了。此种人底思想，是消极的"独善其身"。但既以避世为旨，斯不欲以其主张发为议论，其个人底思想，终不成为系统的理论的著作，故但有"思想"而无"学说"。

此种消极的独善其身的思想，既为许多"贤者"所同有，自然蔚为当时一部分有知识者底风尚；有学者出，从而整理之、发挥之，乃形成一种系统的理论的学说。化此种"独善其身"的思想为学说，予以理论的根据者，即为杨朱。孟子曾言："杨、墨之言盈天下；天下之言，不归杨，则归墨。"又说："逃墨必归于杨，逃杨必归于儒。"以为"杨、墨之道不息，孔子之道不著"，而以"距杨、墨"的"圣人之徒"自命。可见杨朱底学说，在孟子时已与儒、墨二家鼎峙了。

今存《列子》为魏晋间所作（马师夷初有《列子伪书考》），其《杨朱》篇所说的极端的快乐主义，为魏晋间的颓废思想，非战国初的杨朱底学说。故纂述杨朱底学说，当于周秦诸子中寻绎之。《孟子》说："杨子取为我，拔一毛而利天下，不为也。"这种极端的利己主义，恰和"摩顶放踵利天下为之"的墨子底兼爱主义相反。《韩非子·显学》亦云："今有人于此，义不入危城，不处军旅，不以天下大利易其胫一毛；世主必从而礼之，贵其智而高其行，以为轻物重生之士也。"盖杨朱一方面不肯拔己之一毛以利天下，一方面亦不肯拔己之一毛以易天下之大利。何以故？天下之大利仍为身外之物，而一毛则为己之一部分；故拔己之一毛以易身外底天下之大利，与拔己之一毛以利天下，同为损己，同有背于极端的利己主义。《淮南子·氾论训》说："全生保真，不以物累形，杨子之所立也。"不肯拔一毛以利天下，不肯拔一毛以易天下之大利，同是"不以物累形",其目的亦同在"全生"。故《吕氏春秋·不二》篇以为"阳生贵己"(《文选》谢灵运《述祖德诗》李善注引,"阳生"作"杨朱";"阳""杨"古通)。"贵己"即《孟子》所谓"为我"。由"独善其身"的思想,引申为全生、贵己、为我的学说而发挥之,使当时靡然风从,与儒、墨二家鼎足而立,所以我们不能不认杨朱为当时一个有地位的学者。

杨朱无书,其全生贵己的言论,则《吕氏春秋》中尚有采存之者。如《重己》篇云:"今吾生之为我有,而利我亦大矣。论其贵贱,爵为天子,不足以比焉;论其轻重,富有天下,不可以易之;论其安危,一曙失之,终身不可复得。""生"之所以可贵,正因其为"己"之所有。故《贵生》篇说:"圣人深虑,天下莫贵于生。"又谓"全生"为上,"亏生"次之,"死"次之,"迫生"为下:"六欲皆得其宜",谓之"全生";六欲分得其宜("分"谓一部分),谓之"亏生";"无有所以知,复其未生",谓之"死";"六欲莫得其宜",而"皆获其所甚恶",谓之"迫生"。因为"耳闻所恶,不若无闻;目见所恶,不若无见",故迫生不若死。《审为》篇又记一故事:

> 韩魏相与争侵地。子华子见昭釐侯,昭釐侯有忧色。子华子曰:"今使天下书铭于君之前,书曰:'左手攫之,则右手废;右手攫之,则左手废;然而攫之必有天下。'君将攫之欤?毋其不欤?"昭釐侯曰:"寡人不攫也。"子华子曰:"甚善。自是观之,两臂重于天下也。身又重于臂;韩之轻于天下远,今之所争者其轻于韩又远,君固愁身伤生以忧之,戚不得也!"

这故事以废两臂而得天下不为做譬喻,正和杨朱底不肯以天下大利拔其胫之一毛同一理由。这种全生贵己的言论，虽然没有标明是杨朱之言，其为杨朱底学说无疑。全生贵己的思想，虽非《老子》中最高的理想，但如"名与身孰贵，身与货孰多"（第四十四章）等议论，实远承杨朱底学说。不过《老子》更进一步，以为"吾所以有大患者，为吾有身；及吾无身，吾又何患"（第十三章）。所以杨朱底学说，是《老子》底先河。《老子》较杨朱更进一步，故杨朱之学说为其所掩；孟子时盛极一时的杨朱学说，以后乃似消灭于无形者，以此。

上引《论语》中所记的避世之人，据《史记·孔子世家》，多为孔子游楚时所遇。见于《韩非子·解老》篇的詹何、《韩诗外传》的北郭先生、《吕氏春秋·异宝》篇的江上老人、《荀子·尧问》篇的缯封人，亦皆楚人；《汉志》道家录其书的蜎子、长卢子、老莱子、鹖冠子，亦皆楚人。因为楚在春秋时始大，但尚以蛮夷目之，孟子所谓"南蛮鴃舌之人非先王之道"者，正说南方新兴的民族，未尝沾北方的周之文化。南方既未沾周之文化底利益，故亦未受周之文化底束缚。而其地"有江汉川泽山林之饶……食物常足……不忧冻馁"（见《汉书·地理志》），故产生不受传统文化影响的自由思想。屈原《远游》"载营魄兮登遐"，与《老子》"载营魄抱一，能无离乎"相通；《渔父》"圣人不凝滞于物，而能与世推移"，与《老子》"和光同尘"相通（见日本人小柳司气太底《文化史上所见之古代楚国》）。即以句法而论，《楚辞》中多"兮"字调，《老子》中"兮"字调亦极多。所以我们虽不能指实《老子》底作者为何人，为何许人，但此书受南方新兴民族底思想与文学的影响，则甚显然。此种南方的新思想，也可以说是老学底先河。（本节多采冯友兰说）

四、老子底根本观念——"道""德"

司马谈《论六家要旨》以"道德"为一家之名,而下文则曰"道家"。盖"道家"为"道德家"之简称。以"道德"二字名一家,正和"阴阳""纵横"相同。《史记·老庄申韩传》言申、韩"皆原于道德之意"。此"道德"当亦为家名。《老子》一名《道德经》,"道德"即此书之根本观念,故西汉人名此派学说曰"道德"。

《老子》第二十五章说:"有物混成,先天地生;寂兮寥兮,独立而不改,周行而不殆,可以为天下母。吾不知其名,字之曰'道',强为之名曰'大'。"第一章说:"道可道,非常道;名可名,非常名。"第三十二章说:"道常无名。"第四十一章说:"道隐无名。"因为"独立而不改,周行而不殆","先天地生","可以为天下母"的"道",本是不可说、不可名的;一落言诠,便失真谛。以"道"名之,以"大"形容之,是不得已的、勉强的办法。故"独立而不改",言其不变;"周行而不殆",言其不息;"先天地生",因为天地亦生于"道";"可以为天下母",因为万物皆生于"道"。第三十四章又说:"大道泛兮其可左右,万物恃之而生而不辞,功成不名有,衣养万物而不为主。"第二十五章说:"人法地,地法天,天法道,道法自然。"故《老子》之"道",即"自然之道"。

"自然"者,自然而然,非有意而然。故第三十七章又说:"道常无为而无不为。"宇宙间的现象,如地球底自转而成昼夜,公转而成寒暑,我们不能说是谁为之,只能说自然如此,故曰"无为";然而万物由此而生,错综变化,以成宇宙间不可思议的事物与现象,故又曰"无不为"。当未生万物,未有天地之时,已有此

"道"，故曰"先天地生"；而天地万物即由此道而生，故曰"可以为天下母"。以前者言，只能谓之曰"无"；以后者言，则又须谓之曰"有"。故第一章说："'无'名天地之始；'有'名万物之母。"第四十章也说："天地万物生于'有'，'有'生于'无'。"第一章又说："常无，欲以观其妙；常有，欲以观其徼。此二者，同出而异名，同谓之'玄'。"二者，即"有"与"无"。"无"是道之体，"有"是道之用；"有""无"同出于道。第二十一章说："'道'之为物，惟恍惟惚。惚兮恍兮，其中有象；恍兮惚兮，其中有物；窈兮冥兮，其中有精。"自其"无"言之，故曰"惟恍惟惚""窈兮冥兮"；自其"有"言之，故曰"有象""有物""有精"。第十四章也说："无状之状，无物之象。"王弼注："欲言无耶？而物由以成。欲言有耶？而不见其形。"盖以"有"与"无"说"道"，仍落言诠，故其言亦甚恍惚。

第四十二章又说："道生一，一生二，二生三，三生万物。万物负阴抱阳，冲气以为和。"这是说"道"之生天地万物。《庄子·天下》篇说"建之以常无有，主之以太一"。"常无有"，即常无常有，即指"道"。"道生一"之"一"，或即指"太一"而言。"二"，指天地；"三"，指下文所说之阴气、阳气、和气。《庄子·田子方》篇说："至阴肃肃，至阳赫赫。肃肃出乎天，赫赫发乎地，两者交通成和而生万物焉。"即是"三生万物"。由此言之，则天地万物皆生于"道"。"道法自然"，质言之，即天地万物皆生于"自然"。《韩非子·解老》说："道者，万物之所然也，万理之所稽也。理者，成物之文也。道者，万物之所以成也。"又说："万物如异理，而道尽稽万物之理。"各物之生成，各有其所以生所以成之"理"。万物之生，万物之然，又有其所以生所以然之总原理，即是所谓"道"。所以《老子》所谓"道"，是天地万物所以生所以然的总原理，是宇宙的最高原理。这是《老子》底"宇宙论"，这是《老子》底形上学。

"道德"，现在已成一复名词，用以指人们底合理的行为与品性。在《老子》中，则道自道，德自德。《管子·心术》篇说："德者，道之舍；物得以生，生得以职道之精。故德者，得也，谓其所得以然也。以无为之谓'道'，舍之之谓'德'，故'道'之与'德'无间，故言之者无别也。"舍，寓也。"德"是"道"之寓于物者，"道"为万物所以生所以然之总原理；"德"则物所得于"道"，以生以成者。故《老子》第五十一章说："道生之，德畜之，物形之，势成之，是以万物莫不尊道而贵德。""道生之，德畜之"，即《管子》所说的道理。"物形之"者，物生于"道"，得于"道"以成其"德"，及其为物，则具体化而为此物之形。"势成之"者，言既为物，则裸者不得不裸，羽毛鳞介者不得不羽毛鳞介；以至幼壮老死不得不幼壮老死，成住异灭不得不成住异灭，皆其势所必然；质言之，所谓"势"者，亦自然而已。故万物所以生所以然之总原理曰"道"，各物所得于"道"以生以然之理曰"德"。《老子》所说的"道""德"，和今语"道德"一名所含之义不同。

宇宙间万物既由一总原理而生而然，故宇宙间事物之变化，亦必有其总原则；此总原则，《老子》名之曰"常"。《韩非子·解老》篇释之曰："夫物之一存一亡，乍死乍生，初盛而后衰者，不可谓'常'。唯夫与天地之剖判也俱生，至天地之消散也不死不衰，谓'常'。"故"常"是不变的总原则。《老子》中"常"字盖屡见，如云"道可道，非常道"（第一章），"常德不忒""常德乃足"（第二十八章），"道常无名"（第三十二章），"道常无为而无不为"（第三十七章），"夫莫之命而常自然""取天下常以无事"（第四十八章），"常有司杀者杀"（第七十四章），"天道无亲，常与善人"……都合于

160

"必如此""永远如此"的意义。第十六章说"知常曰明"，言能知此不变的总原则的人，谓之"明"。因为"知常，容；容乃公；公乃周（今本作'王'，此从王弼本）；王乃大（今本作'天'，此从马师夷初《老子核诂》改）；大乃道；道乃久，殁身不殆"。"容"，即《庄子·天下》篇所谓"常宽容于万物"。知宇宙间事物变化之不变的总原则，故于事物变化之来，如死亡、衰败等，知为固然，不复戚之，故能容。能容，则不杂一己之私意，不生得失之私念，故能公。能公，故能周遍，故能大。大乃合于自然之道，故能久而殁身不殆。"知常"者依"常"而行，谓之"袭明"（见第二十七章），或谓之"习常"。前者以"知"言，后者则以"行"言。不知常，则反常而行，必生不良的结果，故曰："不知常，妄作，凶。"（第十六章）这为事物变化底总原则的"常"，仍是由事物所以生所以然的总原理的"道"而来的，故仍是"自然"。"道"曰"常道"，"德"曰"常德"。"常道"者，自然之道；"常德"者，物所得于道的自然之德。所以《老子》底根本观念，一言以蔽之，曰"自然"而已矣。"无为而无不为"，也就是任其自然而然。

五、老子底人生哲学与政治哲学

老子底人生哲学，即根据其宇宙观所得之"常"而来。宇宙间的自然现象有所谓"常"；人事亦宇宙间现象的一种，故亦有所谓"常"。那么，《老子》所发现的"常"，究竟是什么呢？曰"反者道之动"（第四十章），曰"万物并作，吾以观复"（第十六章）。"反"与"复"，即是所谓"常"。宇宙间自然的或人事的现象，常有正的反的相对存在（如阴阳、动静、生死、祸福、善恶、刚柔、强弱……），而且反面的之并存，正足以显出正面的之存在（如奸与忠、善与恶相形而益明之类），而且相反的往往适足以相成（如"多难足以兴邦""生于忧患，死于安乐"之类），而且正面的往往即是反面的（如一个人底长处适是一个人底短处之类）。一事物向某方面尽量发展，逾其限度，必一变而得其反面的结果，这是"物极必反"的道理，即此所谓"反""复"。《老子》说："祸兮福之所倚，福兮祸之所伏。"（第五十八章）祸福相反，互为倚伏而并存。又说："六亲不和有孝慈，国家昏乱有忠臣。"（第十八章）家、国底不和与昏乱，愈足以显子之孝、亲之慈与臣之忠。又说："曲则全，枉则直；洼则盈，敝则新；少则得，多则惑。"（第二十二章）此则相反而适相成者。

又说："天下莫柔弱于水，而攻坚强者莫之能胜。"（第七十八章）最柔弱的，即是最强有力的。此外正面的即是反面的。又说："正复为奇，善复为妖。"（第五十八章）正与奇相反，善与妖相反，而正可化为奇，善可变为妖。又说："以道佐人主者，不以兵强天下，其事好还。"（第三十章）以武力侵略人者，必败于武力，故曰"其事好还"。"甚爱必大费，多藏必厚亡"（第四十四章），理正相同。反之，则"慈，故能勇；俭，故能广；不敢为天下先，故能成器长"（第六十七章）。"不自见，故明；不自是，故彰；不自矜，故长。"（第二十二章）此皆始末适为相反者，这些都是人事底"反""复"，都是人事底"常"。

因为如此，所以"将欲歙之，必固张之；将欲弱之，必固强之；将欲废之，必固兴之；将欲夺之，必固予之"（第三十六章），是人事之当然；"高者抑之，下者举之，有余者损之，不足者补之"（第七十七章），是天道之必然。"是以圣人后其身而身先，外其身而身存，非以其无私耶，故能成其私"（第七章），"是以欲上民，必以言下之；欲先民，必以身后之"（第六十六章）。因此，知"明道若昧，进道若退，夷道若纇，上德若谷，大白若辱"（第四十一章），"大成若缺""大盈若冲""大直若屈，大巧若拙，大辩若讷""大智若愚"（第四十五章），"圣人去甚，去泰，去奢"（第二十九章），故能"知其雄，守其雌，为天下溪""知其白，守其黑，为天下式""知其荣，守其辱，为天下谷"（第二十八章）。因为"揣而锐之，不可常保；金玉满堂，莫之能守；富贵而骄，自遗其咎"（第九章），故"保此道者不欲盈"（第十五章），"持而盈之，不如其已"（第九章），"知足不辱，知止不殆"，便是由此获得的结论。这是《老子》由宇宙现象之"常"，推及人事之"常"，因而发明的处世做人之道，也就是《老子》底人生哲学。

国家是人民之政治的组织，政治实亦人事之一。故《老子》底政治哲学与其人生哲学是一贯的。如第五十七章说："法令滋彰，盗贼多有。"法令本所以防止盗贼，而法令愈明密，则盗贼愈多，这也是相反而相生的。《老子》所谓"盗贼"，不仅指狭义的盗贼；舞文弄法以便其私的贪官污吏，借法令横征暴敛、夺民之利的君主，也都是盗贼。第七十五章说："民之轻死，以其求生之厚，是以轻死。""轻死"与"求生"是相反的；但民之所以轻死，正因其无以为生而亟欲求生，或所望太奢而欲求生之厚。前者，如迫于饥寒，铤而走险的盗贼；后者，如妄想发国难财而走私的奸商。这也是相反而相生的。

一般人底见解，治国家必须"有为"。《老子》则认为："天下神器，不可为也；为者败之，执者失之。"（第二十九章）又说："民之难治，以其上之有为，是以难治。"（第七十五章）以"有为"治天下，本欲其民之易治，而适以难治；本欲其政之有成，而适以败之：这也是相反的结果。故曰："我无为而民自化，我好静而民自正，我无事而民自富。"（第五十七章）好静、无事，即是"无

为"，即是"有为"底反面。所谓"无为"，质言之，即所谓"圣人
之治……常使民无知无欲"（第三章）。他认为"民之难治，以其知
多"（第六十五章），故说："绝圣弃智，民利百倍；绝仁弃义，民
复孝慈。"（第十九章）以圣智、仁义治国者，正是所谓"以智治国
国之贼"；绝圣弃智，绝仁弃义以治国者，正是所谓"不以智治国
国之福"（上二语并见第六十五章）。不但治国者自己不以智治国，
而且须使民无知，故又说："古之善为道者，非以明民，将以愚
之。"（同上）善治国者，不但使民无知，又须使民无欲，"故不贵
难得之货，使民不为盗；不见可欲，使民心不乱"（第三章），因为
"不欲以静，天下将自定"（第三十七章）。"是以圣人欲不欲，不贵
难得之货"（第六十四章）。无知无欲，则其人如"婴儿"，所谓
"含德之厚，比于赤子"（第五十五章）者是。人类底文化之进步，
由于人之有知识与欲望。《老子》认为文化太发达了，无论精神的
文明或物质的文明，都足以发生相反的有害于人类的结果，故主张
使民无知无欲，达成其理想的社会。第八十八章说："小国寡民，
使有什伯之器而不用，使民重死而不远徙。虽有舟舆，无所乘之；
虽有甲兵，无所陈之。使人复结绳而用之。甘其食，美其服，安其
居，乐其俗。邻国相望，鸡犬之声相闻，民至老死不相往来。"这
便是《老子》底理想的社会。所以《老子》对于当时的文物制度是
抱反对的观念的。

第八章　庄子

一、庄子事略

《史记》，庄子与老子、申、韩同传；记庄子事曰：

> 庄子者，蒙人也，名周。周尝为漆园吏，与梁惠王、齐宣王同时。其学无所不窥，然其要本归于老子之言。故其著书十余万言，大抵率寓言也。作《渔父》《盗跖》《胠箧》，以诋訾孔子之徒，以明老子之术。畏垒虚、亢桑子之属，皆空语无事实。然善属书离辞，指事类情，用剽剥儒、墨，虽当世宿学，不能自解免也。其言洸洋自恣以适己，故自王公大人不能器之。
>
> 楚威王闻庄周贤，使使厚币迎之，许以为相。庄周笑谓楚使者曰："千金，重利；卿相，尊位也。子独不见郊祭之牺牛乎？养食之数岁，衣以文绣，以入太庙。当此之时，虽欲为孤豚，岂可得乎？子亟去，毋污我。我宁游戏污渎之中以自快，无为有国者所羁，终身不仕，以快吾志焉。"

据此，庄子也是一个避世的隐君子，故无甚大事可记。其事实之见于《庄子》本书者，除与惠施为友、妻死鼓盆而歌数条外，亦多寓言之类。

马师夷初作《庄子年表》，起于周烈王七年（公元前三六九年），迄于周赧王二十九年（公元前二八六年）。《史记》本传亦言其与梁惠王、齐宣王同时。是庄子与孟子正是同时人。但孟子于道家者流，仅距杨朱；其他如墨翟、许行，甚至公孙衍、张仪、陈仲子等，均被讥评，独未提及庄子。庄子诋訾孔子，亦未及孟子；《天下》篇"邹鲁之士"，虽兼指孔孟，究亦未提出孟子其人。孟子曾至梁，庄子亦曾至梁；孟子为邹人，庄子为宋之蒙人，相去亦非极远。而二人始终未相辩驳，一似彼此不相知者，却是一件很可疑的事。

《庄子》，《汉志》列于道家，凡五十二篇。今本则为三十三篇。按陆德明《经典释文·叙录》，则司马彪注者尚为五十二篇本，分为内篇七，外篇二十八，杂篇十四，解说三；郭象注者为三十三篇本，内篇亦七，外篇十五，杂篇十一。古书中分内外篇者，如《淮南子》有内二十一篇、外三十三篇，《孟子》有内书七篇、外书四篇，此二书之外书今皆不传；《管子》有内言、外言、杂言之别，《晏子春秋》亦有内篇、外篇、杂篇。内篇之编定，当去庄子最近，庄子学说此最近似；外篇则有庄子后学及其他有关于庄子的学者底著述；杂篇当取短章道事，编缀而成。郭象本篇数所以少于司马彪本者，或多所羼并，所少之篇，未必皆全篇删去。

《庄子》亦非庄子亲手撰作。《天下》篇似即非庄子自撰者。其中有一段评述庄子之文：

芴漠无形，变化无常，死欤？生欤？天地并欤？神明往欤？芒乎何之？忽乎何适？万物毕罗，莫足以归。古之道术有在于是者，庄周闻其风而悦之。以谬悠之说，荒唐之言，无端崖之辞，时纵恣而不傥，不以觭见之也。以天下为沉浊，不可与庄语；以卮言为曼衍，以重言为真，以寓言为广。独与天地精神往来，而不敖倪于万物。不谴是非，以与世俗处。其书虽环玮而连犿无伤也。其辞虽参差而諔诡可观。彼其充实不可以已，上与造物者游，而下与外死生、无终始者为友。其于本也，弘大而辟，深闳而肆；其于宗也，可谓稠适而上遂矣。虽然，其应于化而解于物也，其理不竭，其来不蜕，芒乎昧乎，未之尽者。

按上文云："不离于宗，谓之天人；不离于精，谓之神人；不离于真，谓之至人。以天为宗，以德为本，以道为门，兆于变化，谓之圣人。以仁为恩，以义为理，以礼为行，以乐为和，薰然慈仁，谓之君子。"本篇推崇关尹、老聃，以为是"古之博大真人"；是老子尚为"不离于真"的"至人"，至多不过为"不离于精"的神人。评庄子，则曰"其于宗也，可谓稠适而上遂矣"，竟以庄子为"不离于宗"的天人了。所以《天下》篇是庄子后学评论周秦诸子，表示崇拜庄子的文章（《天下》篇至此为止。此下当另为一篇，详见下文）。

二、庄子底根本观念——"道""德"

魏源曾说："有黄老之学，有老庄之学。"庄子底学说诚与《老子》不同，而其以"道""德"为根本观念则同，故《史记》赞曰："庄子散道德，放论，要亦归之自然。"焦竑《老子翼》引江袤云："道德实同而名异。……无所不在之谓道，自其所得之谓德；道者人之所共由，德者人之所自得也。"此诠《老子》所说的道德，而亦可用之于庄子：道为万物所以生所以然之总原理，故曰"无所不在";德为各物得之以生以然之理,故曰"自其所得"。不过以老庄所说言之,当云"道者物之所共由,德者物之所自得",因为"物"可以包"人",老庄之道与德,非如儒、墨所论为人之道、人之德。《庄子·知北游》篇,庄子答东郭子"道恶乎在"之问,以为"无所不在",在蝼蚁,在稊稗,在瓦甓,在尿溺。可见道之所在,不但不以人为限,且不以生物为限。所以者何?因道为万物所以生所以然的总原理故。

《大宗师》篇说"夫道有情有信",即《老子》所谓"其中有信";说道"自本自根,未有天地,自古以固存""先天地生而不为久",即《老子》所谓"先天地生"。《天地》篇说"德兼于道,道兼于天",即《老子》所谓"孔德之容,惟道是从"及"道法自然"。又说"泰初有无,无有无名;一之所起,有一而未形",即《老子》所谓"道生一"。又说"物得以生谓之德""物生成理谓之形",即《老子》所谓"道生之,德畜之,物形之"。庄子以为"道兼于天"。"天"即"自然"。故《天地》篇又说"无为为之之谓天"。《秋水》篇也说:"天在内,人在外。……牛马四足是谓天,落(同'络')马首、穿牛鼻,是谓人。""天"与"人"相对,即"自然"与"人为"相对。牛马之自然的形体与生活,即是牛马所得于道以成牛马之形之德。万物既各有其得于道之自然之德,凡反乎物之天性之自然者,皆无益于其物而适以害之。故《秋水》篇主张"无以人灭天",即勿以人为消灭其自然耳。

《庄子》中此种议论极多,《马蹄》篇其尤显著者。《至乐》篇又设为寓言,说鲁侯养海鸟于庙,具太牢,奏《九韶》,鸟眩视忧悲,不食三日而死;因为栖深林,游坛陆,浮江湖,食鲗鳅,是海鸟底自然,反其自然,便是爱之适以杀之。这与《马蹄》篇所说剪鬣钉蹄,加以羁勒,是违反马底自然一样。《应帝王》篇有一个笑话，说中央之帝名混沌，本无七窍，强凿之，七窍开而混沌死，也是"以人灭天"的结果。《骈拇》篇也说："是故凫胫虽短，续之则忧；鹤胫虽长，断之则悲。故性长非所断，性短非所续。"胫底长短，是凫鹤之自然，续之断之，便是反其自然。《逍遥游》篇又设极大的鲲鹏、极小的蜩鸠为喻，以为"水击三千里，抟扶摇而上者九万里，去以六月息"，是鲲鹏之自然；"决起而飞，抢榆枋，时则不至而控于地"，是蜩鸠之自然；苟适其自然，则大鹏小鸟，各适其适，小大虽殊，逍遥则一。推而至于人，其"知效一官，行比一乡，德合一君，而（同'能'）征一国者，其自视也，亦若此矣"。"自然"，即是物所得于道以生以然之德。《天地》篇说："形非道不生，生非德不明。"物既有得于自然之道，以成其自然之德，便当各顺其德之性了。《史记》说庄子"要亦归之自然"，真是不错。

《老子》从"道""德"悟出一个"常"，庄子则悟出一个"变"。故《齐物论》说："一受其成形，不亡以待尽。与物相刃相靡，其行尽如驰，而莫之能止，不亦悲乎！""一受其成形"，就是"物生成理谓之形"，就是指物之生。物既生成以后，便与他物相刃相靡，其行如驰而莫之止，无时无刻不在"变"。故《秋水》篇又说："物之生也，若骤若驰，无动而不变，无时而不移。"吾人自呱呱坠地以后，由婴孩而童年、少年，以至壮年，以至老死，其变化实由一时一刻乃至一秒、一刹那的逐渐地在变。不但人类，一切的物，自其生成以至死灭，无不如此。不但物底个体，无论何种的物，自有此种物以来，也在代代渐变。故《寓言》篇说："万物皆种也，以不同形相禅，始卒若环，莫得其伦，是谓天均。""天均"即《齐物论》底"天钧"。谓之"钧"者，言其运行不息；谓之"天"者，言其出于自然。推而论之，即世界上的文化，也是因为逐渐变化，方成为现代的状况，而其变化，仍在不断地继续着。分别言之，则《老子》以"常"为一切的原则，庄子以"变"为一切的原则，似乎正相反。其实，《老子》以"反""复"为"常"，即是"变"；庄子以"变"为一切的原则，又"变"即是"常"了。所以"常"是"自然"，"变"也是"自然"。《老子》、庄子底根本观念同是"道""德"，而皆归之"自然"，其同列于道德家，正是因此。

三、庄子底"齐物论"

物所得乎"道"以成其"德"的自然本性各异，故其生活习惯不同，而见解亦异。《齐物论》说：

> 民湿寝则腰疾偏死，鳅然乎哉？木处则惴栗恂惧，猿猴然乎哉？三者孰知正处？民食刍豢（牛羊猪肉），麋鹿食荐（即草），蝍蛆甘带，鸱鸦嗜鼠，四者孰知正味？猿猵狙以为雌，麋与鹿交，鳅与鱼游。毛嫱丽姬，人之所美也，鱼见之深入，鸟见之高飞，麋鹿见之决骤。四者孰知天下之正色哉？

人、兽、鸟、鱼，其自然之性与生活习惯不同，当各适其自然。吾人以为正处、正味、正色的，鸟兽鱼鳅必不以为然。正如《至乐》篇所说"鱼处水而生，人处水而死"。若必执所见以为正处、正味、正色，则此之所是，必是彼之所非了。若不执一以为是，则彼此之所是，都有其以为是的理由，尽可听其各认为是，不必辩论。《齐物论》说：

> 既使我与若辨矣，若胜我，我不若胜，若果是也，我果非

也邪？我胜若，若不吾胜，我果是也，而果非也邪？其或是也，其或非也耶？其俱是也，其俱非也邪？我与若不能相知也，则人固受其黮暗。吾谁使正之？使同乎若者正之？既与若同矣，恶能正之？使同乎我者正之？既同乎我矣，恶能正之？使异乎我与若者正之？既异乎我与若矣，恶能正之？使同乎我与若者正之，既同乎我与若矣，恶能正之？然则我与若与人俱不能相知也，而待彼也邪？

据此，则天下无所谓真是非，辩亦无益了。彼"儒、墨之是非"，也不过各"是其所是，非其所非"而已。"彼亦一是非，此亦一是非"，"是亦一无穷，非亦一无穷"，何必辩之不已。世上种种门户、是非之论，在庄子视之，皆如"鷇音"，皆如风作时万窍怒号之"化声"而已。"是以圣人和之以是非，而休乎天钧，是之谓两行。""两行"者，不废是非，超乎是非，而听其自然之谓。

道是无终始、无有无、无内外的，故"以道观之"，则"物无贵贱"、无大小，时亦无久暂，一切差别相，皆可消灭。故曰："因其所大而大之，则万物莫不大；因其所小而小之，则万物莫不小。知天地之为稊米也，知毫末之为丘山也，则差数睹矣。"故"天下莫大于秋毫之末而泰山为小，莫寿乎殇子而彭祖为夭"。所以者何？因为物底大小之别，由于空间；时间底长短之别，由于时间：都是比较的。若"以道观之"，则空间、时间原是无穷的。地球之外，尚有其他行星；太阳系之外，尚有其他恒星系；甚至吾人所能想像的空间之外，必尚有空间；大之又大，可以大至无穷，大至"至大无外"。反之，即一发之细，一粟之微，尚可剖分，甚至剖析至一分子、一原子、一电子；既有其所占之空间，即可再行分析，小之又小，可以小至无穷，小至"至小无内"。不论任何大小的物，与

171

无穷大、无穷小相比，便不能有任何比例。同样，时间之过去者，可以推至有史以前，乃至有人类以前，有地球、有太阳以前，直至无穷；时间之未来者，也可以推至人类灭绝以后，地球、太阳毁灭以后，也是无穷。不论任何长短的年寿，与无穷的时间相比，也不能有任何比例的。所谓"泛泛乎若四方之无穷，其无所畛域"，就是说空间无穷；所谓"道无终始，物有死生"，就是说时间无穷。知此，则"万物一齐"，孰大孰小，孰长孰短？更推论之，"因其所有而有之，则万物莫不有；因其所无而无之，则万物莫不无"，"因其所然而然之，则万物莫不然；因其所非而非之，则万物莫不非"，故有无、是非等差别相，亦可无有。《德充符》说："自其异者视之，肝胆楚越也；自其同者视之，万物皆一也。"万物毕同毕异，故同异底差别相，亦可无有。

更推论之，则死生底差别相亦可无有。一则有生必有死，人或物当其初生底一刹那，已毫不停留地向着"死"走，故曰"物方生方死"；二则所谓"死""生"，不过是一种变化，我初生时，不过这许物质，偶然成为一个"我"，"我"死了，依物质不灭的定理说，不过换了一种形式而存在。故《齐物论》以丽姬的为晋所获得时，涕泣沾襟，后来与晋君同起居饮食，必悔其当初之涕泣为比喻，以为死而有知，未始不悔其将死时的还希望活。因此，所谓"生"，不过是一场梦。故曰："梦饮酒者，旦而哭泣；梦哭泣者，旦而田猎。方其梦也，不知其梦也，梦之中又占其梦焉，觉而后知其梦也。且有大觉而后知此其大梦也。"故又说："昔者庄周梦为蝴蝶，栩栩然蝶也；及其觉也，蘧蘧然周也。"梦为蝴蝶，觉为庄周，还是梦中的梦觉而已。生既是梦，死便是觉；生死非终始，不过为变底过程。

《大宗师》篇说："浸假而化予之左臂以为鸡，予因以求时夜；

浸假而化予之右臂以为弹，予因以求鸮炙；浸假而化予之尻以为轮，以神为马，予因以乘之，岂更驾哉!"不以生死膺心，故"哀乐不能入"，即古之所谓"悬解"。否则，是"遁天倍情，忘其所受"，必受所谓"遁天之刑"（见《养生主》）。"死"本是天然的一种变的现象，对此而哀悲，故谓之"遁天"；"遁天"犹云违反自然。遁天者必受刑，所受之刑，即悲哀时所感到的苦痛。如能做到"哀乐不能入"，则如"悬"之得解脱了。《至乐》篇记庄子妻死，庄子鼓盆而歌，答惠施问说："是其始死也，我独何能无慨然! 察其始而本无生，非徒无生也而本无形，非徒无形也而本无气。杂乎芒芴之间，变而有气，气变而有形，形变而有生；今又变而之死，是相与为春秋冬夏四时行也。人且偃然寝于巨室，而我噭噭然随而哭之，自以为不通乎命，故止也。"庄子始亦不能无慨然，这是人之常情；后察知生死变化之理，能以理化情，故能心无哀戚。因为他已彻悟到"死生终始将为昼夜"（《田子方》）了。死生底差别相，尚可无有，何况乎是非、同异、大小、寿夭呢? 更何况乎贵贱、贫富、得失呢? 此即所谓"齐物"。故《老子》尚有雌雄、强弱、成败、存亡、黑白、荣辱……差别观念，庄子则认为无一切差别相。就这一点说，庄子实比老子更进一层。

　　无一切空间、时间的差别相，则人我底差别自亦无有；不但无人我，且亦无物。故《齐物论》说："古之人其知有所至矣。恶乎至? 有以为未始有物者，至矣，尽矣，不可以加矣。其次，以为有物矣，而未始有封也。其次，以为有封矣，而未始有是非也。是非之彰也，道之所以亏也。""封"即界限，人我之界即其一例。自有封，而种种差别以生，自有是非而种种意见以生。知道者，不但无是非之分，无人我之界，而且无物；无是非，则超是非而为一；无人我，则超人我而为一；无物，则超物我而为一。至此，则能"得万物之所一而同焉"，此即"天地与我并生，而万物与我为一"的神秘境界，乃"无入而不自得"了。《大宗师》所谓"外天下""外物""外生"（外即遗忘之意），由"朝彻"而"见独"（"独"即"万物之所一"），而无古今，则能入于不死不生之域，也是此种境界。《人间世》所谓"心齐"，《大宗师》所谓"坐忘"，也是这种境界。"心齐"与"坐忘"，都指除去思虑知识，使心虚而"同于大通"。能到这境界的人，"其寝不梦，其觉无忧，其食不甘，其息不深"，"不知悦生，不知恶死，其出不诉，其人不距"，"不忘其所始，不求其所终"，"是之谓不以心捐道，不以人助天，是谓真人"（见《大宗师》）。能如此，则可以"无名"，可以"无功"，并可以"无己"，可以无所"待"而逍遥（见《逍遥游》）。这是庄子的神秘境界。

四、庄子论人事

由上所述，庄子底学说，可概括地说：（一）"道"为万物所以然的总原理，"德"为各物得于"道"而然的原理。（二）"道"即"自然"，"德"亦即"自然"；万物之然由乎道，各物之然由乎德，故万物皆当顺其"自然"。（三）万物皆有其自然之德，各以合乎其自然者为宜为是，故无所谓是非。（四）不但无是非，且无同异、大小、久暂等差别相，乃至无生死、人我、人物等差别相，故可与宇宙为一体。此为其形而上的宇宙观。应用之于人事，乃得二大原则：其一，一切人事，亦无种种差别相，故人人为绝对的平等；其二，一切人事，亦须合其自然，故人人有绝对的自由。人人平等，故无所谓智愚贤不肖；人人自由，故不必有道德的或政治的规律予以束缚。

　　《山木》篇说："庄子行于山中，见大木枝叶茂盛，伐木者止其旁而不取也。问其故，曰：'无所可用。'庄子曰：'此木以不材得终其天年。'夫子出于山，舍于故人之家。故人喜，命竖子杀雁而烹之。竖子请曰：'其一能鸣，其一不能鸣，请奚杀？'主人曰：'杀不能鸣者。'明日，弟子问于庄子曰：'昨日山中之木，以不材得终其天年；今主人之雁，以不材死。先生将何处？'庄子笑曰：'周将处于材与不材之间。……似之而非也，故未免乎累。若夫乘道德而浮游，则不然。无誉无訾，一龙一蛇，与时俱化，而无肯专为；一上一下，以和为量，浮游乎万物之祖，物物而不物于物，则胡可得而累耶？此神农、黄帝之法则也。若夫万物之情，人伦之传，则不然。合则离，成则毁，廉则挫，尊则议，有为则亏，贤则谋，不肖则欺，胡可得而必乎哉！悲夫！弟子志之！其唯道德之乡乎！'"材与不材，是以人们底立场评论木和雁而妄生的差别；木和雁本身，并无所谓材不材底差别。合与离，成与毁，廉与不廉，尊与不尊，有为与无能为，贤与不肖，并与此同。惟乘道德而游于道德之乡者，则物物而不物于物，无誉无訾，无龙蛇之辨、上下之别，故不可得而累。庄子所云"处于材与不材之间"者，非谓材与不材之间别有一等，只是不使人得以材或不材的差别目之而已。这寓言可以说明第一原则，无一切差别的绝对平等。

　　《天道》篇假托老聃谓孔子曰："天地固有常矣，日月固有明矣，星辰固有列矣，禽兽固有群矣，树木固有立矣。夫子亦放德而行，循道而趋，已至矣，又何偈偈乎揭仁义，若击鼓而求亡子焉？噫！夫子乱人之性也！"天地、日月、星辰、禽兽、树木各有其自然，人亦当各有其自然；"放德而行，循道而趋"，即是顺其自然。偈偈乎揭櫫仁义，即是"以人灭天"，故曰"乱人之性"。且欲以人为改自然，故为之立斗斛、立权衡，为之立君臣、立政治，为之立仁义、立礼法，为之立圣贤之名、善恶之别，而黠者乃并窃斗斛权衡之制、君臣政治之权与夫仁义圣贤之美名。是将以治之者适以乱之，将以利之者适以害之了。"掊斗折衡，而民不争"，"圣人不死，大盗不止"，都是根据这道理而发的议论。《在宥》篇说："闻在宥天下，不闻治天下也。在之也者，恐天下之淫其性也；宥之也者，恐天下之迁其德也。天下不淫其性，不迁其德，有治天下也哉?"《应帝王》篇说："汝游心于淡，合气于漠，顺物自然而无容私焉，而天下治矣。""顺物自然而无容私"，即是"在宥"。在宥天下，天下自治，何必立种种人为的政法道德以治天下乎? 故人人绝对自由，不应有道德的或政治的束缚，为人事底第二原则。

《老子》底理想社会是"小国寡民"，是尚有所谓国，有国即有政治；庄子底理想社会，则直无所谓国家。《马蹄》篇说："故至德之世，其行填填，其视颠颠。当是时也，山无蹊隧，泽无舟梁；万物群生，连属其乡；禽兽成群，草木遂长。是故禽兽可系羁而游，鸟鹊之巢可攀援而窥。夫至德之世，同与禽兽居，族与万物并，恶乎知君子小人哉? 同乎无知，其德不离；同乎无欲，是谓素朴；素朴而民性得矣。"这是庄子底理想社会。《老子》固亦主张使民无知无欲，其理想的社会固亦为太古文化未昌时的生活；但已有什伯之器，已有舟舆，已有甲兵，已有甘食美服，且已有所谓国家。较之庄子底理想社会——山无蹊径，泽无舟梁，同与禽兽居，族与万物并的——已是进化了。所以老子虽反对以智治国，究有所谓"国"，尚有所谓"治"；庄子则直是主张"无治""无国家"了。这又是老、庄不同底一点。

老子与庄子，同以"道""德"为其根本观念，故同为"道德家"，但其学说，并非完全相同，故《天下》篇以老聃、关尹为一派，庄周别为一派。战国以后，老学盛行于西汉之初，庄学盛行于东汉之末。陈澧《东塾读书记》说："洪稚存云：'自汉兴，黄老之学盛行，文景因以致治。至汉末，祖尚玄虚，于是始变黄老而称老庄。'陈寿《魏志·王粲传》末言：'嵇康好言老庄。'老庄并称，实始于此。即以注二家者而论，为《老子》解义者，邻氏、傅氏、徐氏、河上公、刘向、毋丘望之、严遵等，皆西汉以前人也，无有言及《庄子》者。注《庄子》，实自晋议郎清河崔譔始，而向秀、司马彪、郭象、李颐等继之。"庄学何以至魏晋始盛？因为老学还是入世的，还讲究应世、治术；庄学则直是出世的、无治的。东汉以后，佛学渐盛，学者受其影响，故祖尚玄虚，而出世的庄学遂以盛行。这也是研究我国学术史者所当注意的事。

第九章　其他道家者言

一、列子

《汉志》道家有《列子》，自注谓列御寇撰。今存八卷，晋张湛注。前有刘向《叙录》云："列子，郑人也，与郑缪公同时。"《庄子·让王》篇有列子辞郑子阳之粟一事。而缪公与子阳相去颇远。《史记》郑缪公二十四年，郑杀其相子阳。柳宗元《辨列子》以为郑缪公二十四年恰当鲁缪公十年，疑刘向《叙录》之郑缪公乃鲁缪公之误。叶大庆《考古质疑》则以为"缪"字乃"繻"字之误，因为列子既是郑人，不当以鲁君纪年。叶说似较柳说为长。《叙录》误繻公为缪公，是由于刘向底误记，还是由于后人传写之误，则不可考了。

刘向《叙录》说《列子》中《穆王》《汤问》二篇，迂诞恢诡，非君子之言；《力命》一推分命，《杨朱》惟贵放逸，二义乖背，不似一家之言。高似孙《子略》举《列子》合于《庄子》者十七条，以为其间尤浅近迂僻者，由后人会萃而成。姚际恒《古今伪书考》则径谓《列子》及刘向《叙录》皆系伪造。马师夷初作《列子伪书考》，断定《列子》为魏晋人伪造，其理由可归纳为十五款：

（一）张湛《列子》八篇，出于其外家王氏，此时为老庄思想复活全盛之期，而《列子》惟存于与王氏有关之家（见张湛《列子序》）。

（二）《天瑞》篇"太易""太始""太素"一条，全与《易纬乾凿度》同。《易纬》之出，在西汉末年以后。

（三）《周穆王》篇有穆王驾八骏见西王母事，与《穆天子传》同。《穆天子传》系西晋太康时出于汲郡古冢。

（四）《周穆王》篇说"六梦"，与《周礼》占梦同。《周礼》至西汉末刘歆校书时始显。

（五）《周穆王》篇有"儒生"一语，为先秦古籍中所未见。

（六）《仲尼》篇所说"西方之圣人"，显指"佛"言（张湛注亦言《列子》近佛经）。佛教于东汉始正式传入中国。

（七）《仲尼》篇"荡荡乎民无能名焉"，与《论语》同。此系援儒入道，恰合于魏晋何晏、夏侯玄等底论调（张湛注即引二人之说）。

（八）《汤问》篇多与《山海经》同。《山海经》也是晚出之书。又记方壶、瀛洲、蓬莱，此秦汉以后方士之说。

（九）《汤问》篇说："渤海之东，不知其几亿万里，有大壑，实惟无底之谷。"《山海经·大荒东经》有"东海之外大壑"。郭璞注曰："《诗含神雾》曰'东注无底之谷'，谓此壑也。"郭氏不引《列子》，而引《诗纬》，可见《列子》系合采《山海经》与《诗纬》。

（十）《力命》篇说"颜子之寿十八"，与《史记》等书不合。颜寿十八之说，始于高诱《淮南子》注。

（十一）《汤问》篇记"皇子不信火浣布"。火浣布，魏时尚罕见，故曹丕不信有此种布。《汤问》所记皇子，即指曹丕。

（十二）《汤问》篇记伯牙、钟子期事。钟子期是楚怀王、顷襄王时人，远在郑缪公之后。

（十三）《黄帝》篇列举"九渊"。《庄子·应帝王》篇于九渊惟举其三。《列子》系从《尔雅》补足。《尔雅》为汉代经生所辑。

（十四）《力命》篇记子产杀邓析事，不合于《左传》，合于《吕氏春秋·离谓》篇。

（十五）《汤问》篇记孔子见小儿辨日远近事。桓谭《新论》亦记此事，谓出于闾巷之言，不谓出于《列子》。

按，今存《列子》，经后人伪窜者甚多，如言魏牟、孔穿及邹衍吹律事，皆在列子之后；《杨朱》篇更显然为魏晋间颓废思想之结晶；书中皆称"子列子"，亦非先秦古籍中所有。但不能因此把列御寇这个人和《列子》这部书一笔抹杀（高似孙曾疑列子为鸿蒙云将之流，并无其人）。刘向《叙录》本谓"《列子》之书，于景帝时流行，其后不传"。司马迁作《史记》，约在景帝后五十年，恰承文、景二世，老学全盛、《列子》不传底时期，所以《史记》不为列子作传。刘向校书时，《列子》藏于秘府者只五篇，掌于太常者只三篇，掌于太史者只四篇，向所藏者只六篇，臣参所藏者只二篇，刘向合此五种，校除重复，定为八篇（见《叙录》）。可见是从断简残篇中整理出来的。今存八篇，则又经魏晋间人底窜改附益，非刘向校本底真面目了。所以我们不能根据今存的《列子》，去纂述列御寇底学说。

《庄子·应帝王》篇说："列子三年不出门，为其妻爨，食豕如食人（原文脱'如'下'食'字），于事无与亲，雕琢复朴，块然独以其形立，纷而封哉（原文误'哉'为'戎'）。一是以终（诸家注均以此句属上，今从马师说），无为名尸，无为谋府，无为事任，无为知主（原文误倒作'主知'），体尽无穷而游无朕，尽其所受乎天，而无得见，亦虚而已。"此节总括列子底宗旨，在于一个"虚"字，正和《尸子·广泽》篇、《吕氏春秋·不二》篇"列子贵虚"之言相合。刘向《叙录》谓其学本于黄老。老子之旨为"清虚

"无为"，列子正与相似，故《汉志》亦入之道家。列子为庄子以前的道家人物，故《庄子》常称道之。惜其书真伪相杂而已。

二、关尹子

《汉志》道家又有《关尹子》九篇，今存一卷，旧题"周尹喜撰"。此书《隋书·经籍志》《唐书·艺文志》皆不录。南宋时徐藏始得之于永嘉孙定家，殆为后人依托。前亦有刘向《叙录》。宋濂《诸子辨》以为其文与向不类，疑即孙定所伪造。又谓其书多法释氏及神仙方技家言，所用语词亦非先秦道家诸子中所见。由于伪托，不待辨而可明。伪刘向《叙录》所云，"盖公授曹参，参薨书葬；孝武帝时，有方士来上淮南王，秘而不出。向父德治淮南王事，得之"，也是影射《汉书》所载，得淮南鸿宝秘书一事，而傅会杜撰的。

《关尹子》不但今存的本子靠不住，作这书的人也是不可靠的。《经典释文》载"喜字公度"，不知何据。李道谦《终南祖庭仙真内传》说"终南楼观，为尹喜故居"，也是道士们底谰言。按，关尹子，《列仙传》又作关令子。可见称他为关尹子，是因为他曾做关令尹，并非姓"尹"，何得径称之曰"尹喜"呢？说者谓："尹喜，字公度，周人，为函谷关吏。老子西游，喜先见其气，知真人当道，物色而迹之，果见老子。老子授以《道德经》五千言。喜与老子俱西去，莫知所终。喜所自著书名《关尹子》。"这种神话性的传说，详见于《关令尹内传》："关令尹登楼四望，见东极有紫气西迈。喜曰：'应有圣人经过京邑。'至期，乃斋戒，先敕门吏曰：'若有老翁从东来，乘青牛薄板车者，勿听过关。'其日，果见老翁乘青牛车求度关。关吏入白。喜曰：'诺，道今来矣。我见圣人矣。'即带印绶出迎，设弟子之礼。"真演述得像煞有介事的。这故事底根据，出于《史记》。《史记·老子传》中有一段记事："老子修道德，其学以自隐无名为务。居周久之，见周之衰，乃遂去。至关，关令尹喜曰：'子将隐矣，强为我著书。'于是老子乃著书上下篇，言道德之意五千余言而去，不知所终。"照这段文章看，不但没有关令尹自著《关尹子》底话，而且所谓"关令尹喜曰"云云，乃见老子而喜，并非这关令尹名喜，更不能说他是姓尹的。上文已经说过，由周入秦的，是周太史儋，不是李耳；过关时事，更是一种传说的故事，即使退一步说，承认有此故事，这位关尹姓甚名谁，也已无从考证了。

但《庄子·天下》篇则以关尹、老聃二人并列，而且置关尹于老聃之前。述关尹一段，引其言曰："在己无居，形物自著。其动若水，其静若镜，其应若响。芴乎若亡，寂乎若清。同焉者和，得焉者失。未尝先人，而常随人。"关尹学说大旨，即此可见。然老聃既为传说中之古之博大真人，则关尹之亦为传说的人物，更不待说了。故信道士们底谰言，而欲就今存《关尹子》中纂述其学说，以为可与老子并重，则非愚即诬。

三、文子

《汉志》道家有《文子》。自注曰："老子弟子，与孔子并时，而称周平王问，似依托者也。"《读书杂志》引李暹注，以为姓辛名钘，即计然。按《史记·货殖传》说："范蠡师计然。"裴骃《集解》云："计然姓辛，字文子，其先晋国公子。"暹因合计然、文子为一人。但《史记》叙计然，仅详其货殖之事，不涉道家；《汉志》录《文子》于道家，而《古今人表》别有计然。马总《意林》于

《文子》云："周平王时人,师老君。"又列《范子》,曰："计然,葵丘濮上人,姓辛,名文子。"其书皆范蠡问,计然答。可知文子与计然为二人了。江瑔《读子卮言》以为文子即越之文种。其人生于楚,尝仕楚为宛令(张守节《史记正义》引《吴越春秋》,今本无之),正与楚平王同时,书中的平王为楚平王,非周平王。故杜道坚云:"文子,楚人。楚平王不用文子之言,而有鞭尸之祸。"(见《文子赞义》)后与范蠡适越,佐勾践灭吴。故孟康注《汉书》以为"越臣也"。其后蠡知勾践不可与共安乐,惕于兔死狗烹、鸟尽弓藏之戒,飘然远去。种则恋恋不去,终赐属镂之剑自刭。以知言,蠡似胜种;以忠言,蠡又不如种了。所以文子是春秋末年人。

今本《文子赞义》十二卷,与《隋志》所录十二篇合,较《汉志》所录九篇多三篇。《赞义》,则宋道士杜道坚撰。柳宗元《辨文子》称其:"旨意皆本《老子》。然考其书,盖驳书也。其浑而类者少,窃取他书以合之者多。凡孟子辈数家,皆见剿窃,峣然而出其类。其意绪文词,又互相抵而不合。不知人之增益之欤?或者众为聚敛以成其书欤?"所以《文子》不但非文种手著,且已非原来面目了。唐天宝间,称《老子》为《道德真经》,《庄子》为《南华真经》,《列子》为《冲虚至德真经》,《文子》为《通玄真经》,故此书亦成为道家要籍,但终不及《老子》《庄子》。

四、田骈、慎到

《庄子·天下》篇以此二人与彭蒙为一派,而评述之曰:

> 公而不党,易而无私,决然无主,趣物而不两;不顾于虑,不谋于知;于物无择,与之俱往。古之道术有在于是者,

彭蒙、田骈、慎到，闻其风而悦之。齐万物以为首，曰："天能覆之，而不能载之；地能载之，而不能覆之；大道能包之，而不能辩之。"知万物皆有所可，有所不可，故曰："选则不遍，教则不至，道则无遗者矣。"是故慎到弃知去己，而缘不得已。冷汰于物，以为道理。曰"知不知，将薄知而后邻伤之者也"。奊髁无任，而笑天下之尚贤也；纵脱无行，而非天下之大圣。椎拍輐断，与物宛转。舍是与非，苟可以免。不师知虑，不知前后，魏然而已矣。推而后行，曳而后往，若飘风之还，若羽之旋，若磨石之坠；全而无非，动静无过，未尝有罪。是何故？夫无知之物，无建己之患，无用知之累，动静不离于理，是以终身无誉。故曰："至于若无知之物而已，无用贤圣。夫块不失道。"豪杰相与笑之曰："慎到之道，非生人之行，而至死人之理，适得怪焉。"田骈亦然，学于彭蒙，得不教焉。彭蒙之师曰："古之道人，至于莫之是、莫之非而已矣。其风窢然，恶可而言？"常反人不见观，而不免于魭断。其所谓道非道，而所言之韪，不免于非。彭蒙、田骈、慎到不知道。虽然，概乎皆尝有闻者也。

据此段所评述，则三子殆皆为道家。

彭蒙生平不详；按之上引《天下》篇，似为田骈之师。田骈，齐人，宣王时，与驺衍、淳于髡等七十六人俱游稷下，为列大夫，不治而论议，时号"天口骈"（见《史记·孟子荀卿传》）。故《吕氏春秋·不二》篇有"陈骈贵齐"底话（古无舌上音，故"陈""田"为一音之转，《论语》底陈恒，《史记》作田常）。《汉志》道家有《田子》二十五篇，今亡。慎子，名到，赵人。《中兴书目》作浏阳人误。《慎子》四十二篇，《汉志》列入法家，今残。

彭蒙底生平既不可考，学说如何，亦似未见于先秦古籍中。田骈、慎到，则《荀子·非十二子》篇亦同列为一派："尚法而无法，下修而好作，上则取听于上，下则取从于俗，终日言成文典，及纠察之，则偶然无所归宿，不可以经国定分。然而其持之有故，其言之成理，足以欺惑愚众，是慎到、田骈也。"《吕氏春秋》中，记田骈的，也有二则。《执一》篇说："田骈以道术说齐王。王应之曰：'寡人所有者，齐国也；道术难以除患（此句据《淮南子》补），愿闻齐国之政。'田骈对曰：'臣之言，无政而可以得政。譬若林木，无材而可以得材。……骈犹浅言之也。博言之，岂独齐国之政哉？变化应求而皆有章，因性任物而莫不当；彭祖以寿，三代以昌，五帝以昭，神农以鸿。'"《士容》篇曰："客有见田骈者，被服中法，进退中度，趋翔闲雅，辞令逊敏。田子听之毕而辞之。客出，田骈送之以目。弟子谓田骈曰：'客士欤？'田骈曰：'殆乎非士也。今者客所弇敛，士所术施也；士所弇敛，客所述施也；客殆乎非士也。故火烛一隅，则室偏无光；骨节早成，空窍哭历，身必不长。众无谋方，乞谨视见，多故不良；志必不公，不能立功。好得恶予，国虽大不能为王，祸灾日至。故君子之容，纯乎其若钟山之玉，桔乎其若陵上之木，淳淳乎慎谨畏化，而不肯自足；乾乾乎取舍不悦，而心甚素朴。'"田骈底学说，即此已可见一斑。如"变化应求"，"因性任物"，"慎谨畏化，不肯自足"，"取舍不悦，心甚素朴"，都是些道家之言。

《守山阁丛书》中所辑《慎子》逸文，有云："鸟飞于空，鱼游于渊，非术也。故为鸟为鱼者，亦不自知其能飞能游。苟知之，立心以为之，则必坠必溺。犹人之足驰手提，耳听目视，当其驰提听视之际，应机自至，又不待思而施之也。苟须思而后可施之，则疲矣。是以任自然者久，得其常者济。""任自然""得其常"，也是道家之言。《荀子·天论》篇说："慎子有见于后，无见于先。"也因为他一味地"不为天下先"之故。但是《解蔽》篇又说他"蔽于法而不知贤"，《韩非子·难势》篇也引慎子言"势"底话，合之《非十二子》篇所说"尚法而无法"，则慎子又有"尚法""尚势"底主张了。从道家流为法家，慎子似乎是一关键，所以《汉志》把他列入法家。

但就《天下》篇所评述按之，则田骈、慎到底学说，完全近乎老庄。如云"齐万物以为首"，即是以庄子"齐物"之旨为第一义。曰"万物皆有所可，皆有所不可"，此义亦见于《庄子·齐物论》中。万物既齐，即不应妄生差别，故曰"大道能包之而不能辨之"。所谓"辨"，就是加以种种的区别之义。无所区别，故"于物无择"。倘有行别择，则有所取，必有所舍，故曰"选则不遍"。反之，则大道自足以包万物，故又曰"道则无遗"。于物无所别择，即是"弃知"。"教"者教人以知。但有教，即有所不教。此亦一差别，故又曰"教则不至"。"不顾于虑，不谋于知"，"不师知虑，不知前后"，"舍是与非"，都是"弃知"。惟其主张"弃知"，故曰"知不知，将薄知而后邻（同'怜'）伤之"，故"笑天下之尚贤"，"非天下之大圣"，"至于若无知之物，无用圣贤"。"弃知"之外，又须"去己"。能"去己"，故能"公而不党，易而无私，决然无主"，故能"趣物而不两"，"与物俱往"，"与物宛转"。"推而后行，曳而后往"，也即是"与物俱往"。"弃知去己"，为田骈、慎到底要旨；"去己"，故"无建己之患"；"弃知"，故"无用知之累"。而其本在于"齐万物"。这不是和老庄底学说极近似吗？故《天下》篇说他们"概乎皆尝有所闻也"。

不过《老子》明言"知其雄，守其雌"，"知其白，守其黑"，则并非完全无知；《庄子》明言"得其环中，以应无穷"，"忘年忘义"，也并非完全无知。而田骈、慎到乃以为当真如"无知之物"，甚且以为"块不失道"，正是《天下》篇所说"非生人之行而至死人之理"了。这是他们和老庄不同的一特点，故《天下》篇又说他们"所谓道非道，而所言之韪不免于非"，因而断定他们"不知道"了。他们所注意的，在如何"苟可以免"，如何可以"动静无过，未尝有罪"；其曰"终身无誉"，反过来说，也未尝不希望"终身无毁"。可见又是以全生免害为要义的。这一点，却又近于杨朱了。

第十章　法家

一、法家思想底产生

法家在诸子中为后起的学派，而法家思想底产生，则春秋之世已见端倪。本书绪论中曾述及：封建制度、贵族阶级，春秋时已开始崩溃；代贵族而起的富人阶级之兴起，由于春秋时逐渐发达的商业。此时，诸国渐以兼并而扩其领土，平民渐以解放及自由经商而成巨富。于是国家日形强大，君权日形集中，社会亦日形复杂，向来所恃以维持国家、社会底秩序之"礼"，乃觉其不中用，而不得不求之刑法。故春秋之世，郑子产作刑书（见《左传·襄公三十年》）；晋亦作刑鼎，著范宣子所为刑书（见《左传·昭公二十九年》）。按《韩非子·难三》曰："法者，编著之图籍，设之于官府，而布之于百姓者也。"是法家所谓"法"，是指公布的成文的刑法而言。可见那时已发现"法"之重要且有成文的法了。《韩非子·用人》篇说："释法术而任心治，尧不能正一国。去规矩而妄意度，奚仲不能成一轮。废尺寸而差长短，王尔不能半中。使中主守法术，拙匠守规矩尺寸，则万不失一矣。"此明言"法"之重要。

韩非为后期的法家。此种重"法"的思想，《管子》中已有之。《明法解》曰："明主者，一度量，立仪表，而坚守之，故令下而民从。法者，天下之程式也，万事之仪表也。……故明主之治也，当于法者诛之。故以法诛罪，则民就死而不怨；以法量功，则民受赏而无德也。此以法举错之功也。……明主者，有法度之制，故群臣皆出于方正之治而不敢为奸，百姓知主之从事于法也……故诈伪之人不得欺其主，嫉妒之人不得用其贼心，谗谀之人不得施其巧，千里之外不敢妄为非。"《任法》也说："法者，不可不恒也（从安井衡说，'恒'上增一'不'字），存亡治乱之所从出，圣君所以为天下仪表也。……法者，天下之至道也，圣君之实用也。……有生法，有守法，有法于法。生法者，君也；守法者，臣也；法于法者，民也。君臣上下贵贱皆从法，此之谓大治。"《管子》虽非管仲自著，但其成书，决不至在战国之末。可见春秋时法家思想已萌芽了。

春秋战国，约可分为三个时期：第一期，春秋初世，尚为贵族政治时期；第二期，春秋末、战国初，为儒、墨二家全盛时期；第三期，战国中世以后，为法家思想成熟时期。《商君书·开塞》篇说："天地设而民生之。当此之时也，民知其母而不知其父，其道亲亲而爱私。亲亲则别，爱私则险。民众而以别险为务，则民乱。当此时也，民务胜而力征。务胜则争，力征则讼，讼而无正，则莫得其性也。故贤者立中正，设无私，而民说仁。当此时也，亲亲废，上贤立矣。凡仁者以爱利为务，而贤者以相出（同'绌'）为道。民众而无制，久而相出为道，则有（同'又'）乱。故圣人承之，作为土地、货财、男女之分。分定而无制，不可，故立禁；禁立而莫之司，不可，故立官；官立而莫之一，不可，故立君。既立君，则上贤废而贵贵立矣。然则上世亲亲而爱私，中世上贤而说仁，下世贵贵而尊官。……此三者，非事相反也，民道弊而所重易也，世事变而行道异也。"《商君书》本以此说明由上古至当时的政治学说底变迁，但恰与春秋、战国底三时期不谋而合。"上世亲亲而爱私"，即春秋初尚由国戚贵族为政的第一期；"中世上贤而说仁"，即春秋末，儒、墨都主尚贤泛爱的第二期；"下世贵贵而尊官"，即战国末法家主张尊君集权的第三期。所以这一段文章，也可看作法家思想产生底进程。

二、法家底代表

法家底代表人物，为慎到、申不害、商鞅与韩非。慎到底思想，介乎道、法二家之间，韩非则为法家之集大成者。前乎此，则《管子》一书，亦为法家底要籍。慎到，已略见前章；今举申、商、韩三人之事略如下。

《史记·老庄申韩传》叙申不害云："申不害者，京人也，故郑之贱臣。学术以干韩昭侯，昭侯用为相。内修政教，外应诸侯，十五年。终申子之身，国治兵强，无侵韩者。申子之学，本于黄老，而主刑名，著书二篇，号曰《申子》。"《汉志》法家有《申子》六篇。《隋志》："梁有《申子》三卷，亡。"《七略》曰："孝宣皇帝重申不害《君臣篇》。"《意林》《艺文类聚》《太平御览》并引《君臣篇》。《群书治要》引《长短经》"大体篇""反经篇"。此其篇名之犹可考者。

《史记·商君传》云：

> 商君者，卫之诸庶孽公子也，名鞅，姓公孙氏，其祖本姬姓也。鞅少好刑名之学，事魏相公叔痤，为中庶子。公叔痤知其贤，未及进。会痤病，魏惠王亲往问病，曰："公叔病，有如不可讳，将奈社稷何？"公叔曰："痤之中庶子公孙鞅，年虽少，有奇才，愿王举国而听之。"王默然。王且去，痤屏人言曰："王即不听用鞅，必杀之，毋令出境！"王许诺而去。公叔

痤召鞅谢曰：“今者王问可以为相者，我言若，王色不许我。我先君后臣，因谓王，'即弗用鞅，当杀之'。王许我。汝可疾去矣，且见禽。”鞅曰：“彼王不能用君之言任臣，又安能用君之言杀臣乎？”卒不去。惠王既去，而谓左右曰：“公叔病甚，悲乎，欲令寡人以国听公孙鞅也，岂不悖哉？”

公叔既死，公孙鞅闻秦孝公下令国中求贤者，将修缪公之业，东复侵地，乃遂西入秦，因孝公宠臣景监以求见孝公。……孝公用鞅为左庶长，定变法之令。……

令既具，未布，恐民之不信己，乃赏徙木者以明不欺。

令行期年……太子犯法。……刑其傅公子虔，黥其师公孙贾……秦人皆趋令。行之十年，秦民大悦，道不拾遗，山无盗贼，家给人足。民勇于公战，怯于私斗，乡邑大治。……

于是以鞅为大良造。……公子虔复犯约，劓之。……秦人富强，天子致胙……诸侯毕贺。……

将而伐魏，欺其将公子卬，尽破其军，虏公子卬。魏割河西之地以和。……卫鞅既破魏还，秦封之於、商十五邑，号为商君。

商君相秦十年，宗室贵戚多怨望者。……

秦孝公卒，太子立。公子虔之徒告商君欲反，发吏捕商君。商君亡至关下，欲舍客舍。客人不知其是商君也，曰："商君之法，舍人无验者坐之。"商君喟然叹曰："嗟乎！为法之敝，一至此哉！"去之魏。魏人……弗受。……商君复入秦，走商邑……秦发兵攻商君，杀之于郑黾池……车裂之以徇……遂灭商君之家。

《汉志》法家有《商君》二十九篇。晁公武《郡斋读书志》云：

"宋时亡三篇，又佚其二，凡二十四篇。"今存篇数恰与此合。但《群书治要》载商鞅六法，为今本所无。又《来民》篇"自魏襄王以来……"云云，"周军之胜，华军之胜……"云云，《弱民》篇"秦师至，鄢、郢举，若振槁。唐蔑死于垂沙，庄蹻发于内，楚……"云云，皆秦昭王时事，则今存《商君书》仍有残缺，且非商君所自著了。

《史记·老庄申韩传》叙韩非云：

> 韩非者，韩之诸公子也。喜刑名法术之学，而其归本于黄老。非为人口吃，不能道说，而善著书。与李斯俱事荀卿，斯自以为不如非。
>
> 非见韩之削弱，数以书谏韩王，韩王不能用。……故作《孤愤》《五蠹》《内外储说》《说林》《说难》十余万言。……
>
> 人或传其书至秦。秦王见之，曰："嗟乎！寡人得见此人，与之游，死不恨矣！"李斯曰："此韩非之所著书也。"秦因急攻韩。韩王始不用非，及急，乃遣非使秦。秦王悦，未信用。李斯、姚贾害之，毁之曰："韩非，韩之诸公子也。今王欲并诸侯，非终为韩，不为秦。今王不用，久留而归之，此自遗患也。不如以过法诛之。"秦王以为然，下吏治非。李斯使人遗非药，使自杀。韩非欲自陈，不得见。秦王后悔之，使人赦之，非已死矣。

《汉志》法家有《韩子》五十五篇，今存。其首篇曰《初见秦》，有劝秦伐韩语，《通鉴》因责非欲覆宗国。王应麟以为是后人误以范雎书厕于其间，胡适说是张仪之言。按，《韩子》有《存韩》篇，故李斯"非终为韩不为秦"之谗得以入；若《初见秦》亦为韩非之言，则又与《存韩》自相矛盾了。即此，可见今本《韩非子》有羼入之篇，更可推知其有所残缺。

《管子》八十六篇，《汉志》列入道家，今佚十篇。此书旧题管夷吾撰。管夷吾，字仲，相齐桓公，九合诸侯，一匡天下，为五霸之首。书中记管仲之死，及管仲以后事，故多疑为依托。盖管仲为一实行的政治家，对于政治多所改革；法家之有管仲，和儒家之有周公，正是一样。后人就管仲之政绩法令，加以理论化，乃成此书。据此书之本身言之，实足为前期法家思想底代表著作，不必定为管仲手著，方有价值。

三、法家底派别

上节所述，慎到、申不害、商鞅可以代表前期的法家，韩非可以代表后期的法家。前期的法家可为三派：（一）重"势"，可以慎到为代表；（二）重"术"，可以申不害为代表；（三）重"法"，可以商鞅为代表。集此三派底大成者，则为后期法家底代表韩非。

《韩非子·难势》篇引慎到之言曰："飞龙乘云，腾蛇游雾，云罢雾霁，而龙蛇与蚓蚁同矣，则失其所乘也。贤人而诎于不肖者，则权轻位卑也；不肖而能服于贤者，则权重位尊也。尧为匹夫，不能治三人；而桀为天子，能乱天下。吾以此知势位之足恃，而贤智之不足慕也。夫弩弱而矢高者，激于风也；身不肖而令行者，得助于众也。尧教于隶属而民不听，至于南面而王天下，令则行，禁则止。由此观之，贤智未足以服众，而势位足以诎（原文作'缶'，据俞樾校改）贤者也。"此明言须凭借权位底"势"，方足以言治。此种思想，《管子》中已有之。《明法解》曰："明主在上位，有必治之势，则群臣不敢为非。是故群臣之不敢欺主者，非爱主也，以畏主之威势也。百姓之争用，非以爱主也，以畏主之法令也。故明主操必胜之数，以治必用之民；处必尊之势，以制必服之臣；故令行禁止，主尊而臣卑，故《明法》曰：尊君卑臣，非计亲也，以势胜也。"此亦言国主须有威势，方能治其民，制其臣，收令行禁止之效。现代论政治常言"威信"。儒家重在"立信"，法家则重在"立威"。前者以"德"治，后者以"势"治。这是前期法家底一派。

《韩非子·定法》篇曰：　"今申不害言'术'，而公孙鞅为'法'。'术'者，因任而授官，循名而责实，操生杀之柄，课群臣之能者也。此人主之所执也。'法'者，宪令著于官府，刑罚必乎民心，赏存乎慎法，而罚加乎奸令者也。此人臣之所师也。君无术，则弊于上；臣无法，则乱于下。此不可一无，皆帝王之具也。""术"是君主驾驭臣下的手段，"法"是臣民共守的法令。申不害重"术"，商鞅重"法"，又是前期法家底两派。

《韩非子·八经》篇曰："势者，胜众之资也。……故明主之行制也天，其用人也鬼。天则不非，鬼则不困。势行教严，逆而不违。"明主行法，公而无私，故曰"天"；其驭臣民之术，权变不可测，故曰"鬼"；而又凭借"胜众之资"的势，故能"逆而不违"。《功名》篇又曰："夫有材而无势，虽贤不能制不肖。故立尺材于高山之上，下临千仞之溪，材非长也，位高也。桀为天子，能制天下，非贤也，势重也。尧为匹夫，不能正三家，非不肖也，位卑也。千钧得船则浮，锱铢失船则沉，非千钧轻而锱铢重也，有势之与无势也。故短之临高也以位，不肖之制贤也以势。"《人主》篇又曰："夫马之所以能任重引车致远道者，以筋力也。万乘之主、千乘之君，所以制天下而征诸侯者，以其威势也。威势者，人主之筋力也。"此皆明"势"之必要。《定法》篇已明言"法""术"皆帝王之具，不可一无。但"法"如不能推行，仍是具文；"术"如无权位，何从运用？故必有可凭借的"势"，方能运用其制驭臣民之"术"，以推行"法"。所以韩非是集前期法家重势、重法、重术三派底大成的。法家底思想，至此而始成熟；法家底学说，也至此而始完备。

四、法家学说底要点

法家要旨不外乎"循名责实，信赏必罚"八字。《管子·白心》篇曰："名正法备，则圣人无事。"此直以"名"与"法"并重了。又《入国》篇曰："修（疑当作'循'）名而督实，按实而定名。名实相生，反相为情。名实当则治，不当则乱。"按实定名，循名督实，使名实相当，就是所谓"正名"，也就是所谓"综核名实"。

《韩非子·扬权》篇曰："用一之道，以名为首，名正物定，名倚物徙。故圣人执一以静，使名自命，令事自定。不见其采，下故素正。因而任之，使自事之。因而予之，彼将自举之。正与处之，使皆自定之。上以名举之，不知其名，复修其形。形名参同，用其所生。二者诚信，下贡其情。……君操其名，臣效其形，形名参同，上下和调也。""倚"者"正"之反。"物"亦即"事"，"物"与"事"皆是"实"，"形"亦指事物言，也是"实"。实副其名，则"形名参同"，名自正，事物自定了。又《二柄》篇曰："人主将欲禁奸，则审合刑名者，言与事也。为人臣者陈而言，君以其言授之事，专以其事责其功。功当其事，事当其言，则赏；功不当其事，事不当其言，则罚。故群臣其言大而功小者则罚，非罚小功也，罚功不当名也；群臣其言小而功大者亦罚，非不悦于大功也，以为不当名也，害甚于有大功，故罚。"言为"名"，功为"实"。

实必副于其名。故言大而功小，言小而功大，同为名实不副，故皆有罚。

总之，人主授臣以位，必按其位之名，以责其功之实；人臣陈言於人主，主以其言授之事，即就其事以责其功：都是"循名责实"，使其实副其名。如此，则臣自努力以求副其名，君主只须执名以责诸臣之实，这就是所谓"君操其名，臣效其形"，也就是"审合刑（同'形'）名"。如此，乃能以简御繁，以一御万，所谓"圣人执一以静，使名自命，令事自定"。所以正名实是人主驾驭臣下的方法。

"循名责实"，故实副其名者赏，实不副其名者罚。"赏"与"罚"，为人主之二柄。《韩非子》有《二柄》篇，其言曰："明主之所导制其臣者，二柄而已矣。二柄者，刑德也。何谓刑德？杀戮之谓刑，庆赏之谓德。为人臣者，畏诛罚而利庆赏。故人主自用其刑德，则群臣畏其威而归其利矣。"《八经》篇曰："凡治天下，必因人情。人情有好恶，故赏罚可用；赏罚可用，则禁令可立，而治道具矣。君执柄以处势，故令行禁止。"盖赏罚为人主之二柄，赏求其信，罚求其必。信赏必罚，始能循名责实。所以赏罚是人主驾驭臣下的工具。总之，君人南面之"术"，在乎运用赏罚，以正名实。

正名实、严赏罚，是法家致治之术。此即与儒家"道之以德，齐之以礼"不同的"道之以政，齐之以刑"。为什么政刑赏罚可以致治呢？他们认为人们皆有自私自利之心。《韩非子·外储说左上》曰："夫卖庸而播耕者，主人费家而美食，调布而求易钱者，非爱庸客也，曰：'如是，耕者且深，耨者熟耘也。'庸客致力而疾耘耕者，尽巧而正畦陌（原文衍'畦畤'二字，从顾千里校删）者，非爱主人也，曰：'如是，羹且美，钱布且易云也。'此其养功力，有父子之泽矣，而心调于用者，皆挟自为心也。故人行事施予，以利之为心，则越人易和；以害之为心，则父子离且怨。"不但雇佣与主人皆挟自私自利之心，即父子之间亦然。《六反》篇曰："且父母之于子也，产男则相贺，产女则杀之。此俱出父母之怀衽，然男子受贺、女子杀之者，虑其后便，计之长利也。故父母之于子也，犹用计算之心以相待也，而况无父子之泽乎？"天下之人皆挟自私自利之心，皆用计算之心以相待，故人主当利用此种普遍的心理，以赏罚驾驭臣民。故《八经》篇又曰："凡治天下，必因人情；人情者，有好恶，故赏罚可用；赏罚可用，则禁令可立，而治道具矣。"

韩非此种理论，实以其师荀子底"性恶论"为根据。人性既恶，故不得不以赏罚威势临之。《显学》篇曰："夫严家无悍虏，而慈母有败子。吾以此知威势之可以禁暴，而德厚之不足以止乱也。夫圣人之治国，不恃人之为吾善也，而用其不得为非。恃人之为吾善也，境内不什数；用人不得为非，一国可使齐。为治国者用众而舍寡，故不务德而务法。夫必恃自直之箭，百世无矢；恃自圜之木，千世无轮矣。自直之箭，自圜之木，百世无有一，然而世皆乘车射禽者，何也？隐括之道用也。虽有不恃隐括而有自直之箭、自圜之木，良工弗贵也。何则？乘者非一人，射者非一发也。不恃赏罚而自善之民，明主弗贵也。何则？国法不可失，而所治非一人也。故有术之君，不随适然之善，而行必然之道。"此段议论，明明白白地以"性恶论"为理论底根据，主张"法治"，反对儒家底"德治"。

儒家之祖孔子已有为政必先"正名"的主张，后期儒家巨子荀子于"正名"尤多发挥。所以法家底"正名实"，是承儒家这一派底主张的。"性恶论"也是荀子底根本思想。法家以"性恶论"为根据，也是承荀子一派底主张的。以"正名"与"性恶"为理论底基础，而归结于"严赏罚"的"法治"，却正和儒家底"德治"和

"礼治"相反。——这是法家和儒家底关系。

道家以"无为"为旨，上文述《老子》及《庄子》二章，已曾言之。《庄子·天道》篇曰："夫帝王之德，以天地为宗，以道德为主，以无为为常。无为也，则用天下而有余；有为也，则为天下用而不足。故古之人贵无为也。上无为也，下亦无为也，是下与上同德；下与上同德，则不臣。下有为也，上亦有为也，是上与下同道；上与下同道，则不主。上必无为而用天下，下必有为为天下用，此不易之道也。故古之王天下者，知虽落天地，不自虑也；辩虽雕万物，不自说也；能虽穷海内，不自为也。天不产而万物化，地不长而万物育，帝王无为而天下功。故曰莫神于天，莫富于地，莫大于帝王。故曰帝王之德配天地。此乘天地，驰万物，而用人群之道也。"《在宥》篇亦曰："何谓道？有天道，有人道。无为而尊者，天道也；有为而累者，人道也。主者，天道也；臣者，人道也。"所以道家底"无为"，只是君人南面之术。君主须无为，臣下仍须有为。法家底主张，也是君主无为，臣下有为；君主操赏罚二柄以驾驭臣下，驱使臣下，故能己无为而使臣下有为，故能"无为而无不为"。《韩非子·扬权》篇曰："事在四方，要在中央。圣人执要，四方来效。虚而待之，彼自以之。"又曰："夫物者有所宜，材者有所施，各处其宜，故上可无为。使鸡司夜，令狸执鼠，皆用其能，上乃无事。"为君主者能"秉要执本"，使臣下自效，各处其宜，各尽其能，便可以无为。譬如轮船上掌舵的人，高居其位，略一举手，船便能随意行动；其实使轮船行动者，还是发动机和司机人底力量。

《天道》篇又曰："是故古之明大道者，必先明天，而道德次之；道德已明，而仁义次之；仁义已明，而分守次之；分守已明，而形名次之；形名已明，而因任次之；因任已明，而原省次之；原省已明，而是非次之；是非已明，而赏罚次之。赏罚已明，而愚知处宜，贵贱履位，仁贤不肖袭情。必分其名，必由其名。以此事上，以此畜下，以此治物，以此修身；知谋不用，必归其天。此之谓太平，治之至也。……古之语大道者，五变而形名可举，九变而赏罚可言也。""明天""明道德""明仁义""明分守""明形名"，是谓"五变"；加以"明因任""明原省""明是非""明赏罚"，是谓"九变"。道家注重在前二变，法家注重在后六变。是道家已有此派主张，法家特承其流而发挥之。故司马迁以为申、韩刑名之学，其要归本于黄老。《管子》中有《内业》《白心》诸篇，《韩非子》中有《解老》《喻老》诸篇，此虽由后人论纂，未必出管仲、韩非手著，而法家兼讲道家之学，不仅慎到一人，已于此可见。——这是法家和道家底关系。

儒家以尧舜为其理想的黄金时代，道家则更推而上之，托于黄帝，甚且欲反之太古之世。即墨子亦托于夏禹，农家亦托于神农。法家则独不然。《商君书·更法》篇曰："前世不同教，何古之法？帝王不相复，何礼之循？……臣故曰：'治世不一道，便国不法古。'汤武之王也，不循古而兴；殷夏之灭也，不易礼而亡。然则反古者未必可非，循礼者未足多是也。"《韩非子·五蠹》篇亦曰："今有构木钻燧于夏后氏之世者，必为鲧禹笑矣；有决渎于殷周之世者，必为汤武笑矣。然则今有美尧、舜、禹、汤、武之道于当今之世者，必为新圣笑矣。是以圣人不期修古，不法常可，论世之事，因为之备。"并设守株待兔的寓言，以为"以先王之政治当世之民，皆守株之类"。所以诸子改制，多以"托古"为手段；法家变法，则直以"反古"为立论的根据。——这是法家特别的见解。

自孔子开讲学游说之风，于是不事生产、专以讲学游说为事之人日多。此为儒、墨二家底学风，而孟尝、信陵诸人底门下食客，亦即为此风之变相。所谓"士",实已成为一特殊的阶级,俨然为一种不负实际责任、不做实际工作而好发议论的知识分子底集体。荀子对于各家之辩,已欲"临之以势,道之以道,申之以命,章之以论,禁之以刑"(见《正名》篇),韩非乃彰明较著地主张禁止私学游说了。《问辩》篇曰:"明主之国,令者言最贵者也,法者事最适者也。言无二贵,法不两适,故言行不轨于法者必禁。"所谓不轨于法的言行,即是"以文乱法"的儒,"以武犯禁"的侠("侠"似即指墨者)。故又曰:"儒服带剑者众,而耕战之士寡;坚白无厚之词章,而宪令之法息。故曰,上不明,则辩生焉。"则辩者也是不轨于法之言,在所必禁了。推原游士辩说之所以多,又在乎私家讲学之风之盛。故《五蠹》篇曰:"明主之国,无书简之文,以法为教;无先王之语,以吏为师。"直欲禁灭私学。李斯和韩非同为后期的法家巨子,其焚《诗》《书》,禁私学,且云"若有欲学法令,以吏为师",正是实行法家此种主张。——这是法家特别的政策。

第十一章 所谓"名家"

一、后期儒家底名学

本书绪论中曾说过，我国周秦之际之"名学"，犹印度之因明、西洋之逻辑，同为辩证术，为各家都需要的阐发自己学说、驳斥他派学说底工具。名学既为各家所同需要，而其发达则在战国中世以后，故后期的儒家、墨家，尤长于此。向来所谓"名家"，如惠施、公孙龙等，则似于辩论之外，并没有充实的内容、特殊的学说；故无以名之，名之曰"名家"而已。兹先述后期儒、墨二家名学底概要，然后及惠施、公孙龙等辩者，以见名学非所谓名家专有的学术。

孔子底"正名"，上文已述其大旨。但仅有伦理的意味，尚无逻辑的意味。孟子虽称好辩，于名学亦并无发挥。后期儒家底名学，当以荀子底《正名》篇为代表。《正名》篇曰："制名以指实，上所以明贵贱，下所以别同异。贵贱明，同异别，如是则志无不喻之患，事无困废之祸，此所为有名也。""实"是"事物"，"名"是称此事物之名，先有实，后乃定名以指之，故曰"制名以指实"。名之用有二：一为伦理的，如君臣、父子之类，所以明贵贱尊卑；二为逻辑的，则所以辨事物之同异。试想像未有所谓"名"之前，无论口头、书面，吾人殆无以举其实，则虽有意志情感，无法使他人共喻；且贵贱、同异俱无以明辨，而人事亦因以困废了。因此，不得不制名以指实。

其实，吾人所以制名以指实，重在别同异，明贵贱还是其次。故下文专就别同异说："然则何缘而以同异？曰：缘天官。凡同类同情者，其天官之意物也同，故比方之疑似而通，是所以共其约名以相期也。形体、色理以目异，声音清浊、调竽、奇声以耳异……此所缘而以同异也。然后随而命之，同则同之，异则异之。单足以喻则单，单不足以喻则兼；单与兼无所相避则共，虽共不为害矣。知异实者之异名也，故使异实者莫不异名也，不可乱也，犹使同实（原文作'异实'，杨倞注云'或曰当为同实'）者莫不同名也。""天官"，即耳目口鼻等感官。同为人类，有相同之感官，其意识外物亦同。故制名以指实，能使人人共喻。但所谓"名"，亦不能全举事物所具之性质，故"名"之指实，只是"比方之疑似而通"而已。事物之同异，在以耳目等感官辨之。实同者名亦同，实异者名亦异；少数为"单"，多数为"兼"，此指表个体之名而言。"单与兼无所相避则共"之名，则指包括许多同类的个体之名而言。前者谓之"别名"，后者谓之"共名"。

下文又曰："故万物虽众，有时而欲遍举之，故谓之'物'。物也者，大共名也。推而共之，共则有共，至于无共，然后止。有时而欲偏（原文作'遍'，从俞樾校改）举之，故谓之'鸟''兽'。鸟兽也者，大别名也。推而别之，别则有别，至于无别，然后止。""物"之一名，所包最广，故谓之"大共名"。物可别为"生物"与"无生物"，"生物"可别为"动物"与"植物"，"动物"可别为"鸟""兽"……"鸟"或"兽"又可别为凤凰、鸳鸯、鸡、鸭……或狮、虎、牛、羊……下一级之名对其上一级，皆可谓之为"别名"；上一级之名对其下一级，皆可谓之"共名"。质言之，如鸡、鸭、牛、羊……还是指这一类动物之名，不是"无别"之名。只有专指一个人的姓名，方是"无别"的别名，如孔丘、孟轲、荀况等。

下文又曰："名无固宜，约之以命，约定俗成谓之宜，异于约谓之不宜。名无固实，约之以命实，约定俗成谓之实名。名有固善，径易而不拂，谓之善名。"这一段又就初制名之时言之。在初制名之时，以某名指某实，本由人们随意定之。如初制名时，名马曰马，固可；名鹿曰马，亦未尝不可；故曰"名无固宜""名无固实"。但以某名指某实之约已定，且成习俗了，便以此名为宜了。如既名马曰马，已约定俗成，而有人指鹿为马，便谓之不宜了。初制名时，虽无固宜、固实，但有固善。例如鸡、鸭，即象此种鸟类之鸣声，其制名时，可谓直捷平易而无所违拂；诸如此类，方可谓之善名。

《正名》篇又曰："名闻而实喻，名之用也。累而成文，名之丽也。用丽俱得，谓之知名。"名所以指实，故闻其名，即可喻其实。名不限于实物，表动作、形态之词也是名。累叠诸名，可以成文。名实相孚，则其用得；累名成文，可以达意，则其丽得。非知名者，不能如此。又曰："名也者，所以期累实也。辞也者，兼异实之名以谕（原文作'论'，从王念孙校）一意也。辨说也者，不异实名，以喻动静之道也。期命也者，辨说之用也。辨说也者，心之象道也。心也者，道之工宰也。道也者，治之经理也。心合于道，说合于心，辞合于说。正名而期，质请（王念孙云：'请读为情。'情，实也）而喻，辨异而不过，推类而不悖，听则合文，辨则尽故。以正道而辨奸，犹引绳以持曲直。是故邪说不能乱，百家不能窜。""名"，所以期累实。累异实之诸名以成文，以谕一意，则谓之"辞"。于是可就某事物作详细的讨论，以喻其动静，则谓之"辨说"，而其要在于"不异实名"；如所讨论之实或名有异，即无可辨说（例如"和平"为一美名，如以投降为"和平"，则和平之名虽同而其实已异）。辨说之用，在于"期命"。"道"指主义、学说而言，故为"治之经理"。一切主义、学说，皆以心为之工宰。辨说即阐发吾心所主张之主义、学术。故必"心合于道，说合于心，辞合于说"，然后可以辨说；必"正名而期，质请而喻，辨异而不过，推类而不悖，听则合文，辨则尽故"，然后其辨说方能"正道而辨奸"如"引绳以持曲直"。能正道则能立，能辨奸则能破，故百家邪说不能窜乱。

上文所引《正名》篇二节，前一节论"名"，后一节论"辨"。合之，则"名"是"辨"底基础。"名"必有一定的意义，不能随便改动，故《正名》篇曰："故王者之制名，名定而实辨，道行而志通，则慎率民而一焉。故析辞擅作名，以乱正名，使民疑惑，人多辨讼，则谓之大奸，其罪犹为符节度量之罪也。故其名莫敢托为奇辞以乱正名。""名定而实辨"，"率民而一"之名，谓之"正名"。"析辞擅作名"，即"托为奇辞"者，皆是以乱"正名"，皆足以使民疑惑，使民多辨讼。例如借口和平救国，投降敌人，甘为虎伥者，即托为奇辞以乱正名者。其罪实甚于私造符节度量之人。莫敢托为奇辞以乱正名，则"其民悫"，"壹于道法而谨于循令"了。这是正名之效见于政治者。

《正名》篇又就"正名"之观点，将当时流行，他所认为谬误的学说，分为三种。其一曰，见侮不辱，圣人不爱己，杀盗非杀人也，此惑于用名以乱名者也。验之所以为有名，而观其孰行，则能禁之矣。其二曰，山渊平，情欲寡，刍豢不加甘，大钟不加乐，此惑于用实以乱名者也。验之所缘（原文有"无"字，依郭庆藩校删）以同异，而观其孰调，则能禁之矣。其三曰，非而谒楹，有牛马非马也，此惑于用名以乱实者也。验之名约，以其所受，悖其所辞，则能禁之矣。

"见侮不辱",是宋钘底学说,见《庄子·天下》篇。"圣人不爱己""杀盗非杀人",是墨家底学说(《墨子·大取》篇曰:"爱人不外己,己在所爱之中。己在所爱,爱加于己。伦列之,爱己、爱人也。"爱己即是爱人,故曰不爱己)。"见侮"是一名,其内涵已包有"见辱"之义;"人"是共名,"盗"是人底一部分,故"人"底外延可以包"盗";"己"与"人"是相排拒的二名,其内涵、外延各异。故验之所以为有此诸名,察其内涵、外延,必如何方能不背乎约定俗成之宜,可以行用,则此诸说之谬不待辨而自明,可禁之使俱绝了。

"山渊平",即《天下》篇述惠施所谓"山与泽平";"情欲寡",亦宋钘之说;"刍豢不加甘,大钟不加乐",似为墨家主张节用非乐的论调。就高地之渊与低地之山比较,也可以说"山渊平";就少数人偶然的情而论,也有"欲寡"的;在特殊的情况之下,有时尝美味而不加甘,听音乐而不加乐。但不能以特殊的事物或情形概括此诸名所指的一般事物,否则,便是以特殊的"实"乱一般的"名"。明乎此,便可知诸说之谬而禁绝之了。

"非而谒楹""牛马非马",皆见《墨经》。前者之义不详。"牛马"一名,包括"牛""马"之物,故虽谓"牛马非牛""牛马非马",亦无不可。验之制名之约,则"牛马"一名之中,明明已包有"马",何得谓为非马?明乎此,即可以知其说之谬而禁绝之了。

《正名》篇又曰:"凡邪说辟(同'僻')言之离正道而擅作者,无不类于三惑者矣。故明君知其分而不与辩也。夫民易一以道,而不可与共故。故明君临之以势,道之以道,申之以命,章之以论,禁之以刑。故其民之化道也如神,辨说恶用矣哉!""三惑"即上文所引三种误谬的言论。"离正道而擅作",即上文所谓"析辞擅作名""托为奇辞""以乱正名"者。上引荀子论三惑，皆说"则能禁之矣"；此云"明君临之以势……禁之以刑"，则荀子已主张以政治势力禁绝异学。可见李斯佐秦始皇，力主"绝灭异学"，是承其师说见之实行了。

二、后期墨家底名学

《墨子》"经"（上下）、"经说"（上下）、"大取"、"小取"六篇中，关于"名学"者甚多，《小取》篇尤为详明。今以《小取》为例，撮述其要于此。

《小取》篇首曰："夫辩者，将以明是非之分，审治乱之纪，明同异之处，察名实之理，处利害，决嫌疑。焉（乃也）摹略万物之然，论求群言之比。以名举实，以辞抒意，以说出故。以类取，以类予。有诸己不非诸人，无诸己不求诸人。"（一）明是非，（二）审治乱，（三）明同异，（四）察名实，（五）处利害，（六）决嫌疑，六者为"辩"之用。六者之中，当以"察名实""明同异"为本，更进而"决嫌疑""明是非"，然后可用以"处利害""审治乱"。"摹略万物之然，论求群言之比"，即是"辩"。"以名举实"，即《荀子·正名》篇底"制名以指实"；"以辞抒意"，即《荀子·正名》篇底"兼异实之名以论一意"。"故"者，事物所以然之原因，言论所以然之理由。《经上》云："故，所得而后成也。"《经说》曰："故——小故，有之不必然，无之必不然。……大故，有之必然，无之必不然。""小故"，即今逻辑所谓"必要原因"；"大故"，即今逻辑所谓"充足而必要的原因"。"以说出故"者，即以言语说明事物之原因，或言论之理由。"取"即举例，"予"即判断。举例或据所举之例以下判断，必须为同类者。此五句述辩之方法。至于"有诸己不非诸人，无诸己不求诸人"，则是辩论时所应遵守的规则了。

此下，又提出七种辩说方式：

（一）"或也者，不尽也。"或者，偶然之辞。《经上》曰："尽，莫不然也。"必此同类之事物莫不如此，方可谓之"尽"；如同类事物非"莫不然"者，即是"不尽"。不尽者，便不能作全称之肯定或否定，而只能谓之"或"。如马不必皆白，故吾人只能谓"马或白"。故吾人对于某类事物，所知苟未完全，只得说"或如何"而已。

（二）"假也者，今不然也。"假即假设，谓虚拟某条件，断言其在此条件之下如何而已。条件出于虚拟，故曰"今不然"。如曰："使李将军遇高皇帝，万户侯岂足道哉！""如欲平治天下，当今之世，舍我其谁哉？"李广遇汉高祖，天欲平治天下，都只是虚拟的条件，当时并无此种事实，故曰"今不然也"。

（三）"效也者，为之法也。""故中效，则是也；不中效，则非也。此效也。"《经上》曰："法，所若而然也。"《经说》曰："法——意、规、圆三也，俱可以为法。""法"为事底公式，物底模范。仿效此"法"而成事物，谓之"效"。"意"谓圆底意象，"规"谓圆规，"圆"谓已有之圆。以此三者为"法"（意与圆为模范，以规画圆为公式），皆可以成圆形。"故"即上文"以说出故"之故，指事物之原因，立说之理由而言。以此"故"为"法"，观其是否"中效"，即是否效之而皆然者；中效则此"故"为真故，不中效便非真故。所以这种辩说方式——"效"——必须所出之"故"中效而后可。

（四）"辟也者，举也物而以明之也。""辟"同"譬"。"也物"即"他物"。举已知之他物或他事以说明未知之事物，是为"譬喻"。《潜夫论·释难》篇所谓"夫譬喻也者，生于直告之不明，故假物之然否以彰之"，即是此意。惠施因梁王不许他用譬，假设一"以弹说弹"的故事，说"弹之状如弹"便不易懂，说"弹之状如弓，而以竹为弦"便易懂，仍是以譬喻说明譬喻之必要。

（五）"侔也者，比辞而俱行也。""辟"是举他物以明此物，"侔"是举他辞以比此辞。《公孙龙子·迹府》篇记公孙龙答孔穿曰："龙闻楚王……丧其弓，左右请求之。王曰：'止！楚王遗弓，楚人得之，又何求乎？'仲尼闻之曰：'……亦曰"人亡之，人得之而已，何必楚？"若此，仲尼异'楚人'于所谓'人'。夫是仲尼异'楚人'于所谓'人'，而非龙异'白马'于所谓'马'，悖！"公孙龙有"白马非马"之说。"白马"与"马"底关系，正和"楚人"与"人"底关系相同。仲尼把"楚人"与"人"看做不同，大家以为是的；则公孙龙把"白马"与"马"看做不同，也不能说是错了。举孔子之言以证明其"白马非马"之言之合理，便是"比辞而俱行"的"侔"。

（六）"援也者，曰子然，我奚独不可以然也。"你可以如此，我为什么独不可如此，这叫做"援"。这就是"援例"了。

（七）"推也者，以其所不取之同于其所取者予之也。是犹谓也者同也，吾岂谓也者异也。""也者"之"也"，亦即"他"字。"所取"，谓所举已知之例；"所不取"，谓所未举之未知的例。我已观察许多个别的事物，知其如此而举以为例，则虽我所未观察、未举以为例之事物，只须与所观察、所举例之事物为同类，即可以推而及之，下一判断了。所以"推"，即是上文"以类取，以类予"的方法，也就是逻辑底"归纳法"。

《小取》篇又曰："夫物有以同，而不率遂同。辞之侔也，有所至而正。其然也，有所以然也；其然也同，其所以然不必同。其取之也，有所以取之；其取之也同，其所以取之也不必同。是故辟、伴、援、推之辞，行而异，转而危，远而失，流而离本，则不可不审也，不可常用也。故言多方、殊类、异故，则不可偏观也。"物之相同，亦有种种。例如《经上》曰："同，重、体、合、类。"《经说》曰："同——二名一实，重同也；不外于兼，体同也；俱处于室，合同也；有以同，类同也。"孔丘与孔仲尼，是"二名一实"的"重同"；两耳同属于一人，是"不外于兼"的"体同"；同在一处之物，是"俱处于室"的"合同"；鸡鸭同为鸟类中之家禽，是"有以同"的"类同"。除"重同"一种外，都是"不率遂同"的。如随便取以为譬，则"行而异"了。"比辞"之伴，也有其相当的限度，故曰"有所至而正"。过此限度，则又"转而危"了。事物底"然"，必各有其"所以然"，尽有其"然"同而"所以然"不同者。如病者同一症状而死者，其致死之因不必同。若援以为例，以为凡有某种症状者皆必死，则"远而失"了。举事物为例，有其所以举之之主观。所以举之之故不同，则所推得之判断是否误谬亦殊难定。例如从前筹安会劝袁世凯做皇帝，举了许多例，证明民主共和国不如君主国；但他们故意把美国、法国两大民主国不举，便是"流而离本"了。其言多方，其类不同，其故亦异，凡此言论，不可偏观偏听。这一段是论辩说之易致谬误。

《墨子》中《经》上下、《经说》上下、《大取》、《小取》六篇，名学底材料很多，故晋鲁胜以"墨辩"名之。即以《小取》而论，关于名学的，也不仅上文所述。本节不过举这一部分做例而已。原书具在，读者可自去参阅。

三、惠施

《墨辩》六篇，虽附见于《墨子》，但是后期墨者底书。荀子也是后期的儒家。为什么后期的儒、墨二家对于名学的研究突然兴盛呢？因为战国中世以后，辩论之风日盛，已有专以辩论见长的学者。这些学者，当时称为"辩者"（《庄子·天地》篇"辩者有言曰"云云，《天下》篇"惠施以此为大观于天下而晓辩者，天下之辩者相与乐之。……桓团、公孙龙，辩者之徒"），或曰"刑名之家"（见《战国策·赵策》，"刑名"即"形名"，此王鸣盛说，见《十七史商榷》）。汉人则谓之"名家"。儒、墨二家苟非于名学有相当的研究，便不能自固壁垒，御其论敌。后期儒、墨二家底名学既略如上述，兹当进而述所谓名家。

惠施，惠氏，施名。据《吕氏春秋·淫辞》篇高诱注，是宋人。与庄子同时，与庄子为友。《庄子》中记惠施事颇多。如《秋水》篇："庄子与惠子游于濠梁之上。庄子曰：'鲦鱼出游从容，是鱼之乐也。'惠子曰：'子非鱼，安知鱼之乐？'庄子曰：'子非我，安知我不知鱼之乐？'"又《徐无鬼》篇记庄子过惠子之墓，叹曰："自夫子之死也，吾无与言矣！"并设郢人匠石之喻，以伤知己之逝。《庄子》虽寓言十九，但惠施为庄子之至友，似无可疑。

《天下》篇末，有评述惠施一段：

> 惠施多方，其书五车，其道舛驳，其言也不中。历物之意，曰："至大无外，谓之大一；至小无内，谓之小一。无厚不可积也，其大千里。天与地卑，山与泽平。日方中方睨，物方生方死。大同而与小同异，此之谓小同异；万物毕同毕异，此之谓大同异。南方无穷而有穷。今日适越而昔来。连环可解也。我知天下之中央，燕之北、越之南是也。泛爱万物，天地一体也。"惠施以此为大观于天下而晓辩者，天下之辩者相与乐之。……惠施日以其知与人辩，特与天下之辩者为怪，此其

柢也。然惠施之口谈，自以为最贤。曰："天地其壮乎！施存雄而无术。"南方有倚人焉，曰黄缭。问天地所以不坠不陷，风雨雷霆之故。惠施不辞而应，不虑而对，遍为万物说，说而不休，多而无已，犹以为寡，益之以怪。以反人为实，而欲以胜人为名，是以与众不适也。弱于德，强于物，其涂隩矣。由天地之道，观惠施之能，其犹一蚊一虻之劳者也，其于物也何庸？夫充一尚可，曰愈贵道几矣！惠施不能以此自宁，散万物而不厌，卒以善辩为名。惜乎惠施之才，骀荡而不得，逐万物而不反，是穷响以声，形与影竞走也，悲夫！

此段本分为三节，除中间一节，因为是述辩者的话，与惠施本人无关，故已删去外，前一节述惠施之说，后一节评惠施之学。

"历物"即历指事物。惠施"遍为万物说"，故述其历物之言。所述历物之言凡十条，关于空间者五条，关于时间者三条，关于同异者二条。

关于空间者，一曰"至大无外，谓之大一；至小无内，谓之小一"。《庄子·秋水》篇所云"至精无形，至大不可围"，《则阳》篇所云"精至于无伦，大至于不可围"，就是"至小无内""至大无外"。因为有形的，有伦的，有内容的，还不是至小之物；有外的，可以包围的，还不是至大之物。故毫末不足以"定至细之倪"，天地不足以"穷至大之域"（用《秋水》篇语）。所以"大一"是指包括一切的无穷大，"小一"是指不可见、不可比、不能再有内容的无穷小。二曰"无厚不可积也，其大千里"。薄到无厚的面，是几何学的面。因为无厚，故不可积。但虽不能积而成体，仍可有它的面积，且可大至千里。三曰"天与地卑，山与泽平"。大与小，固是无穷的；高与卑，也是无穷的。以肉眼观察，固是天高地卑，山高泽卑;但以天山与无穷高比则又卑了,以地泽与无穷低比则高了。《秋水》篇曰:"以差观之,因其所大而大之,则万物莫不大;因其所小而小之,则万物莫不小。知天地之为稊米也,知毫末之为丘山也,则差数睹矣。"因为毫末非无内的至小,天地非无外的至大,故以天地比至大则为稊米,以毫末比至小则为丘山。《齐物论》谓"天下莫大于秋毫之末而泰山为小",即是此理。此就大小而言。"天与地卑,山与泽平",则就高卑言。理由是相同的。四曰"南方无穷而有穷"。此亦以南方比无穷之至大,故一般人认为无穷者,其实是有穷的。五曰"我知天下之中央,燕之北、越之南是也"。《释文》引司马彪注曰:"天下无方,故所在为中;循环无端,故所在为始也。"一般人知燕之南、越之北为中国之中央,又以中国为处天下之中。但以"至大无外"之空间言之,则无论何地皆可谓之中,故燕之北也是天下之中,越之南也是天下之中。《秋水》篇曰:"计四海之在天地之间也,不似礨空之在大泽乎?计中国之在海内,不似稊米之在太仓乎?"天地尚非至大,何况四海?更何况中国?执中国之中以为天下之中,真是《秋水》篇所谓拘于墟的井蛙,不足以语于海了。

关于时间者,一曰"日方中方睨,物方生方死"。《庄子·大宗师》篇郭象注有云:"故不暂停,忽已涉新,则天地万物无时而不移者也。"时间一瞬不停地在过去,日果未中,不得谓中;才是日中,忽已日斜;日之正中,不过一刹那间而已,故曰"日方中方睨"。物有生必有死,自初生底一刹那,已毫不停留地向死而趋,故曰"物方生方死"。《齐物论》也说"方生方死,方死方生",亦与此同。二曰"今日适越而昔来"。今日适越,明日到越,但所谓明日,瞬昔间已成今日,已成昔日了。但是"昔来"之"昔",自其后观之,固可谓之"昔";若由适越之今日观之,固不得谓之"昔"。

所以庄子对于此条，似不谓然。《齐物论》曰："未成乎心而有是非，是今日适越而昔至也，是以无有为有。无有为有，虽有神禹，且不能知，吾独且奈何哉？"三曰"连环可解也"。连环本不可解；及其既毁，则解了。《齐物论》曰："其分也，成也；其成也，毁也。"分即是解。物方生方死，连环亦方成方毁。毁则连环可分解了。

关于同异者，一曰"大同而与小同异，此之谓小同异；万物毕同毕异，此之谓大同异"。世人所谓同异，或大同小异，或小同大异，不过是"小同异"。如就相同之点观之，则天下之物皆有相同之处，故可说"万物毕同"；如就相异之点观之，则天下之物皆有相异之处，故可说"万物毕异"。这才是"大同异"。《庄子·德充符》篇曰："自其异者视之，肝胆楚越也；自其同者视之，万物皆一也。"理与此同。二曰"泛爱万物，天地一体"。这就是《齐物论》所谓"天地与我并生，万物与我为一"。因为天地万物与我为一体，所以要"泛爱万物"。《韩非子·内储说上》说惠施"欲以齐荆偃兵"，大概他底"泛爱万物"也和墨子兼爱之旨相近，所以也主张"非攻寝兵"吧！《庄子》虽说惠施"其书五车"，而现已无存；其学说之可考者，以《天下》篇所载十事为最详了。由此可知惠施是一个辩者，故《荀子·解蔽》篇也说他"蔽于辞而不知实"。

综上所述十事，惠施盖亦知空间底大小、高卑、远近、中偏，时间底今昔、久暂，乃至同异、成毁、生死，都只是世人妄执的差别相，自"道"底观点言之，都是无谓的，多此一举的，故归结到天地万物与我为一，因此有"泛爱万物"的主张。天地万物与我一，正和庄子底学说相合，故曰"充一尚可，曰愈贵道几矣"。言其"充一"之旨，不但"尚可"，且可谓为"愈贵"，以其已几于道也。庄子始于"言"而终于"无言"，始于"知"而终于"不知"，能由所谓"心斋""坐忘"，以实验无是非、无同异，乃至无人我、无生死，与万物为一的神秘之境；惠施则只是"日以其知与人辩，特与天下之辩者为怪"，"说而不休，多而无已"，"自以为最贤"，"以反人为实，而欲以胜人为名"，故"卒以善辩为名"。因其几于道，而"不能以此自宁"，故曰"弱于德"；因其"遍为万物说"，"散万物而不厌"，故曰"强于物"。弱于德而强于物，就是不能致力于道，而专务于外，故"逐万物而不反"。以辩胜人之辩，真是"穷响以声"；"逐万物而不反"，真是"形与影竞走"，于物无庸了。惠施之才，去道一间，故庄子一则曰"惜乎"，再则曰"悲夫"，深惜他不能于百尺竿头再进一步，终于只成一个"辩者"。惠施之学，于此可见；惠施与庄子底交谊，也于此可见。

四、公孙龙

公孙龙，字子秉（见《列子释文》。庄子谓惠子曰："儒墨杨秉四，与夫子为五。"秉即公孙龙），赵人（《史记·孟子荀卿传》言"赵有公孙龙"。《汉志》自注亦云赵人。《吕氏春秋·审应览》高诱注以为魏人）。尝为平原君客。又尝说燕昭王、赵惠王偃兵。《天下》篇曰："桓团、公孙龙，辩者之徒"。《公孙龙子·迹府》篇曰："公孙龙，六国时辩士也。"《公孙龙子》，《汉志》列于名家。今仅存《迹府》《白马》《指物》《通变》《坚白》《名实》六篇。《迹府》篇明为后人所撰。兹就其余五篇，撮述公孙龙之说。

（一）"白马论"

《迹府》篇曰："龙之所以为'名'者，乃以白马之论耳。"公孙龙所以成为名家，鸣于当时，实以其"白马非马"之说。《白马》篇曰："白马非马。……马者，所以命形也；白者，所以命色也。

命色者，非命形也，故曰白马非马。"马以形得名，白以色得名。以其形为马，故名曰马，不问其色如何。以其色白，故名曰白马。"马"与"白马"，各为一名，两不相涉，故曰"白马非马"。又曰："求马，黄黑马皆可致；求白马，黄黑马不可致。……故黄黑马，一也，可以应'有马'，而不可以应'有白马'。是白马之非马审矣。"但曰"求马"，不问其色，故有黄黑马，可以应曰"有马"。如曰"求白马"，则仅有黄黑马，便不能应曰"有白马"了。又曰："白者，不定所白，忘之而可也。白马者，言白定所白也。定所白者，非白也。""不定所白"，是指不附著于任何物的"白"，是抽象的"色"；"定所白"，是指"白马"之"白"，已附著于马，为"白马"底一种属性，不是抽象的白色了。又曰："马者，无去取于色，故黄黑皆所以应；白马者，有去取于色，黄黑马皆以色去，故惟白马独可以应耳。无去者，非有去也，故曰白马非马。"按之逻辑，"马"底一部分为"白马"，其关系可以图示之。故"马"与"白马"二名，其外延、内包皆不相同。故"白马非马"，不能说他不合逻辑。按之实际，则"马"

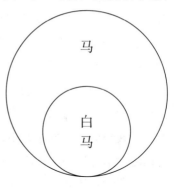

可以包"白马"，"白马"毕究是"马"底一部分，不能说它不是马。

（二）"指物论"

《指物》篇曰："物莫非指，而指非指。天下无指，物无可以为物。非指者，天下无（原文作'而'，依俞樾校改）物，可谓指乎？指也者，天下之所无也；物也者，天下之所有也。以天下之所有，为天下之所无，未可。天下无指，而物不可谓指也。不可谓指者，非指也。非指者，物莫非指也。天下无指，而物不可谓指者，非有非指也。非有非指者，物莫非指也。物莫非指者，而指非指也。天下无指者，生于物之各有名，不为指也。不为指而谓之指，是兼不为指。以有不为指之无不为指，未可。且指者，天下之所兼。天下无指者，物不可谓无指也。不可谓无指者，非有非指者，物莫非指，指非指也。指与物，非指也。使天下无物指，谁径谓非指？天下无物，谁径为指？天下有指无物指，谁径谓非指？径谓无物非指？且夫指固自为非指，奚待于物，而乃与为指。"

此篇所说，较《白马论》为难解。冯友兰《中国哲学史》以"物"为占有时间、空间底位置之具体的个体，如此马、彼马，实有此马之个体存在（exist）者；"指"为"名"之所指，一方面即此名所代表的个体，一方面则又为许多个体之共相。如"马"，一方面指此马彼马底个体，一方面又指许多马底共相。又如"白"，一方面指此白物彼白物底"定所白"的白，一方面又指许多白物底共相，即"不定所白"的白。共相是抽象的，当它不附著于个体之物时，在空间、时间中并不占有位置，只是吾人意象的概念，故只能谓之"潜存"（subsist），不能谓之"存在"。故曰："指也者，天下之所无也；物也者，天下之所有也。"一切"物"都可以分析为若干共相，如黄马、黑马、白马都有"马"底共相，白雪、白石、白马都有"白"底共相。故曰"物莫非指"，"天下无指，物无可以为物"。但共相为抽象的，必附著于物，而后能在时间、空间占位置，而后能为吾人感官所感觉，故曰"天下无物，可谓指乎"。共相必附著于个体，故"物莫非指"；但此个体之本身，则并非共相，故又曰"物不可谓指"。个体是"实"，即是"物"。"名"者，一方面代表"实"或"物"，一方面却代表此实此物底共相。但进一步说,则"名"虽亦可以代表共相,而"名"之本身究非共相,故曰:"天下无指者,生于物之各有名,不为指也。"一物之共相,为此同类之物之所同有,故曰"指者,天下之所兼"也。共相既为此同类之物之所有,故曰"物不可谓无指也"。故分析言之,则"物"是具体存在之"实","指"是潜存的共相;综合言之,则共相之附著于物者,谓之"物指","名"为代表"物指"之符号。但共相之附著于"物"而表现,为自然的,及既附著于物,乃为"非指"了。故曰"指固自为非指,奚待于物,而乃与为指"。冯氏之说,极为详尽,原书具在,可以覆按,不复赘述。

(三)"通变论"

《通变论》曰:"曰,二有一乎?曰,二无一。曰,二有右乎?曰,二无右。曰,二有左乎?曰,二无左。曰,右可谓二乎?曰,不可。曰,左可谓二乎?曰,不可。曰,左与右可谓二乎?曰,可。"又曰:"谓变非不变可乎?曰,可。曰右有与,可谓变乎?曰,可。曰,变奚(原文作'只',依俞樾校改)?曰,变右。曰,右苟变,安可谓右?苟不变,安可谓变?曰,二苟无左又无右,二者左与右,奈何?"此段之意,似亦难于索解。冯友兰氏说"通变论"即讨论共相不变、个体常变的问题者,其说甚是。"二"底共相是"二",故非"一"、非"右"、非"左",但"左"与"右"相加则为"二",故"右"虽不可谓之"二","左"虽不可谓之"二","左"与"右"则可谓之"二"。"变"与"不变",二者适相反。

但共相不变,个体常变;但一般表共相与表个体,常同用一名,则似乎或变或不变,似变即不变了。例如"右",可以表抽象的"右"之概念,也可以表具体的"右"之位置。前者如但曰

"右"，后者如曰"此物在彼物之右"。"右"之概念是共相，是不变的；而在彼物之右之此物，亦可变如在彼物之左。此具体的表物之位置之右，必附着于个体之物而始现，即所谓"右有与"者。问者未达，故说："右苟变，安可谓右？苟不变，安可谓变？"此由不明抽象的概念的共相之"右"与具体的位置的附著于物之"右"之别。故以"二苟无左又无右，二者左与右"之说反诘之。盖左与右相加为二，也是指具体的位置的左右而言，不是说抽象的概念的"左"与"右"相加可成为"二"底概念。下文所云"羊合牛非马，牛合羊非鸡"，则更以实物为例说明之。"羊"与"牛"与"马"与"鸡"底共相，完全不同，故不能合羊与牛之共相为马为鸡，此人所共喻者。故以此况"左"与"右"之共相，不能相加而成"二"之共相。凡此，皆所以辨成为抽象的概念之共相，与附着于物的位置或竟为实物之具体不同；明乎此，则共相不变、个体常变之说，也就明白了。

(四)"坚白论"

《坚白论》曰："坚、白、石，三，可乎？曰，不可。曰，二，可乎？曰，可。曰，何哉？曰，无坚得白，其举也二；无白得坚，其举也二。……视不得其所坚，而得其所白者，无坚也。拊不得其所白，而得其所坚也（原文衍'得其坚'三字，作'而得其所坚，得其坚也'），无白也。……得其白，得其坚，见与不见。见（据俞樾校，增'见'字）与不见离；一一不相盈，故离。离也者，藏也。"此以坚白石为例，说明"坚"与"白"为两个分离的共相。用眼看坚白石，只见其"白"，不见其"坚"，则"坚"可离"白"；用手拊石，只觉其"坚"，不觉其"白"，则"白"可离"坚"。"不相盈"，是说此不在彼之中，即"坚"不在"白"中，"白"亦不在

"坚"中。"藏"者，即是"潜存"之意。"坚"与"白"，各为共相，同附着于石，故一般人误以为不能分离，若分析之，则"坚"与"白"，各为抽象的概念的共相而潜存了。

下文又设难者之言曰："目不能坚，手不能白，不可谓无坚，不可谓无白，其异任也，其无以代也。坚白域乎石，恶乎离？"眼不能见坚，手不能觉白，由于眼手异任，不能相代，不得因此说石无坚，说石无白。则坚白仍同在石内，何能相离？公孙龙答之曰："物白焉，不定其所白；物坚焉，不定其所坚。不定者兼，恶乎其石也？"万物皆有"白"，不仅石；万物皆有"坚"，亦不仅石。故白有不定其所之"白"，坚有不定其所之"坚"，都是抽象的共相，故曰"不定者兼"。又曰："坚未与石为坚而物兼。未与为坚而坚必坚。其不坚石物而坚，天下未有若坚而坚藏。白固不能自白，恶能白石物乎？若白者必白，则不白物而白焉。黄黑与之然。石其无有，恶取坚白石乎？故离也（原文衍'离也'二字）者，因是。""坚未与石为坚而物兼"，即上文所谓"不定者兼"，是说不附著于石的"坚"，为坚物之共相。但虽"未与为坚"，不附着于石或他物而为抽象的概念之"坚"，但既为"坚"，则必"坚"了。此种"不坚石物而坚"的坚之概念，为吾人所不能感觉而潜存，故曰"天下未有若坚而坚藏"。

同理，不附着于物而为共同底抽象的"白"之概念，也是潜存的，人眼不能见之。然不能以其不可见，而谓"白不能自白"。如果不能自白，又何能白石并白他物？"白者必白"，与"未与为坚而坚必坚"同意；"不白物而白焉"，与"不坚石物而坚"同意。"不白物而白"之"白"，也是白物之共相，抽象的概念。故以概念言，以共相言，则"坚"与"白"各为独立的、分离的，不必定附着于石或他物，但吾人不能见之，拊之而已。故谓之"潜存"，谓之

"藏"。这就是柏拉图所谓"个体可见而不可思,概念可思而不可见"。坚白石是个体,"坚"与"白"则可离石而为两概念。此但以坚白石为例而已,一切共相,皆可分离而独立潜存为抽象的概念。吾人欲得此概念之正确的函义,必须把它从所附着的个体分离出来,故又曰:"离也者,天下故独而正。"

战国时,言及辩者之学,往往曰"坚白同异之辩"。其实,"离坚白"为公孙龙底学说,"合同异"为惠施底学说。"合同异",故归结到"天地一体";"离坚白",故归结到"天下皆独而正"。那时的辩者或即分此二派。

(五)"名实论"

《迹府》篇曰:"公孙龙,六国时辩士也,疾名实之散乱,因资材之所长,为守白之论。假物取譬,以守白辩。……欲推是辩以正名实而化天下焉。""守白"当指以"离坚白"为中心而言。"假物取譬",凡上所述"白马非马""左与右为二""坚白石"……皆是。凡辩,皆欲以"正名实",不但公孙龙如此,惠施亦如此;不但辩者如此,后期的儒、墨亦如此。故"名实论"实可目为《公孙龙子》底总论。《名实论》曰:"天地与其所产焉,'物'也。物以物其所物而不过焉,'实'也。实以实其所实,不旷焉,'位'也。……夫'名',实谓也。知此之非此也,知此之不在此也,则不谓也(原文作'知此之非也,明不为也',依俞樾校改);知彼之非彼也,知彼之不在彼也,则不谓也。"这简直是诸术语底定义。天地及天地所产者为"物"。物其所物即是"实"。凡是"物""实",必占空间、时间,叫做"位"。"名",则为吾人所以称此物此实者。制名以谓实,故既知此之非此,彼之非彼,或知此之不在此,彼之不在彼,则不以此名或彼谓之。此节似但就有形的具体的实物之名说。就上文所举其他各篇观之，则“名”之所谓尚有所谓“指”，是物之共相，是抽象底概念。如白马之“白”，坚白石之“坚”与“白”，以及“二”“左”“右”等。即以“马”与“石”二名而论，一方面果可以指具体的“马”与“石”，一方面也可以指抽象的“马”与“石”底概念。具体的，“实”即是“物”；抽象的，“实”只是概念，只是共相，不是个体的“物”了。由此言之，则“名”所谓之“实”，并不完全是“物”，故“物”与“实”也不是完全相同的。

　　《天下》篇举辩者底代表，公孙龙之外，尚有桓团。《荀子·非十二子》篇又以邓析与惠施并举，以为都是“治怪说，玩奇辞”的。但桓团已无可考。据《吕氏春秋》，邓析似为一著名的讼师；《左传·定公九年》，郑驷歂杀邓析而用其所刑；《淮南子》亦言“邓析以巧辩而乱法”——大概是一个诡辩的讼师。此外，《庄子·天下》篇附录“天下之辩者”之辞，分二十一事。冯友兰氏谓可分为“合同异”与“离坚白”二类，或者是惠施、公孙龙底后学。读者可去检阅《天下》篇，不复赘述。

第十二章　百家之学

一、阴阳家——邹衍 (邹亦作驺)

《汉志》所录阴阳家之书，均已亡。无以，以邹衍为其代表。《汉志》有《邹子》及《邹子终始》二书，自注："名衍，齐人，为燕昭王师，居稷下，号'谈天衍'。"王应麟《汉书艺文志考证》曰："《封禅书》，齐威宣之时，驺子之徒，论著终始五德之运。"《文选·三都赋》注引《七略》曰："邹子有终始五德，从所不胜。土德后，木德继之，金德次之，火德次之，水德次之。"按《史记·孟子荀卿传》附见邹衍，其文曰：

> 齐有三驺子。其前驺忌，以鼓琴干威王，因及国政，封为成侯而受相印，先孟子。
> 其次驺衍，后孟子。驺衍睹有国者之淫侈，不能尚德；若《大雅》，整之于身，施及黎庶矣。乃深观阴阳消息，而作迂怪之变，《终始》《大圣》之篇，十余万言。其语闳大不经，必先验小物，推而大之，至于无垠。先序今以上至黄帝，学者所共述，大并世盛衰，因载其机祥度制。推而远之，至天地未生，窈冥不可考而原也。先列中国名山、大川、通谷、禽兽、水土所殖，物类所珍。因而推之，及海外人之所不能睹。称引天地剖判以来，五德转移，治各有宜，而符应若兹。以为儒者所谓

222

中国者，于天下乃八十一分居其一耳。中国名曰赤县神州。赤县神州内自有九州，禹之序九州是也，不得为州数。中国外，如赤县神州者九，乃所谓九州也。于是有裨海环之，人民禽兽莫能相通者。如一区中者，乃为一州。如此者九，乃有大瀛海环其外，天地之际焉。其术皆类此也。然要其归，必止乎仁义节俭，君臣上下六亲之施。始也滥耳。王公大人惧然顾化，其后不能行之。

是以驺子重于齐；适梁，梁惠王郊迎，执宾主之礼；适赵，平原君侧行襒席；如燕，昭王拥彗先驱，请列弟子之座而受业，筑碣石宫，身亲往师之。作《主运》。其游诸侯见尊礼如此。……

驺奭者，齐诸驺子，亦颇采驺衍之说以纪文。……

驺衍之术，迂大而闳辩；奭也，文具难施。……故齐人颂曰：谈天衍，雕龙奭。

照此传所载，则驺衍为齐国底三驺子之一，与梁惠王、燕昭王、平原君同时，而略后于孟子。其书由小而及大，由近而及远：纵的方面，由当时上溯黄帝，推之天地初分，以著其"五德终始"之说；横的方面，由中国推之海外人所不能睹，以著其"大九州"之说。前者为驺衍底历史观，后者为驺衍底地理观。

"五德"即金木水火土五行。木克土，金克木，火克金，水克火，土又克水，依次递嬗，终而复始，故《邹子》有"五德从所不胜，虞土、夏木、殷金、周火"之说（见《文选·故安陆昭王碑文》注引）。《吕氏春秋·有始览》说黄帝时土气胜，其色尚黄，其事则土；夏禹时木气胜，其色尚青，其事则木；商汤时金气胜，其色尚白，其事则金；周文王时火气胜，其色尚赤，其事则火；代火者必将为水气胜，其色尚黑，其事则水；数既备，将徙于土。虽未明言为驺衍之说，但与《文选注》所引驺子说正同。《史记·秦始皇本纪》言秦得水德，故色尚黑，数尚六，且更名河曰"德水"，以为水德之始，还是受驺衍底影响。此说以"五行"为五种自然的势力，而各有其盛衰之运；当其盛时，天道人事一切受其支配；及运既衰，乃由能克胜之者代之而兴。历史上的易姓改代，即由于此。

此种学说，自今日观之，觉其迷信可笑，其在古代，确曾盛极一时。《吕氏春秋》中及《礼记》中之《月令》谓"五德"在一年四时中亦各有盛时。如春则"盛德在木"，夏则"盛德在火"，秋则"盛德在金"，冬则"盛德在水"；故天子每月所居有定所，所衣有定色，所食有定味，所行政令亦有一定，此即所谓"月令"。月令错误，足以影响天时，起重大的变化。《月令》不知何人所作，要亦为阴阳家之说。《管子·四时》篇谓春气曰风，风生木与骨；夏气曰阳，阳生火与气；秋气曰阴，阴生金与甲；冬气曰寒，寒生水与血；土则辅四时出入；是故圣王务时而寄政，作教而寄武，作祀而寄德，以合于天地之行。亦与《月令》相似。五行说在当时之盛，于此可见。《尚书·洪范》记箕子为武王陈洪范九畴（谓治天下之大法有九类），首举五行："一曰水，二曰火，三曰木，四曰金，五曰土。水曰润下，火曰炎上，木曰曲直，金曰从革，土爰稼穑。润下作咸，炎上作苦，曲直作酸，从革作辛，稼穑作甘。"则周以前已有五行说了。刘节之《洪范疏证》谓《洪范》为战国时作品，则亦与《管子·四时》《月令》相类。但《洪范》在《今文尚书》二十八篇中，西汉的伏胜等已信为孔子纂定之《书》。《甘誓》为夏启伐有扈誓师之辞，宣布有扈罪状，首曰"威侮五行"。金木水火土，岂可威侮？盖谓威侮"五行说"，犹今言"威侮三民主义"

而已。夏曾佑《中国历史》谓五行说为夏代盛行，关系政教之说，也不无理由。是阴阳家言，古已有之了。汉儒喜言"天人之际"，喜言灾异，也是阴阳家言。甚至今世底堪舆、星命、相术、医药，都以阴阳五行为其骨骼，也还是阴阳家言底余波。

"大九州"说却较五行说合理。虽然在当时只是一种悬想，并没有切实的根据，却与现在五大洲底实际情形不期而合。《吕氏春秋·有始览》说"天有九野，地有九州，土有九山，山有九塞，泽有九薮，风有九等，水有九川"，又说到"四海之内"如何，"四极之内"如何，也是大九州说之类。驺衍为齐人。齐地滨海，见闻自较内地为新奇，而海市蜃楼复多奇幻之景，故齐人多荒诞之说。如《孟子》所谓"齐东野人之语"，《庄子》所谓《齐谐》志怪之言，皆是。驺衍初则见重于齐，继则见尊于燕，故齐、燕盛传其说，而方士大兴。倘齐、燕人能根据邹衍大九州底理想，航海以求赤县神州外之八大州，则新大陆底发现，或不待哥伦布等。此种恢宏的理想，竟流为方士之说，徒以求神仙不死之药于海外仙山，愚惑做了皇帝想登仙的秦始皇，不是很可惜吗？

二、纵横家——苏秦、张仪

春秋时，北方底齐、晋与南方底楚争霸，为南北抗衡之局；战国时，西方底秦最强，则为东西抗衡之局。燕、齐、赵、韩、魏、楚六国南北联合，西向拒秦，叫做"合纵"；解散纵约，使六国各个地西向事秦，叫做"连横"。所以"纵横"是战国时国际间的两种相反的政策；主合纵的苏秦，主连横的张仪，是当时两个著名的政客。政策不是学术，政客不是学者，故纵横实不足以成一家之言。《汉志》评纵横家，尝引孔子曰："诵《诗》三百，使于四方，不能专对,虽多,亦奚以为?"(见《论语·子路》)孔子又尝说:"不学《诗》无以言。"可见《诗》与言语,尤其与外交的"专对"有关。《诗》有"比""兴",有铺张的修辞,可以供修饰辞令底参考,一;春秋时列国君臣相见,往往赋《诗》见志,故"登高能赋,可以为大夫"(用《汉志》语),二。故《战国策》所载纵横游说之士底辞令,类多托物设譬,以讽喻见长;铺张扬厉,以夸饰见长;都是从诵《诗》学《诗》得来的。屈原"娴于辞令","出则为王迎接宾客,应对诸侯",是楚国底外交人才;及因谤被放,乃发愤而作《离骚》等辞,为辞赋家之祖。秦汉统一之后,辩士无所施其技,故如陆贾、邹阳等纵横说士,皆成为辞赋名家,而赋亦因此为汉代特盛的文学。可见由《诗》到赋底变迁,纵横游士实为其枢纽。所以纵横家在学术史上的地位,反不如在文学史上的地位重要。

苏秦、张仪都曾煊赫一时,其事迹见于《史记》本传;但与学术无甚关系,故不复移录传文。苏秦,字季子,洛阳人;师鬼谷子,习纵横家言。初以连横说秦惠王,不用。裘敝金尽,面目黎黑,形容枯槁,乃负蹻担簦而归。抵家,妻不下纴,嫂不为炊,父母不以为子。乃发愤读书,简练以为揣摩。学成,以合纵游说赵、韩、魏、齐、燕、楚六国,遂佩六国相印,为纵约长。十五年,秦兵不敢出函谷关。后客齐,被刺死。张仪,魏人,与苏秦俱师鬼谷子。苏秦既相赵,仪往见,不纳。乃去之秦,以连横说惠王,卒为秦相。游说六国,使背纵约,连横事秦。秦号曰武信君。惠王卒,子孝王立。六国复合纵,仪被谗去秦,为魏相,一年而卒。即此,可见合纵连横,苏、张原均无定见,不过借以取富贵利禄而已。

苏、张同师鬼谷子。《录异记》谓鬼谷先生为古之真仙,姓王,自轩辕时历唐虞夏商至周,尝随老子西游流沙,后归居鬼谷;弟子百余人，惟苏秦、张仪不慕神仙，从学纵横之术。《仙传拾遗》说他姓王名利，晋平公时人；《宁波府志》说他姓王名诩，西周时人。鬼谷，《拾遗记》作归谷。而鬼谷究在何处，说亦不一：《史记正义》谓在雒州阳城县北；《元和郡县志》谓在告成县北；《寰宇记》谓即清水谷，在今陕西三原县西；《鬼谷先生传》及《宁波府志》谓在清溪，今湖北远安县东南清溪之西有鬼谷洞；而湖南大庸县南，天门山下，亦有鬼谷洞。其人与地，都不可考定，胡应麟说他是"子虚""亡是"之属，所见甚是。按《隋书·经籍志》纵横家有《鬼谷子》三卷，而《汉志》无之。《唐志》亦录《鬼谷子》，而下题苏秦。今存《鬼谷子》，自《捭阖》至《符言》凡十二篇，佚《转丸》《胠箧》二篇。《汉志》有《苏子》三十一篇，自注曰"名秦"。又有《张子》十篇，自注曰"名仪"。《汉书·杜周传》注引服虔曰："抵音坻，巇音羲，谓罪败而复抨弹之。苏秦书有此法。"今存《鬼谷子》有《抵巇》篇。故乐壹谓"苏秦欲神秘其道，故假名鬼谷"，胡应麟谓"东汉人荟萃《苏子》《张子》二书，而托于鬼谷"。这二种猜度，无论是那一种对，《隋志》底《鬼谷子》（即今存本）与《汉志》底《苏子》，可说同是一书。柳宗元《辨鬼谷子》以为"言益奇而道益隘"，宋濂更诋为"蛇鼠之智"。惟高似孙《子略》称其"一阖一辟，为《易》之神；一翕一张，为老子之术"，未免推崇过当。

三、农家——许行

《汉志》所录农家之书，也都已亡失，而且班固自注多不能言其作者底时地。但以《太平御览》《初学记》《齐民要术》诸书所引观之，大都是"播百谷，劝农桑"，种植树艺之术，是技，非学。

只有见于《孟子·滕文公》篇的许行，有特别的主张，足以代表农家。

据《孟子》所记，许行自楚之滕，当是楚人。又说"其徒数十人，皆衣褐，捆屦织席以为食"，可见他们是自食其力的。陈相述许行之言曰："滕君（文公），则诚贤君也。虽然，未闻道也。贤者与民并耕而食，饔飧而治。今也滕有仓廪府库，则是厉民而以自养也，恶得贤？""君民并耕"，是许行底主张。因为主张"并耕"，故须废除"治人"与"治于人"底阶级，颇与现代的"泛劳动主义"相似。陈相又说："从许子之道，则市贾（同'价'）不贰，国中无伪，虽使五尺之童适市，莫之或欺。布帛长短同，则贾相若；麻缕丝絮轻重同，则贾相若；五谷多寡同，则贾相若；屦大小同，则贾相若。"据此，则许行是主张以量为标准，画一市价的。许行无著作，其学说之可考者仅此而已。

孟子以"一人之身而百工之所为备"为根据，以"陶冶亦以其械器易粟，不为厉农夫"解释治国者之不并耕，亦不为厉农夫。孟子所说"或劳心，或劳力"，或治人，或治于人，是根据"分工合作"底原理的。以此驳许行底"并耕说"，确是有道理的。又以"巨屦小屦同价，人岂为之"作反诘，去反衬只问量不问质之不合理；不合理的办法，要勉强实行，正是"相率为伪"；也是合于情理的。许行主张废除"治人"与"治于人"底阶级，使君民一律并耕，实与道家废绝人治底主张近似。故钱玄同师以为是道家底支流（见《学术文叙录》）。但以托于神农，故又称为农家耳。

四、杂家——《吕氏春秋》

杂家"兼儒墨，合名法"（用《汉志》语），其长在博，其短在杂。周秦间杂家之书，著名而存于今者，当推《吕氏春秋》。《汉志》自注曰：“秦相吕不韦辑智略士作。”按《史记·文信侯传》，实不韦宾客之所集。吕不韦以阳翟大贾，居秦公子楚为奇货，把自己已有孕的侍姬送他。及楚归秦为王（庄襄王），乃得为秦相，封文信侯。及其子政立为秦王，而仍与太后（即不韦底姬人）通，尊为仲父，权倾一国。其后得罪秦王，被放于蜀，终以自杀。这种人，如何配称学者？特以身既富贵，乃集门下客所著，而题己名，以钓名沽誉而已。书本成于众手，其“杂”自不待言而可知。不过因此书多采自他书，有原书已亡，可以借此考见一斑者，故尚有参阅之价值。而且此种著书的方法，也不仅吕不韦用之以成《吕氏春秋》，如《魏公子兵法》也是集诸侯客所献，题信陵君底名的（见《史记》本传）。

《汉志》录《吕氏春秋》二十六篇，盖撮计十二记、八览、六论底总数。十二记割《月令》底十二篇以冠其首，每记各附四篇，《季冬记》独为五篇。末一篇标年月，以“序意”为分题。按刘知幾《史通》分内外篇，内篇之末有《自序》一篇。以此推之，《吕氏春秋》殆亦以十二记为内篇，余为外篇了。八览子目共六十三篇，六论底子目共三十六篇，并十二记底子目六十一篇，计之，凡一百六十篇。此书大抵以儒家为主，而参以道家、墨家，故多引六经及孔子、曾子之言。他如论音乐则引《乐记》，论铸剑则引《考工记》。引《庄子》《列子》《墨子》各书，亦不一而足。其博而流于杂，正可代表杂家。

《四库书目提要》把《墨子》《公孙龙子》《鬼谷子》等一概都拉入杂家，而且说：“以立说者谓之‘杂学’，辨证者谓之‘杂考’，议论而兼叙述者谓之‘杂说’，旁究物理、胪陈纤琐者谓之‘杂品’，类辑旧文、涂兼众轨者谓之‘杂纂’，合刻诸书、不名一体者谓之'杂编',凡六类。"则所谓"杂家",又与《汉志》不同,范围更广,内容更杂了。不过《汉志》所录已有《荆轲论》《解子簿书》《推杂书》等,则为较《吕氏春秋》又下又杂之书。江瑔《读子卮言》还说杂家底"杂",非夹杂之意,实未可信。

五、小说家——宋子

《汉志》所录小说家之书,也都已亡失。除班固注明依托者外,如《周考》《青史子》等,似乎是外史之类。最可注意的,是《宋子》一书。宋子,《孟子》作宋牼,《庄子·逍遥游》作宋荣子,《天下》篇作宋钘,《韩非子》作宋荣。"牼""钘""荣",都是因字音底关系而转变的。

《天下》篇尹文与宋钘并举。其言曰:"不累于俗,不饰于物,不苟于人,不忮于众;愿天下之安宁,以活民命,人我之养毕足而止,以此白心。古之道术有在于是者,宋钘、尹文闻其风而悦之。作为华山之冠以自表,接万物以别宥为始。语心之容,命之曰心之行,以聏合欢,以调海内,请欲置之以为主。见侮不辱,救民之斗;禁攻寝兵,救世之战。以此周行天下,上说下教,虽天下不取,强聒而不舍者也。故曰上下见厌而强见也。虽然,其为人太多,其自为太少。曰:'请欲固置五升之饭足矣。先生恐不得饱,弟子虽饥,不忘天下。'日夜不休,曰:'我必得活哉!'图傲乎救世之士哉!曰:'君子不为苛察,不以身假物。'以为无益于天下者,明之不如已也。以禁攻寝兵为外,以情欲寡浅为内。其大小精粗,其行适至是而止。"按《汉志》名家有《尹文子》。《说苑》,尹文对齐宣王曰:"事寡易从,法省易因。"其书言有形者必有名,有名者未必有形。形而不名,未必失其方圆白黑之实。名而不可不寻，名以检其差。故名以检形，形以定名；名以定事，事以检名云云。确为名家之言。但现有之《尹文子》，乃后人假托，详唐钺《尹文及尹文子》。尹文之学说已无可据，且《汉志》列之名家，故本节但以述宋子为主。

按《天下》篇所评述，宋子之学，首在"别宥"。毕沅疑"宥"与"囿"同，谓有所拘碍而识不广也。《庄子·秋水》篇所谓"拘于墟""笃于时""束于教"，即人们由于地域、时代、政教习俗底拘束而生之偏见，即是有所"囿"；为"囿"所蔽，则不能有真知灼见，故"接万物"当以"别宥"为始。"别"者，辨别；"别宥"者，自己能看透一切拘碍，而打破其偏见。《吕氏春秋·去宥》篇说"人有所宥者，固以书为昏，以白为黑，以尧为桀"，亡国之主皆甚有所宥；并设二寓言以喻人之有所宥，而断曰："凡人必别宥然后知。"故宋子主张"接万物以别宥为始"。

宋子底要旨，可以分二方面述之：

（一）近于墨家者，即以"见侮不辱，救民之斗"，以"禁攻寝兵救世之战"是。《荀子·正论》篇引宋子之言曰："明见侮之不辱，使人不斗。人皆以见侮为辱，故斗也。知见侮之不为辱，则不斗也。"《韩非子·显学》篇曰："宋荣之议，设不斗争，取不随仇，不羞囹圄，见侮不辱，世主以为宽而礼之。"所谓"宽"者，即《天下》篇所说"语心之容，命之曰心之行"。容即宽容，"心之行"指心理的自然趋向而言。能宽容，故能见侮而不以为辱，故能不与人斗。此犹指人与人底关系；推而大之，则以禁攻寝兵救世之战，消弭国与国间的斗争了。《孟子·告子》篇记宋牼闻秦楚构兵，将之楚说楚王而罢之。孟子问他："说之将何如？"宋牼说："我将言其不利也。"这种精神，与墨子正同；其以"不利"为禁攻寝兵底理由，也同于墨子。

（二）近于道家者，即"情欲寡浅"之说是。《荀子·正论》篇又曰："子宋子曰：'人之情欲寡，而皆以己之情为欲多（原文作'情欲为多'），是过也。'故率其群徒，辨其谈说，明其譬称，将使人知情之欲寡也（原文作'情欲之寡'。均依冯友兰说校改）。"《庄子·逍遥游》尝有"鹪鹩巢林，不过一枝；偃鼠饮河，不过满腹"之喻。吾人一时所能享用既极有限，故本不必欲多。但此是理论，事实上则人们固多贪多无厌者。故《荀子·天论》篇则云"宋子有见于少，无见于多"，《解蔽》篇则云"宋子蔽于欲而不知得"。然宋子固以此为其理论的根据，冀使人寡欲知足者。《汉志》自注曰"孙卿道宋子，其言黄老意"，即是因此。能救民之斗，救世之战，则天下自安宁，而民命可活了；人人皆能寡欲知足，自然"人我之养毕足而止"了。

宋子之学如此，《汉志》所以列之小说家中者，殆以其"上说下教""明其譬称"引史实故事，设寓言比喻，以期为众所共晓吧！

结论　诸子学底衰落及其因缘

　　本书纂述诸子之学，略依《汉志》十家。或述其人，如儒家之孔子、孟子、荀子，道家之庄子、田骈、慎到，法家之申不害、商鞅、韩非，名家之惠施、公孙龙，以及阴阳家之邹衍，纵横家之苏秦、张仪，农家之许行，小说家之宋子；或述其书，如儒家之《大学》《中庸》《孝经》，道家之《老子》《列子》《关尹子》，杂家之《吕氏春秋》；或撮述其学说，如儒家之礼乐论，法家学说之要点，儒、墨二家之名学。要之，以春秋末至战国末之诸子为主，因为这是诸子学底全盛时期。秦代统一以后，至于西汉，则诸子学又逐渐衰落了。

　　试就《汉志》所录诸子之书检之。儒家共五十三种，《平原老》（原文作《平原君》，依王先谦校，从官本）以下，为汉代人作者二十三种；道家共三十七种，《捷子》以下，为汉代人作者七种；阴阳家共二十一种，《张苍》以下，为汉代人作者十一种；法家共十种，《游棣子》以下，为汉代人作者四种；名家七种，惟《成公生》《黄公》二种为秦人作；墨家六种，无秦汉作品；纵横家十二种，《秦零陵令信》以下七种为秦汉人作；杂家二十种，《淮南内书》以下十二种为汉代人作；农家九种，《董安国》以下六种为汉代人作；小说家十五种，《封禅方说》以下六种为汉代人作。诸子十家总计一百八十九种，秦汉人底作品总计七十八种，约占三分之一强。《汉志》所录，如道家之《黄帝》《伊尹》《太公》《辛甲》《鬻子》，

233

墨家之《尹佚》，杂家之孔甲《盘盂》《大禹》，阴阳家之《黄帝太素》，农家之《神农》，小说家《伊尹说》《鬻子说》《黄帝说》，都出战国时人依托；如《晏子》《管子》《老子》，亦皆战国时人追述：故秦以前诸子之书都是战国时期底作品。

从公元前四八二年（《春秋》止于公元前四八一年）至公元前二二〇年（翌年秦统一①），凡二百六十二年，是为战国时期。从公元前二二一年至公元九二年（班固卒年），凡三百十三年。去班固近的三百十三年间底著作，反较去班固远的二百六十二年间底著作少三十三种。诸子学底衰落，此其一证。

《汉志》所录秦汉人底作品，以儒家为最多。但仅《陆贾》、《贾谊》、桓宽《盐铁论》、刘向《新序》、扬雄所序五者为较著；而陆贾则兼纵横（贾为汉初游说之士，以两使南越著），贾谊则兼道家（《鹏鸟赋》即明“同生死、轻去就”之旨），《盐铁论》则撰次丞相御史与贤良文学论盐铁事，《新序》《说苑》《列女传》亦为辑录嘉言故事之书，扬雄《太玄》模仿《易经》、《法言》模仿《论语》，亦非创作。余则或由选辑而成，如《道家言》《杂阴阳》《法家言》《杂家言》《百家》等；或不足以言学理，如《五曹官制》《天下忠臣》《燕十事》《推杂书》以及农家仅言农艺诸书。最著的还是《淮南子》，但也和《吕氏春秋》一样，成于淮南王刘安底门客。求如《孟》《荀》《庄》《墨》《韩非》等之自成一家言者，竟不可得。诸子学底衰落，此其二证。

一般人多以秦始皇底焚书、汉武帝底罢黜百家，为诸子学衰落底主要原因，则试就此二事加以检讨。

秦始皇焚书事，见《史记·秦始皇本纪》及《李斯传》，《经学

---

①按：秦统一实为公元前 221 年。

纂要》中亦已详述之。李斯主张焚书，旨在绝"以古非今"者底根据，故"令下三十日不烧"的，罪仅"黥为城旦"，而"以古非今"的，则罪至"族"。可见焚书只是手段，不是目的。令中明言"非博士官所职，敢有私藏《诗》《书》百家语者，悉诣守尉杂烧之"。可见令诣地方官杂烧者只是民间之书，博士官所职掌的百家语仍旧保存。焚书在始皇三十四年，而始皇以三十七年崩；翌年为二世元年，各地已纷纷起兵了；二世于三年被弑，是年沛公入关，秦亡。汉惠帝四年，明令除挟书之禁，距焚书亦仅二十二年。故秦博士，如伏胜、叔孙通以及张苍等，汉初均尚存在。文帝时，诸子亦置博士。始皇不焚博士所掌之书，博士尚有存者，则其所掌之书，亦必尚有存者。始皇虽决心焚民间之书，而其罪并不重大，且不久而始皇崩，而秦亦亡，不久而汉初诸帝又加以提倡了。汉之君相，如文帝、窦后及曹参则好黄老，如景帝则好刑名，如武帝则好儒学，各有所好，便各有所提倡。上有好者，下必有甚焉者。所以始皇焚书，不能说是诸子学衰落底原因。

《汉书·董仲舒传》载其《对策》，有曰："今师异道，人异论，百家殊方，指意不同。是以上无以持一统，法制数变；下不知所守。臣愚以为诸不在六艺（即六经）之科、孔子之术者，皆绝其道，勿使并进。"传末又曰："自武帝初立，魏其、武安侯为相，而隆儒矣。及仲舒对策，推明孔子，抑黜百家，立学校之官，州郡举茂才孝廉，皆自仲舒发之。"故论者谓始皇用李斯之策而焚书，禁以法令；武帝用仲舒之策而罢黜百家、独尊儒术，奖以利禄：一用威胁，一用利诱，其目的同在统一学术、钳制思想。诸子学底衰落，仲舒之罪，不当视李斯为末减。按，仲舒《对策》所云，与老庄之主"绝圣弃知""绝仁弃义"，孟子之言"杨墨之道不息，孔子之道不著"，墨子之言"儒之道足以丧天下"，同为门户主奴之见。

且所谓"绝其道，勿使并进"者，谓绝其仕进之路，使不得与儒家相竞，不是根绝其学。而且仲舒自《对策》以后，不过为胶西相、江都相，并未大用；武帝亦并未下诏禁绝诸子之学。所以武帝虽尊儒术，并没有罢黜百家的事实，也不能说是诸子学衰落底原因。

本书"绪论"中曾述诸子学勃兴的"缘"，在于春秋以后政治、社会、经济、教育四方面划时代的剧变；此种剧变，直到西汉中世，方完全稳定。诸子学所以至西汉中世而衰落，其"缘"亦正在于此。景帝以后，同姓之王虽尚存在，而其实权全在由皇帝任命之相，和孟子所说舜封象于有庳，而使吏治其国的办法正同；故名为"郡国制"，实在已是完全的郡县制了。不但高帝以平民为天子，其功臣多出身无赖；即武帝时，如卫青、霍去病，也都出于寒微，公孙弘也以白衣致卿相，贵贱阶级早已消灭。而且庶人以财力相君，社会上亦已安之若素。汉初大师，如伏胜等皆设教于民间，李斯虽欲复"以吏为师"之旧，并没有达到目的，起于春秋时的剧变，如澎湃冲荡的洪流，至此已渟泓而为波平如镜的大湖。而且疆宇统一，文帝之治又庶几成康，诸国分立、战祸连年、政治黑暗、民生凋敝底环境，也至此一变。这些方是诸子学衰落底"缘"。始皇焚书，武帝独尊儒术，还不是主要的"缘"啊！

"缘"是环境，是外力，不是关于学术本身的。诸子学衰落底"因"，还在它们本身。诸子学衰落之内在的"因"有二：一是关于学术风尚的，一是关于诸子学本身的。

(一)学风底转变

汉代底学风，可以下四语括之：一曰经学兴，而训诂多于作述；二曰文学兴，而单篇多于专著；三曰模仿起，而创作之道衰；四曰作伪之风开，而著述之德替。例如孔子之据鲁史以成《春秋》，寓大义微言于其中，此以述为作者。其治《诗》《书》《礼》《易》诸经，亦皆如此。汉承秦、项之后，传经之风大盛；经师于传经之外，复有章句训诂，其整理旧籍之功固不可没，而家法师法、笃守师说，诂训笺释，渐成饾饤。不但视孔经之以述为作，诸子之独抒己见，相去甚远；即如《礼记》诸篇之申述大意，《公》《穀》二传之但释义例者，亦不多觏了。此其一。

先秦诸子，无论如《论语》《孟子》由弟子记述其师之言论，《管子》《老子》由后学追辑前人之遗说，以及神农、黄帝之书之依托先哲，各有其思想之中心、学术之系统、成一家言的专著。乃一变而如《吕氏春秋》《淮南子》，撰自众手，采辑异说，成杂纂之作品；再变而如晁错、贾谊之书，杂辑奏议论文，开别集之先河；三变而有辞赋杂文，散为单篇，合为别集；于是文集乃代专著之子书而兴。此其二。

扬雄摹仿《周易》以作《太玄》，摹仿《论语》以作《法言》，实袭汉代文人之风。如刘向之《九叹》、王逸之《九思》、王褒之《九怀》，乃摹仿《楚辞》之《九歌》《九章》者；东方朔之《答客难》、扬雄之《解嘲》、班固之《宾戏》，乃摹仿《楚辞》之《卜居》《渔父》者。文人摹仿，已非上乘，何况关乎学术的著作？此其三。

先秦诸子，托古改制，上之如孔孟之述尧舜、墨子之用夏政、许行之为神农之言，下之如黄帝、神农之书之依托古人，皆因欲抒改制之己见，托之古人以增声价，并非有意作伪。西汉末乃有刘歆，以佐助王莽之故，不恤取战国时人之《周官》嫁之周公，采左丘明之《国语》以成《左传》，并编伪诸经，窜改旧籍；东汉末复有王肃，以攻击郑玄之故，不恤伪造《孔丛子》《孔子家语》《伪孔传》《古文尚书》，以为其《圣证论》底根据；则存心作伪，不复顾及著述者底道德了。此其四。

学风既变，学术自衰。但此虽有关乎学术，还不是诸子学本身底问题，所以虽是诸子学衰落底"因"，还不是主要的"因"。

（二）诸子学底衰替

诸子学本身的衰替，又可分为二方面述之。

一曰诸子学本身底缺陷，其显而易见者有三：

一为墨家底缺陷，即极端的自苦是。《庄子·天下》篇批评墨子，说他"其生也勤，其死也薄，其道太觳；使人爱，使人悲，其行难为也"，"反天下之心，天下不堪"，"墨子虽独能任，奈天下何"！因为墨子主张牺牲自我以救世，其"摩顶放踵利天下为之"的精神，确是值得景仰的。但他以"腓无胈、胫无毛、沐甚风、栉疾雨"为行为底标准，以"裘褐为衣、跂蹻为服""粗粝为食、藜藿为羹"为生活的标准，一切音乐美术皆在所排斥，死后又只是"桐棺三寸而无椁"的薄葬，生前死后都以自苦为旨，真是"其道太觳"了。虽然他底门徒受了他直接的精神感应，都有"赴汤蹈火、死不旋踵"的精神，但是能强天下后世底人都如此自苦吗？违反一般人底心理的，"不足以为圣人之道"，庄子此评，可谓至确！

二为道家底缺陷，即消极的怀疑是。战国时名学极发达，其探求知识、辨别是非异同，极为热烈。故科学亦已渐见萌芽，本书述后期墨者时已及之。如从此逐渐进步，则我国名学与科学之发展，将远在西洋各国之前。可惜在此萌芽的时期，便受了道家学说底打击。《老子》旨在"使民无知"，故尚"无名之朴"，认为"绝学无忧"，而主张"绝圣弃知"。庄子也是如此，并且否认是非同异等一切差别，否认辩论底需要，并且以为"吾生也有涯，而知也无涯，以有涯随无涯殆已"，直认知识底探求为不可能，为不必要。这种对于知识辩论怀疑消极的态度，影响所及，是很深刻、很重大的。

　　三为儒、法二家底缺陷，即狭义的功利是。墨家主张狭义的功利，本书述墨子时已言之。但其影响尚不大。至于儒家荀子一派及法家韩非底狭义功利主义，则为名学底另一致命打击。《荀子·儒效》篇曰："凡事行，有益于理者立之，无益于理者废之。……若夫充虚之相施易也（'充'即'实'，'施'同'移'），坚白同异之分合也，是聪耳之所不能听也，明目之所不能见也……虽有圣人之知未能偻指也。不知，无害为君子；知之，无损为小人。"《释蔽》篇曰："若夫非分是非，非治曲直，非辨治乱，非治人道，虽能之无益于人，不能无损于人；案直将治怪说，玩琦辞，以相挠滑也……此乱世奸人之说也。"他直以当时名家底辩论为"无益于理"而应废的"乱世奸人之说"了。《韩非·问辩》篇又曰："言行者，以功用为之的彀者也。……今听言观行，不以功用为之的彀；言虽至察，行虽至坚，则妄发之说也。是以乱世之听言也，以难知为察，以博文为辩；其观行也，以离群为贤，以犯上为抗。……是以儒服带剑者众，而耕战之士寡；坚白无厚之辞章，而宪令之法息。"他更认为于富强有直接的立刻的功用之言行，方为可贵；故不但"坚白无厚之辞"在所排斥，即"儒服带剑之士"也当在被禁之列了。秦始皇认为真有实用者，是医药、卜筮、种树之书及人民所应学的法令，故《诗》《书》百家语都是无益而有害的，应当一律焚禁。李斯底主张，原是和其师荀子、其同学韩非一致的。墨子底自苦，影响仍及于墨家；道家底消极怀疑，荀子、韩非底狭义功利，影响都及于名家；故《汉志》无秦以后的墨家之书，名家仅有《成公生》和《黄公》二种，也都是没价值的。

　　二曰诸子学本身底蜕变。战国时，道家底学说，已蜕变为法家慎到言"势"、申不害言"术"底二派；儒家荀子底学说，也蜕变而为法家底韩非；于是儒、道二家与法家合流，而由韩非集其大成。李斯也是法家，而注意于"持宠固位"，故其《论督责书》已丧失法家"综核名实，信赏必罚"的精神；于是法家底"严刑峻法，惨刻寡恩"，又蜕变而成酷吏。墨家赴汤蹈火的精神，战国后期已蜕变为"侠"（韩非"侠以武犯禁"，与"儒以文乱法"并举，似即指墨者），而游侠之风大盛于西汉之初。农家亦失其"并耕"之要旨，而蜕变为农艺种树之书。小说家亦失其"非攻寝兵"之要旨，而蜕变为记录故事神怪之书。阴阳家已蜕变为方士，纵横家已蜕变为赋家了。至于杂家，原由汇萃各家之学蜕变而成，后又变为杂文类书了。于是诸子之学，均失其本来面目；而蜕变尤甚者，则为儒、道二家。

儒家底蜕变，为经学，为谶纬。儒家之祖孔子本主"学""思"并重，故曰："学而不思则罔，思而不学则殆。"其门下子夏传经一派，主张"博学笃志，切问近思"，已偏于"学"。其后，荀子得六经之传。至汉，遂成为"经学"，专以客观的"道问学"为主，置主观的"尊德性"于不谈了。试一检《史记》《汉书》底《儒林传》，可知西汉大儒，如伏胜、欧阳生、申培、辕固、韩婴、高堂生、后苍、戴德、戴圣、庆普、梁丘贺、施雠、孟喜、焦延寿、京房、胡母生、董仲舒……都是些经生。此辈经生，株守师法家法，努力章句训诂，不但去孔子、孟子很远，且去荀子也很远。这是儒家底蜕变之一。

阴阳家之变为方士，前已言之。秦始皇信方士侯生、卢生、徐福等，汉武帝信方士李少君、栾大、公孙卿等。经帝皇提倡，方士之说乃风行一时。经生受其影响，经学遂亦染上一种方士的色彩。故《易》有焦、京灾异一派，《书》有《洪范》五行一派，《诗》有《齐诗》"五际六情"一派，《礼》有明堂阴阳一派，即最有名的公羊家董仲舒也喜言灾异，其求雨求晴，直似后世底道士。及哀平之际，谶纬之学勃兴，于是孔子直变为一妖道了。夏曾佑《中国历史》有"儒家与方士之混合"一章，言之甚详。这是儒家底蜕变之二。

道家底蜕变，为神仙，为道教。《老子》尝说："以道治天下，其鬼不神。"本是不信鬼神之说的。《庄子》中"列子御风""藐姑射山仙子"等，本是寓言，"大浸稽天而不溺，大旱金石流、土山焦而不热"，也是"谬悠之说，荒唐之言"。但是在方士思想风行的汉代，却把老子、庄子都变成了神仙。老聃本为传说的人物，故李耳、周太史儋、老莱子究竟那一个是老子，司马迁时已弄不清楚了。于是有骑青牛过关、西去化胡等传说；而注《老子》的河上公，也成了文帝时的仙人；《庄子》底寓言，也一变而为极好的神话资料。于是道家也和方士混合，而成为神仙家。至东汉末年，张道陵创道教，乃竟以老子为教主了。这是道家底蜕变。

墨家、名家既以受墨子及儒、道二家底缺陷的影响而其学中绝，其余各家又因蜕变而失其本来面目；又当划时代的剧变渐已静止，政治、社会渐已安宁之时，又受了秦始皇焚书、汉武帝尊儒底二次刺激，诸子之学怎能不衰落呢？故战国独为诸子学底黄金时代，我国学术史上的黄金时代。